U0872972

船舶岸电技术

毕大强　郜克存　戴瑜兴　著

科学出版社
北京

功率岸电，采用低压拓扑需要相当多的变流器并联，电缆连接复杂、困难的问题，详细介绍H桥级联式多电平高压岸电原理和控制机理。第9章介绍岸电接入船电的切换措施：一是先断船电，再接入岸电的间断式切换接入；二是采用固态切换开关的微间断式切换接入；三是采用数字化控制算法的无缝式切换。第10章介绍船舶岸电系统构成及保护，岸电系统岸侧设备包括供电和岸电电源变电部分、岸电空调通风系统、岸电接线箱、岸电控制及信息管理系统，并分析岸电接地和继电保护原则。第11章以作者设计和开发的2000kVA岸电电站为例，给出基于多模块并联组合的岸电电站主电路框图，设计主控制器及其与各从机的高速现场总线通信方法；重点研究网侧和负载侧滤波系统，给出参数计算方法。抗干扰设计是兆瓦级岸电设计的难点，针对通信部分容易受到干扰的难点，设计光纤通信模块；针对功率模块易于因干扰造成损坏的问题，提出层叠母线排解决方案，提高系统抗干扰能力。实际工程运行结果表明，该岸电电站技术指标优良，完全能满足船舶岸电供电要求。

本书由毕大强、郜克存、戴瑜兴共同撰写完成，其中毕大强负责第1、5、9、10章的撰写，郜克存负责第2、3、4、6、11章的撰写，戴瑜兴负责第7、8章的撰写，彭子舜参加第5章的撰写。本书在撰写过程中得到了清华大学电力系统国家重点实验室、青岛创统科技集团公司、温州大学、科学出版社、深圳汇川技术股份有限公司等单位的大力支持，在此一并表示感谢。同时，对书中所列参考文献的作者表示衷心感谢。

由于作者水平和已进行的研究工作有限，书中疏漏和不当之处在所难免，恳请读者批评指正，为发展我国的岸电事业共同努力。

作　者
629xm@163.com

目　录

居民及船员的工作和生活。国际海事组织(International Maritime Organization, IMO)提供的数据表明,全球以柴油为动力的船舶每年向大气排放1000万吨NO_x、850万吨SO_x污染物,并通过气候作用可以传播至1000km以外的地区[4-7],这些有害物质已对港口所在地空气质量和气候产生了严重的影响,控制船舶停港期间的环境污染越来越受到全球港口国家的重视,世界各国港口码头纷纷寻求港口节能减排解决方案。

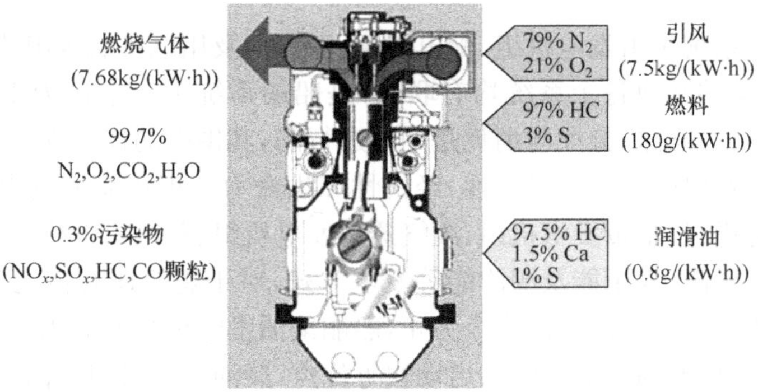

图1.1　燃油辅机排放的废气

采用陆地电源对靠港船舶供电的技术称为"岸电技术",是指船舶泊靠码头时,停止所有的船舶柴油机电站运转,将船舶用电改由岸电电站提供,以降低港区污染废气的排放量。2006年,欧盟提出并通过了在欧盟范围内各个海港码头停泊船舶要使用岸电供电的法案2006/339/EC,建议成员国提出对使用岸电的优惠政策,并一起制定岸电电站国际标准,相互之间应就海港岸电供电交流经验,大力推广使用岸电[8-11]。为了加强港口行业节能减排,中华人民共和国交通运输部(简称交通运输部)明确提出在"十二五"末,全国海港码头中一半以上超万吨级泊位要提供岸电,推广靠港船舶使用岸电是各大港口节能减排的重点工作之一[12]。多年来,国内外很多学者试图采用先进的"电子式岸电电站装备"来彻底解决这个问题,但是研发稳定可靠的兆瓦级岸电系统装备一直是供电领域的一项重大技术难题和前沿技术,也是一项系统工程。

1.2　国内外岸电技术现状与分析

1.2.1　国内岸电技术现状

国内港口的船舶岸电技术研究尚处于起步阶段,2009年以来国内已有多个港口建立船用岸电试点性工程。

2009年,青岛港招商局国际集装箱码头有限公司首先完成了5000吨级内贸支线集装箱码头船舶岸电改造，该系统只针对内河船只，因而应用面较窄；2010 年 3 月，上海港外高桥二期集装箱码头运行移动式岸基船用变频变压供电系统，其主要是针对集装箱船舶；2010 年 10 月，连云港港口首次将高压船用岸电系统应用于“中韩之星”邮轮；2011 年 11 月～2012 年 1 月，招商国际蛇口集装箱码头先后安装了低压岸电系统与高压岸电系统；目前福建港、宁波港、天津港等国内一些港口码头也正在进行船舶岸电系统的建设和试验[13]。国内主要应用岸电技术的码头如表 1.1 所示。

表 1.1　国内主要应用岸电技术的码头

码头	电压等级	供电频率	供电容量
连云港码头	高压 6.6kV	50Hz/60Hz	2MVA
上海外高桥码头	低压 440V	50Hz/60Hz	2MVA
青岛港招商局码头	低压 380V	50Hz	131.6kVA
蛇口集装箱码头	低压 440V 高压 6.6kV	50Hz/60Hz	5MVA

1. 连云港方案

连云港码头采用高压船舶/高压岸电的供电方案。输入侧接 10kV/50Hz 电网电源，经岸上变频电源变频，输出侧为 6.6kV/60Hz。将变频后的高压电送至码头前沿的高压接线箱内，同时在船舶上安装配套的固定变压器[14,15]，其工作示意图如图 1.2 所示。

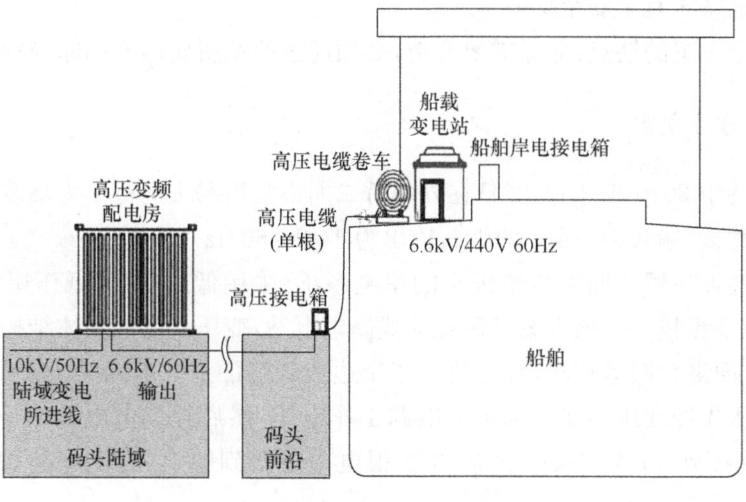

图 1.2　连云港船用岸电系统示意图

连云港岸电方案：采用高压上船的模式，这样可以将电缆的数量减少为一根，而且直径较小。该方案称为“高压变频数字化船用岸电系统”，它由三部分设备组成：

(1) 岸上的变压变频稳压稳频装置；

(2) 船上的船载变电站(包括高压电缆卷筒)；

(3) 在码头前沿的插接头电箱。

连云港岸电的优点如下：

(1) 不间断供电，在操作过程中自动将船和岸上的负荷转移，不需要在并入与解列时断电。

(2) 安装便捷，操作简单，首先由船港双方签订使用岸电协议，然后是船舶靠港之后，由地面操作人员按照规程将电缆接入码头前沿的高压接电箱，接好之后，船上岸电操作屏可以自动得到一个“岸电可用”的信号。按下“接入岸电”开关，则岸电自动调压、自动变频、自动调整后并网、自动转移船岸负载后脱开辅机，之后仅需将辅机关闭即可。

(3) 全自动数字控制，船岸无线以太网通信，实现船岸实时监测、实时控制，自动电压跟踪、自动调整、自动稳压等功能。

(4) 可以一个变频电源为多船供电。

(5) 采用一根高压电缆上船，由于是采用 6.6kV 电压传输，所以一根电缆就可满足 3～4MW 的电力需求。

(6) 可靠性高，除了安全保护设置，还通过了 CCS 要求的短路电流计算，使得全船的岸电系统有了安全保障。

该岸电方案的缺点：船舶需要改造，必须通过船舶所属国家的船级社认可。

2. 上海港方案

上海港于 2010 年 3 月 22 日在外高桥二期集装箱码头进行了为集装箱班轮提供岸电的尝试(输入为 10kV/50Hz，输出为 440V/60Hz)[16]。

上海港外高桥二期集装箱码头的岸电系统，采用低压船舶/低压岸电供电方案，并涉及变频技术。该方案采用移动式岸电电站，变压与变频主体结构装载在集装箱内，方便港口搬运移动，且可放置于岸边或者船舶上。电网的 10kV/50Hz 三相交流电压先经变压器变压到岸电电源工作电压，然后经岸电电源由 50Hz 变为 60Hz，再降压到 460V/60Hz，最后将 9 根电缆连接到船上，其供电结构如图 1.3 所示。

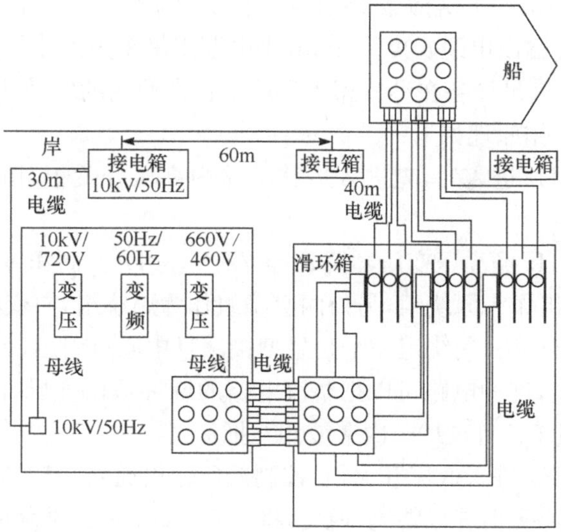

图 1.3　上海港船用岸电系统示意图

该岸电供电系统主体结构采用港口标准配置集装箱形式，便于港口吊运设备搬运移动，由于高低压配电、柔性连接配置要求，电源主体分为主移动舱和副移动舱两部分，如图 1.4 所示。变压和变频装置、高压电缆卷筒安装在主移动舱上，低压电缆卷筒安装在副移动舱上，两个移动舱都可置于码头前沿。

(a) 主移动舱　　(b) 副移动舱

图 1.4　电源主体

系统的基本功能如下：

(1) 从装有高压电缆卷筒的主移动舱中，引出一根带有快速接头的电缆连接 10kV 的岸电接电箱，电缆最大长度为 30m。

(2) 主移动舱为 40ft(1ft＝0.3048m)集装箱，提供连接 9 个 460V/60Hz 快速接头的插座箱。

(3) 副移动舱为 20ft 标准集装箱，配 3 个低压电缆卷筒，每个卷筒进线和出线各 3 根电缆，进线和出线的端头都装有快速插头，输入端连接主移动舱，输出端连接船上的受电箱。输出电缆长度为 40m，供电缆用吊车吊入船舶。

（4）配置其他满足设备在港口露天环境下正常使用的辅助功能。

系统的基本工作原理如下：

（1）10kV/50Hz 进入后，先进入主移动舱内高压开关柜，由高压开关柜控制高压通断。

（2）10kV/50Hz 经高压变压器降压至 720V/50Hz。高压变压器为三绕组变压器，其中一套绕组作为原绕组，另外两套绕组作为副绕组，向变频装置输出功率。高压绕组是三角形接法，副绕组一个是星型接法且中心点引出，另一个是三角形接法，互差 30°电角度，这种电路可以把整流电路的脉冲数由 6 脉冲提高到 12 脉冲，两个整流桥产生的 5、7、17、19…次谐波相互抵消。

（3）720V/50Hz 进入低压开关柜，控制低压输出通断。720V/50Hz 进入岸电电源柜的整流柜、逆变柜进行整流、逆变，将 720V/50Hz 变频为 660V/60Hz 方波，再经正弦波滤波器滤波成正弦波，最后输出到隔离变压器，变频部分采集输出 460V/60Hz 正弦波形成闭环控制，控制电压频率稳定。

该岸电方案的优点在于使用较为灵活，且无需码头提供额外电气设施。缺点是连接不方便。

3. 蛇口港方案

蛇口集装箱码头有限公司在港 5# ～9# 泊位建设码头船用供电系统[17]，其系统平面图如图 1.5 所示。

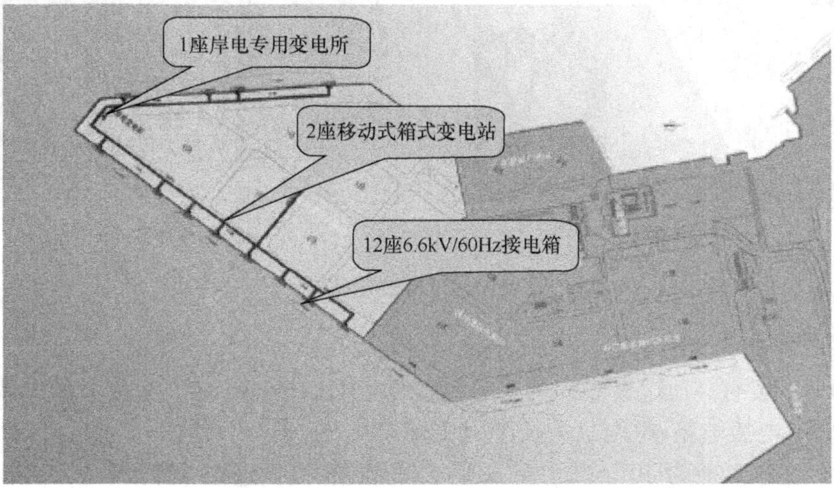

图 1.5　蛇口集装箱码头船用供电系统平面

蛇口港船用供电系统设计分为三部分：岸上供电系统、电缆连接设备和船舶受电系统。蛇口码头主要停靠船舶的供电频率为 60Hz，配电电压有 6.6kV 和 440V 两种。码头岸电电源考虑两种电压等级，以满足不同船舶的需求。

1）6.6kV 高压船舶供电

在码头后方设置一座岸电专用变电所，在码头前沿岸桥高压坑内安装 6.6kV/60Hz 高压接电箱。每个岸电箱采用一路高压专用电缆，引自岸电变电所，船岸之间连接电缆由船舶引下至岸电箱，如图 1.6 所示。

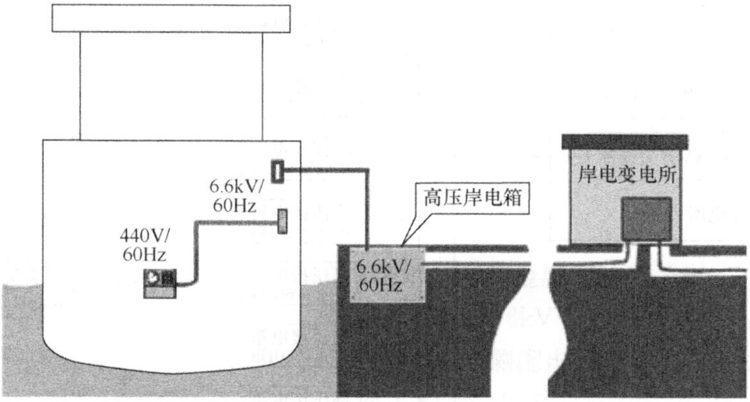

图 1.6　蛇口港高压船舶供电结构示意图

2）440V 低压船舶供电

在码头前沿设置 2 座移动式箱式变电站，箱变电源引自新安装的 6.6kV 高压岸电箱，箱变出线引接至靠泊船舶，实现船舶供电，如图 1.7 所示。

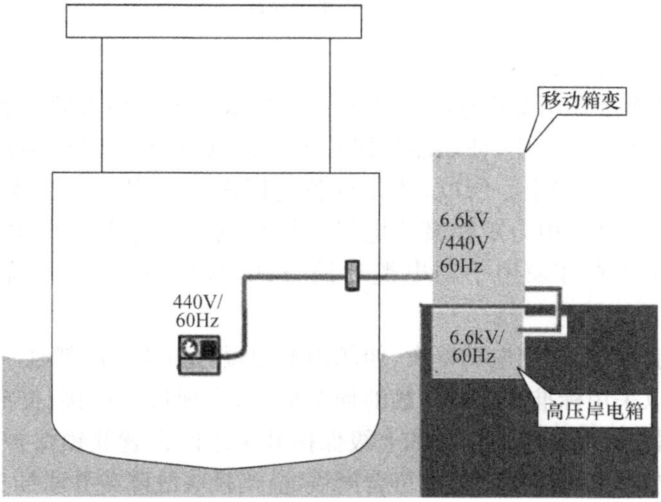

图 1.7　蛇口港低压船舶供电结构示意图

效果显著。采用岸电供电技术有效地做到节能减排，改善区域环境，具有良好的环境效益和社会效益。

该方案的优势在于岸电供电系统的电源可提供两种电压等级，即 6.6kV 和 440V，以满足不同船舶的需求；采用柔性连接和快速连接技术，减少断裂漏电事故，提高了系统的可靠性。

1.2.2 国外岸电技术现状

实现各国船只到港供电与用电制式的匹配是船舶岸电系统需要重点解决的问题之一，国外船舶配电电压包括低压配电和高压配电两种，低压配电为 440V/400V，高压配电为 6.6kV/6kV。目前国外已有岸电项目都以直供电为主。

2000 年，瑞典哥德堡港第一个在渡船码头设计安装了高压岸电系统。此项技术使得船舶靠港期间污染物排放减少了 94%～97%。随后欧盟的主要港口，如荷兰鹿特丹港、比利时安特卫普港等集装箱码头以及泽布勒赫港、哥德堡港等客滚或渡船码头也陆续应用了岸电技术。接入岸电后环境质量有明显改善(图 1.9)。

图 1.9　某港口接入岸电后环境明显改善

2001 年，美国朱诺港首次将岸电技术应用在豪华邮轮码头；2004 年，美国洛杉矶港将其应用在集装箱码头 100 号集装箱泊位上，并计划在 2014 年给所有集装箱码头安装岸电设施；2009 年，长滩港首次将其应用在油码头。据不完全统计，截止到 2013 年，全世界使用岸电技术的港口有 30 多家，详见表 1.3。岸电的应用也从最初的滚装和集装箱及邮轮码头，扩展到了油码头与天然气码头等。

表 1.3 国外主要应用岸电技术的码头

码头类型	港口所在地
集装箱码头	洛杉矶港、长滩港、旧金山港、鲁伯特王子港、鹿特丹港、安特卫普港等
邮轮码头	朱诺港、温哥华港、西雅图港、圣弗朗西斯科港、洛杉矶港、圣地亚哥港、新泽西港、哥德堡港、威尼斯港等
客滚或渡船码头	泽布勒赫港、哥德堡港、科特卡港、吕贝克港、凯米港、奥鲁港等
油码头	长滩港等
散件杂货码头	洛杉矶港等
天然气码头	韩国 LNG 天然气码头等

1. 美国洛杉矶港

替换航海电力系统(alternative maritime power supply，AMP)是研究减少废气排放计划中的成果之一。美国加州洛杉矶港口沿岸地区的空气因受到港口内散发的废气污染，质量渐差，而且有日益恶化的趋势，有严重影响该区域生活质量之虞。因此，洛杉矶市长于 2001 年 10 月针对此状况宣布一项彻底清新空气计划，称为港口废气“无净值增长(no-net increase)”，此计划系以 2001 年港口所排放废气总量为基准，规划抑制港口内废气量的增长，以防止空气质量将随着港口营运的增长而继续恶化。

洛杉矶港口当局为达上述“无净值增长”的目标，联合政府相关部门、学术机构及相关业界携手合作进行一连串包括港口内污染源统计和分析、港口规章的检讨修订以及减少废气排放的控制措施规划等研究计划。

根据港口污染源的统计和分析评估显示，因停泊港口船只多为货柜轮，耗电量高，其所排放废气为港内主要污染源之一。每艘 18 万吨级货柜轮在停泊期间排出约 1 吨 NO_x 气体，对空气质量造成很大的危害。因此，若船舶在停泊时能以较低污染的岸电取代船上发电机系统供应船上所需的电力，则由于船上发电机群的停止运转，将可大量减少废气和微粒物质的排放。

此系统是洛杉矶港口当局、洛杉矶政府水源和能源部门及相关的航运公司共同研究发展出减少船舶排放废气的解决方案中的有关船舶需配置部分，此方案尚不包括岸上输配电部分和供电部分等规划。AMP 的作业方式在船舶产业界又称“冷铁(cold ironing)”方式，此方式已有效应用在朱诺港等，服务对象为邮轮；在长岛等港口，服务对象为拖船和内海船只；而对停泊的货轮提供岸电服务者，洛杉矶港口在世界上属首创。邮轮、冷藏集装箱船等在港口时尤其需要使用大量的电力。这些大型海上漂浮酒店在它们停留港口期间，需要为旅客和工作人员提供加热、制冷和照明。利用电网的电力而不是通过柴油机发电，减少的排放和节省的燃料非常巨大。船舶靠码头期间，因主辅机开启会排放 CO_2、NO_x、SO_x，目前，美国环境保护局正在制定新的大型远洋运输船排放标准，这些标准将对采用低硫燃油的 3 类柴油机排放标准进行修改。美国环境保护局将建议在全世界采用这些标准。

美国环境保护局制定的标准将分三个阶段实施。第一阶段，2011 年开始要求柴油机的 NO_x 排放减少 15%～25%。第二阶段，从 2016 年开始，将迫使船舶采用催化转换器以便将 NO_x 的排放减少 80%。第三阶段，将要求柴油机的 NO_x 排放降低 20%。截止到 2011 年，洛杉矶港计划共有 15 个泊位供船舶插接岸电，投资约 1.8 亿美元的预算用于港口和邻近长滩港基础设施建设，加利福尼亚州空气资源委员会(ARB)也正在考虑强制性要求所有港口使用岸电。

美国洛杉矶港采用低压船舶/低压岸电/60Hz 直接供电方案，电网电压经变电站降压至 6.6kV，并接到码头岸电接电箱。因港口空间有限，6.6kV 到 440V 变电箱安装在移动驳船上，船舶经由驳船上 9 根电缆连接岸电。其供电方案如图 1.10 所示。

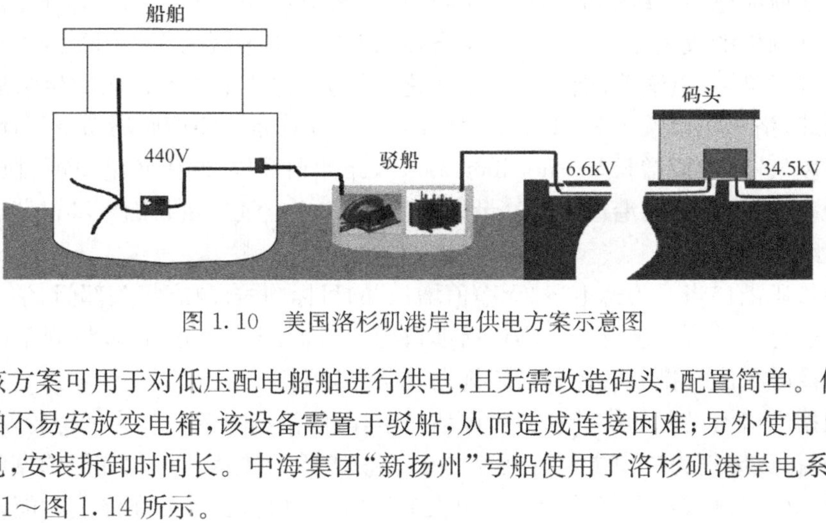

图 1.10　美国洛杉矶港岸电供电方案示意图

该方案可用于对低压配电船舶进行供电，且无需改造码头，配置简单。但因低压船舶不易安放变电箱，该设备需置于驳船，从而造成连接困难；另外使用 9 根电缆供电，安装拆卸时间长。中海集团“新扬州”号船使用了洛杉矶港岸电系统，如图 1.11～图 1.14 所示。

图 1.11　“新扬州”号船采用岸基电源动力

图 1.12　“新扬州”号接驳岸电

图 1.13 洛杉矶港码头的岸基电源的码头接线装置

图 1.14 洛杉矶港码头的岸基电源的岸电配电箱

“新扬州”号船岸电供电数据如下。

(1) 主机功率 3560kW,辅机功率 2450kW。

(2) 主要负载:空调、主排水泵、主排油泵、照明、风机等。

(3) 供电需求:1100kW(如果供电能力有 2000kW,可满足所有船),目前辅机每天用 7 吨 380# 渣油。

(4) 技术数据:供电 440V/60Hz、三相三线制,保证相序;主开关为 4000A,9 个插头同时使用,每个装有分路开关。

洛杉矶港岸电电源优点:使用较为灵活,且无需码头提供额外电气设施。

缺点:由于 440V 低压供电,使用 9 根电缆连接,供电连接操作复杂,每次船舶到港后安装与拆卸时间长。采用电网直接供电,供电频率受电网限制。

2. 美国长滩港

美国长滩港集装箱码头采用的是高压船舶/高压岸电/60Hz 直接供电方案,电网电压经变电站降至 6～20kV,由码头岸电接电箱接岸电上船,上船后可直接切换至船舶配电系统并向船舶供电。该供电方案如图 1.15 所示[18]。

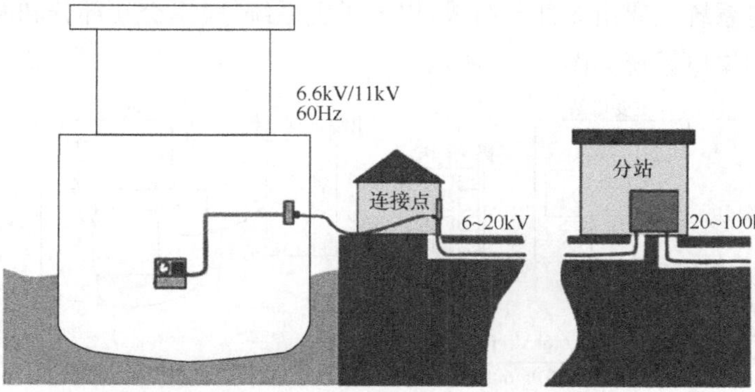

图 1.15 美国长滩港岸电供电方案示意图

该方案适用于对高压配电船舶进行供电,若要给低压配电船舶供电,需在岸侧或船侧加装降压变压器。

3. 瑞典哥德堡港

瑞典哥德堡港采取低压船舶/高压岸电/50Hz 直接供电方案。电网电压经变电站降至 6~20kV,由码头岸电接电箱岸电上船,因传输电压高,传输电缆使用 1 根高压电缆即可。上船后通过变压器降压至船舶配电电压等级向船舶供电[19]。其供电方案如图 1.16 所示。

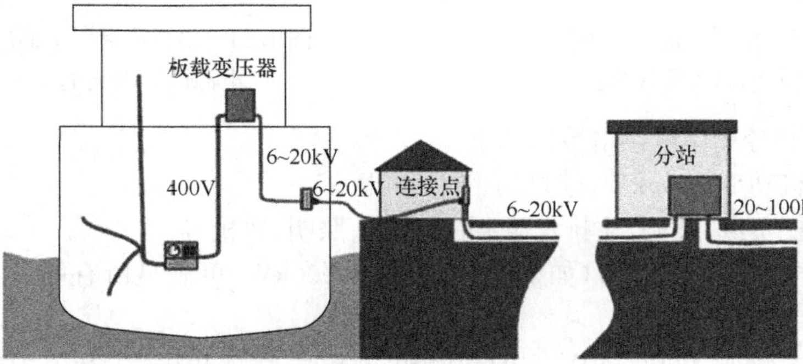

图 1.16 瑞典哥德堡岸电供电方案示意图

该供电方案的优点:采用高压 1 根电缆上船,安装便捷,供电均由岸侧管理,运行方便。

该供电方案的缺点:当给低压配电船舶供电时,需在岸侧或船侧加装变压器。由于未加装变频电源,当向 60Hz 船舶供电时,该岸电只能给船舶上的照明等非动力负载供电。

1.2.3 岸电技术方案对比与分析

船舶岸电系统主要由 3 部分组成:岸上供电系统、船岸交互部分和船舶受电系统[20-22]。船舶岸电系统如图 1.17 所示。

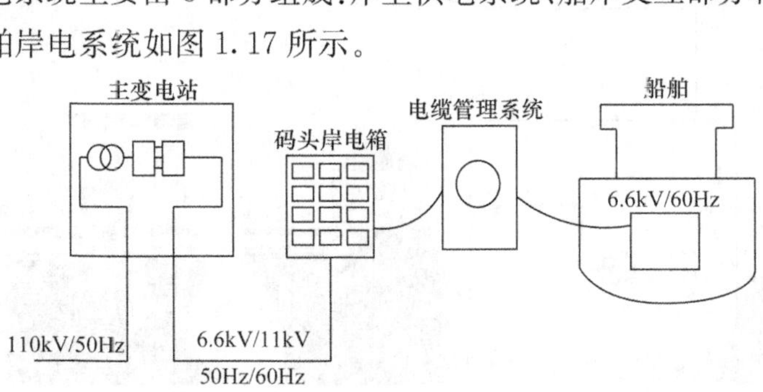

图 1.17 船舶岸电系统示意图

岸上供电系统、船岸交互部分和船舶受电系统三部分的划分如下。

1）岸上供电系统

岸上供电系统使电力从高压变电站供应到靠近船舶的连接点，即码头岸电箱，完成电压等级变换、变频与船舶受电系统不停电切换等功能。

2）船岸交互部分

连接岸上连接点及船上受电装置间的电缆和设备，电缆连接设备必须满足快速连接和储存的要求，其不使用时储存在船上、岸上或者驳船上。

3）船舶受电系统

在船上原有配电系统的基础上固定安装岸电受电系统，包括电缆绞车、船上变压器和相关电气管理系统等。船舶电站发电机的电压等级可分为高压和低压两种。高压船舶电站电压等级为 11kV 或 6.6kV/60Hz，或 6kV/50Hz。低压船舶电站电压等级为 400V/50Hz 或 440V/60Hz。

分析国内外各大港口码头岸基高压供电和低压供电方式的技术特征，比较各种岸电技术先进性、适应性、应用优缺点，见表 1.4。

表 1.4　各国岸电方案比较

岸电技术比较项	低压变频岸电 50Hz/60Hz（上海港）	低压岸电 60Hz 直供电（洛杉矶港）	中压变频岸电 50Hz/60Hz（连云港）	中高压岸电对低压船舶 50Hz 直供电（哥德堡港）	中高压岸电 60Hz 直供电（长滩港）
岸电电压	450V	450V	6.6kV	10kV	6.6kV
船舶配电电压	450V	450V	6.6kV/440V	400V	6.6kV/450V
港口电网频率	50Hz	60Hz	50Hz	50Hz	60Hz
供电频率	60Hz 或 50Hz	60Hz	60Hz 或 50Hz	50Hz	60Hz
容量	2.0MVA	2.5MVA	2.0MVA	2.5MVA	7.5MVA
岸电接入方式	港方提供电缆	港方提供电缆	船方提供电缆	港方提供电缆	船方提供电缆
供电效率	好	好	很好	好	好
供电操作性	9 根低压电缆，复杂	多根电缆，水上高压低压双向接线，复杂	1 根高压电缆，快速	1 根电缆，快速	电缆较少
船舶改造复杂性	基本无	需另配泵船	由船方配备船载变电站	需在船上安装变压器	一般
空气污染	无	无	无	无	无

通过表 1.4 比较分析，洛杉矶港、哥德堡港、长滩港以及一些运河中的小港口都进行了岸电上船的尝试，我国的部分港口也进行了该项工作。但是由于国外的方案没有变频功能，所以针对我国是不适用的。上海港采用了变频技术功能，供电

需要 9 根低压电缆，操作起来比较复杂；连云港也采用了变频技术，可以提供 6.6kV 和 440V 两种电压。对于配电电压为 6.6kV 或 11kV 的高压船舶，高压岸电虽然是较方便的方式，但国际上大多数船舶为 440V 低压，变频低压供电方式应用更广泛，60Hz 或 50Hz 任意选择的变频岸电能适应更多的船舶供电，并具有较高的技术性能和可操作性，工程技术含量更高，应用推广前景广阔。

1.3　岸电系统的相关标准及规范

目前，国内外均已进行了船舶岸电的设计和研究。国外一些先进港口已经采用陆地的电源对靠港船舶供电，效果比较好，能够明显减少污染气体的排放，有效改善港口的空气质量。国内船舶岸电技术的研究还处在起步阶段，上海港、蛇口港、连云港等岸电系统改造后，有效地改善了区域环境，但关于岸电相关标准都有待完善。

1.3.1　国内相关标准发展

国内船舶岸电技术研究还处在起步阶段。原交通部 2004 年 4 月颁布《港口经营管理规定》中提到了港口区域内应为船舶提供岸电服务。

2010 年 11 月 1 日发布、2011 年 5 月 1 日开始实施的国家标准 GB/T 25316—2010《静止式岸电装置》，是由中华人民共和国国家质量监督检验检疫总局、中国国家标准化管理委员会正式批准的首部岸电国家标准，该标准规定了静止式岸电装置的适用范围、规范性引用文件、术语和定义、使用条件、技术要求、安全性要求、试验方法、检验规则、标志、包装、运输、储存，是目前规范我国岸电装置的唯一标准。该标准与中国船级社颁布的《钢质海船入级与建造规范》相互兼容。该标准规定的静止式岸电装置是“一种输入电压为三相、输入频率为 50Hz，输出电压为 1000V 及以下、输出频率为 60Hz，放置在岸上浮船坞，用于向在场(厂)靠泊的舰船或其用电部件供电的静止式电源”。它是通过用电力电子技术、SPWM 技术和 DSP 技术，将 50Hz 工频电力转换为 60Hz 的工频电力，为在场(厂)制造、维修的靠港作业的舰船或其用电部件供电的静止式岸-船电力转换装置，在负载功率因数小于等于 0.8 的情况下，具有以下优点：①大于 95%的转换效率，电压波动恢复时间小于 1.5s；②输出电压波形畸变率小于 5%；③工作噪声小于 75dB(A)；④冷却不用水或油；⑤无人值守而可靠工作。其主要用途是替代柴油-发电机组和电动机-发电机组，是一种节能、环保、高可靠的新能源转换装置。《静止式岸电装置》国家标准由青岛经济技术开发区创统科技发展有限公司申请立项并负责起草，该标准的颁布实施标志着我国船舶配套企业生产技术水平不断提升，生产行为不断规范，更加注重标准的编制和使用。

2011年5月，中国船级社发布了《船舶高压岸电系统检验原则》。该原则为现阶段国内船舶安装岸电系统入级检测提供依据，并为国内船舶岸电的设计、产品制造、建造改造提供船基设施标准，且为安装上船的高压岸电设备检验和发证。

2012年7月4日，交通运输部颁布并实施的JTS 155—2012《码头船舶岸电设施建设技术规范》和JT/T 814—2012《港口船舶岸基供电系统技术条件》，主要是针对船舶岸电系统的岸基部分进行的一般性规定，并提出“新建集装箱码头、干散货码头、邮轮码头和客滚轮码头，应在工程项目规划、设计和建设中包含码头船舶岸电设施内容”的强制要求。2012年7月，交通运输部发布了JT/T 815—2012《港口船舶岸基供电系统操作技术规程》，尝试对船舶岸电系统日常运营管理从工作流程和应履行的手续等方面进行了规定，该标准以连云港船舶岸电系统的操作规程为基础，对其他岸电结构具有一定的参照意义。

1.3.2 国外相关标准发展

国外20世纪70年代就已经开始研究岸电系统，随着对节能环保的日益重视，世界上已有多个港口在其特定的泊位上配备了为船舶供应岸电的设施，在港口实施岸电项目的同时，一些关于岸电的国际法律法规也相应出台。

2004年，世界海事组织率先颁布了MARPOL Annex VI规定，要求其成员国限制船舶所排放的污染气体中的氮化物和硫化物的含量。

2006年，欧盟建议港口提供船舶岸电或含硫0.1%的燃油，EU Directive 2005/33/EC-2010法令规定，从2010年开始船舶在靠港以及在内河流域船舶建议使用船舶岸电。

2007年4月，国际标准化组织发布ISO/WD 299501《岸电供应标准草案》。

2009年4月，国际电工委员会发布公共可用规范IEC/PAS 60092-510-2009《高压岸电联结系统》，阐明船舶使用高压岸电系统的相关技术要求。

美国和加拿大在2009年向IMP组织提交了MEPC59/6/5建议，旨在减少北美沿海地区的污染。

2010年，国际电气和电子工程师协会发布IEEE P1713《船岸电电气联结标准》。

2012年，国际电工委员会、国际标准化组织、电气和电子工程协会联合发布了国际标准IEC/ISO/IEEE 80005-1《在港设施 第一部分：高压岸电系统一般要求》。

1.3.3 国内外岸电技术发展趋势

根据船舶岸电国内外应用现状及配置方式调研结果[23]，船舶岸电技术未来发展趋势将主要在以下几个方面。

1）岸电供电变频变压技术的应用

目前国内外船舶供电频率不同，电压等级也不尽相同，船舶岸电需满足国内外不同频率船舶、不同配电电压等级船舶的供电需求，同时需对不同类型船舶负荷特性进行分析，确定船舶用户对供电电能质量的需求。岸电变频、变压技术需采取相应的技术手段满足岸电电源供电品质。

2）大容量船舶岸电供电电源技术

航运事业的飞速发展促使船舶的吨位不断增大，其所需要的电力功率也越大，且要考虑多条船舶同时应用岸电的情况，则所需要的岸电电源容量也越大。

3）船舶岸电供电模式

为实现船舶岸电技术在国内的推广应用，需提出可广泛适用于港口码头电气环境的供电模式，以满足规模化推广的需要。目前国内现有的岸电示范工程仅针对特定工程开展，缺乏普适性，需在主电气接线方式、继电保护配置、岸电并网方式等多方面开展研究，形成该领域的技术规范和标准，从而推动岸电产业的发展。

4）船岸交互技术

靠港船舶连接岸电需同时满足快速、安全、稳定的技术需求。该技术的实现涉及船岸连接电缆、电缆卷盘、高压大电流连接器件等。目前柔性电缆技术由国外公司垄断，高压大电流连接器件还未形成统一的技术标准，需进一步开展此关键技术研究，促进实现岸电技术的国产化、规模化应用。

5）岸电设备紧凑化布局

大容量供电设备体积较大，在码头岸电设计时，供电设备的安放位置即要满足船舶供电需求，又不能影响码头操作和交通，则需考虑隐蔽布置或移动式设备，从而减少空间需求。

参考文献

[1] 王焕文. 舰船电力系统及自动装置. 北京：科学出版社，2004

[2] 陈刚. 绿色港口建设探讨. 港口科技，2009，(12)：32-35

[3] 李建科，王金全，金伟一. 船舶岸电系统研究综述. 船电技术，2010，(10)：12-15

[4] 王浚龙. 关于用大功率变频变压电源作为船舶岸电电站的研究和应用. 中国修船，2006，19(8)：16-18

[5] 郜克存，戴瑜兴，李加升. 一种新型电子静止式岸电电源. 电力电子技术，2011，45(2)：86-93

[6] 洪清珍. 船舶柴油机废气排放对大气污染的法律控制及其技术基础. 船海工程，2004，(1)：34-36

[7] 李学文，孙可平. 船舶接用岸电技术研究. 上海海事大学学报，2007，(3)：10-14

[8] 彭传圣. 欧盟建议的靠泊船舶使用岸电方案. 水运科学研究，2007，(6)：44-46

[9] 李庆祥. 国外港口减少废气排放的措施. 港口科技，2008，(11)：35-41

[10] Shigematsu J，Sudou S. A present conditions and future trends for AMP. Shikawajima-Harima

Engineering Review,2006,46(4):156-160
[11] Peterson K L,Chavdarian P,Islam M,et al. Tackling ship pollution from the shore. IEEE Industry Applications Magazine,2009:56-60
[12] 常瑞增. 60Hz电子静止式岸电电源在船厂和港口的应用. 港工技术,2004,(3):8-10
[13] 张一禾. 我国现阶段船舶利用岸电问题探讨. 中国水运,2010,(9):22-23
[14] 吴振飞,叶小松,刑鸣. 浅谈船舶岸电关键技术. 供配电,2013,(6):22-26
[15] 田鑫,杨柳,才志远,等. 船用岸电技术国内外发展综述. 智能电网,2014,(11):9-14
[16] 包起帆. 上海港岸基船用供电系统研究与实践. 中国工程科学,2011,13(9):63-68
[17] 陈晓宏,王闯. 蛇口集装箱码头船用供电系统方案设计. 水运工程,2012,(1):74-78
[18] Khersonsky Y,Islam M,Peterson K L. Challenges of connecting shipboard marine systems to medium voltage shore-side electrical power. IEEE Transactions on Industry Applications,2007,43(3):838-844
[19] Jiven K. Shore-side electricity for ships in ports. Case studies with estimates of internal and external costs. Gothenburg:MariTerm AB,2004
[20] Paul D,Chavdarian P R. System capacitance and its effects on cold ironing power system grounding. Oakland:Earthtech Inc. ,2006
[21] Anon. Cold-ironing packages for shore electrical supply in port. Naval Architect,2006:66-67
[22] Wai R J,Duan R U. High-efficiency power conversion for low power fuel cell generation system. IEEE Transactions on Power Electronics,2005,20(4):847-856
[23] 吴志良. 港口供电及自动化系统. 大连:大连海事大学出版社,2003

第 2 章　船舶岸电技术基础

2.1　逆变器控制原理

2.1.1　IGBT 器件及驱动保护

绝缘栅双极型晶体管(insulated gate bipolar transistor,IGBT),是由双极结型晶体管(bipolar juncticn transistor,BJT)和绝缘栅型场效应晶体管(metal oxide semiconductor field effect transistor,MOSFET)组成的复合全控型电压驱动式功率半导体器件,兼有 MOSFET 的高输入阻抗和电力晶体管(giant transistor,GTR)的低导通压降两方面的优点。GTR 饱和压降低,载流密度大,但驱动电流较大;MOSFET 驱动功率很小,开关速度快,但导通压降大,载流密度小。IGBT 综合了以上两种器件的优点,驱动功率小而饱和压降低,其内部结构如图 2.1 所示,大功率 IGBT 模块实物如图 2.2 所示。自 IGBT 商业化应用以来,作为新型功率半导体器件的主型器件,IGBT 在 1～100kHz 的频率应用范围内占据重要地位,其电压范围为 600～6500V,电流范围为 1～3600A。IGBT 广泛应用于工业、航空航天、国防军工等传统产业领域以及轨道交通、新能源、智能电网、新能源汽车等战略性新兴产业领域[1-3]。采用IGBT进行功率变换,能够提高用电效率和质量,具有高效节能和绿色环保的特点,是解决能源短缺问题和降低碳排放的关键支撑技术。在未来很长一段时间内,为适应全球降低 CO_2 排放的战略需要,IGBT 必将扮演更为重要的角色,是节能技术和低碳经济的重要支点。

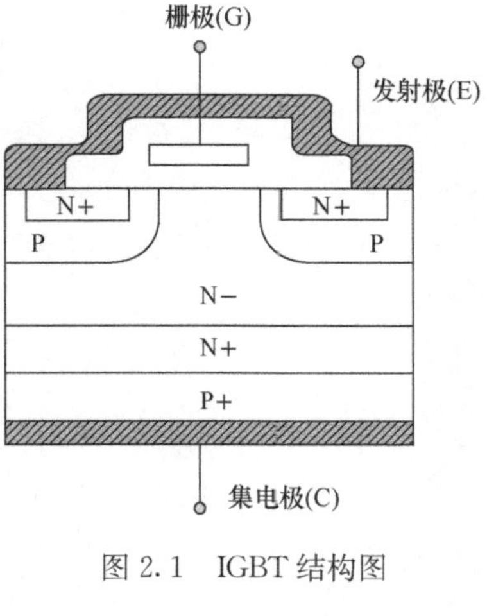

图 2.1　IGBT 结构图

图 2.2　大功率 IGBT 模块

目前，世界各大功率半导体公司对 IGBT 的研究步伐和技术革新日益加快，IGBT 芯片的设计与生产厂家有 Infineon、ABB、Mitsubishi Electric、Dynex（中国南车，CSR）、IXYS Corporation、International Rectifier、Powerex、Philips、Motorola、Fuji Electric、Hitachi、Toshiba 等，主要集中在欧、美、日等国家和地区。国内在 IGBT 技术研究和产业化方面尚处于起步阶段，作为全球最大的 IGBT 应用市场，IGBT 模块主要依赖进口。近年来，在国家宏观政策的引导和组织下，国内企业通过各种途径在 IGBT 芯片、模块等领域已经取得很多可喜的进展，中国南车通过并购英国 Dynex 半导体，充分利用欧洲丰富的技术资源，成立功率半导体海外研发中心，迅速掌握了先进的 1200～6500V IGBT 芯片设计、工艺制造及模块封装技术，并且在株洲建设了一条先进的 8in(1in=2.54cm) IGBT 芯片及其封装生产线，并于 2014 年初实现 IGBT 芯片量产[4-6]。

IGBT 的工艺水平也在不断提升，许多先进工艺技术，如离子注入、精细光刻等被应用到 IGBT 制造上。IGBT 芯片制造过程中的最小特征尺寸已由 5μm，到 3μm，再到 1μm，甚至达到亚微米的水平。采用精细制造工艺可以大幅提高功率密度，同时可以降低结深，减小高温扩散工艺，从而使采用 12in 甚至更大尺寸的硅片来制造 IGBT 成为可能[7-10]。随着薄片与超薄片加工工艺的发展，Infineon 在 8in 硅片上制造了厚度只有 40μm 的芯片样品，不久的未来有望实现产品化应用。

随着 IGBT 芯片技术的不断发展，芯片的最高工作结温与功率密度不断提高，IGBT 模块技术也要与之相适应。未来 IGBT 模块技术还将围绕芯片背面焊接固定与正面电极互连两方面不断改进，有望将无焊接、无引线键合及无衬板/基板等先进封装理念及技术结合起来，将芯片的上下表面均通过烧结或压接来实现固定及电极互连，同时在模块内部集成更多其他功能元件，如温度传感器、电流传感器及驱动电路等，不断提高 IGBT 模块的功率密度、集成度及智能度[11-13]。

目前大电流高电压的 IGBT 已模块化，它的驱动电路除由分立元件构成，现在已制造出集成化的 IGBT 专用驱动电路，其性能更好，整机的可靠性更高，体积更小。

IGBT 的驱动条件与其特性密切相关。在设计门极驱动电路时应特别注意开通特性、负载短路能力和误触发等问题。对驱动电路的要求包括：

(1) IGBT 是电压驱动，具有一个 2.5～5.0V 的阈值电压，有一个容性输入阻抗，因此 IGBT 对栅极电荷集聚敏感，故驱动电路必须很可靠，要保证有一低阻抗值的放电回路，即驱动电路与 IGBT 的连线要尽量短；

(2) 用内阻小的驱动源对栅极电容放电，以保证栅极控制电压有足够陡的前后沿，使 IGBT 的开关损耗尽量小，IGBT 开通后，栅极驱动源应能够提供足够的功率，使 IGBT 不至退出饱和而损坏；

(3) IGBT 的栅极驱动电路应尽可能简单实用，最好自身带有对 IGBT 的保护功能，并有极强的抗干扰能力。

2.1.2 IGBT 逆变技术原理

逆变器与整流器正好相反，其作用是通过功率半导体开关器件的开通和关断作用，把直流电能变换成交流电能，这种对应于整流的逆向过程，称为"逆变"。

1. IGBT 逆变基本理论

逆变器的种类很多，具体工作原理与工作过程不尽相同，但是最基本的逆变过程是相同的。以最简单的逆变电路-单相桥式逆变电路为例，具体说明逆变器的"逆变"过程。单相桥式逆变原理见图 2.3(a)。图中输入直流电压为 E，R 代表逆变器的纯阻性负载。当开关 S_1、S_4 接通后，电流流过 S_1、R 和 S_4 时，负载上的电压极性是左正右负；当开关 S_1、S_4 断开，S_2、S_3 接通后，电流流过 S_2、R 和 S_3，负载上的电压极性反向。若两组开关 S_1 和 S_4、S_2 和 S_3 以频率 f 交替切换工作时，负载 R 上便可得到频率为 f 的交变电压 U_0，其波形见图 2.3(b)，该波形为一个方波，其周期 $T=1/f$。图中的电路和波形只是逆变过程基本原理的示意描述，实际上要构成一台实用型逆变器，还需要增加许多重要功能电路和辅助电路。

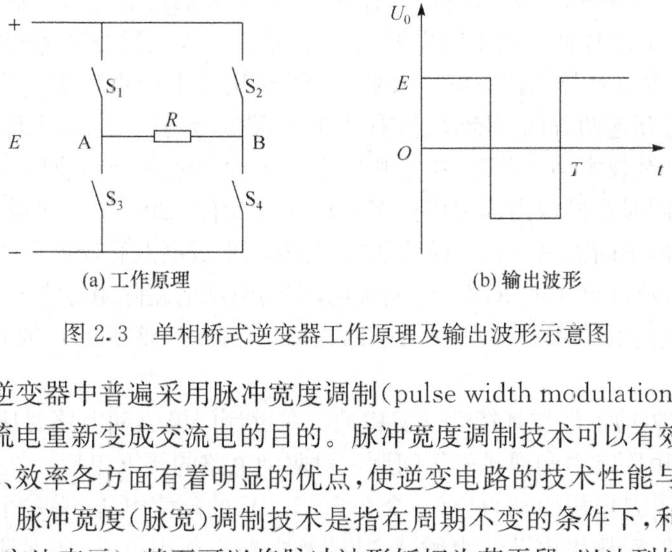

图 2.3 单相桥式逆变器工作原理及输出波形示意图

目前在逆变器中普遍采用脉冲宽度调制(pulse width modulation，PWM)技术来实现将直流电重新变成交流电的目的。脉冲宽度调制技术可以有效地进行谐波抑制，在频率、效率各方面有着明显的优点，使逆变电路的技术性能与可靠性得到了明显提高。脉冲宽度(脉宽)调制技术是指在周期不变的条件下，利用改变脉冲宽度(或用占空比表示)，甚至可以将脉冲波形斩切为若干段，以达到抑制谐波目的的一种方法。采用脉宽调制技术方式构成的逆变器，其输入为相对固定不变的直流电压，由于这种逆变器只有一个可控的功率级，简化了主电路和控制回路的结构，所以体积小、质量轻、可靠性高。又因为集调压、调频于一身，所以调节速度快、系统的动态响应好。此外，采用脉宽调制技术不仅能够提供较好的逆变器输出电压和电流波形，而且可提高逆变器对交流电网的功率因数。

在采样控制理论中有一个重要结论：冲量相等而形状不同的窄脉冲加在惯性环节上时，其效果基本相同。冲量即指窄脉冲的面积。这里所指的效果基本相同，是环节的输出响应波形基本相同。该结论可称为面积等效原理。如果把各输出波形用傅里叶变换进行分析，则其低频段非常接近，仅在高频段略有差异。

典型的惯性环节就是电感负载，如图 2.4(a)所示。电路输入 $e(t)$为如图 2.5(a)～(d)所示的窄脉冲。

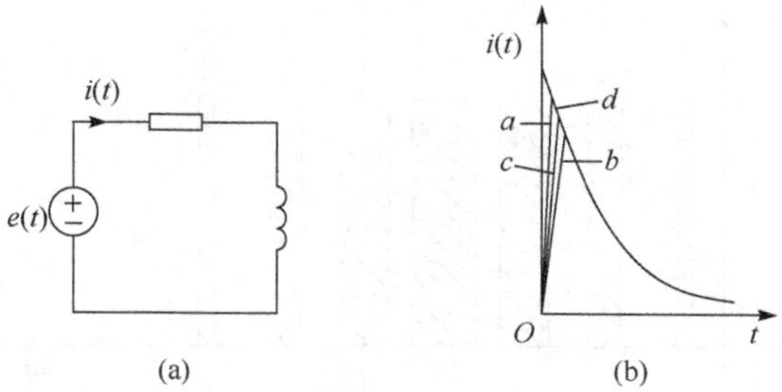

图 2.4　冲量相同的各窄脉冲的响应波形

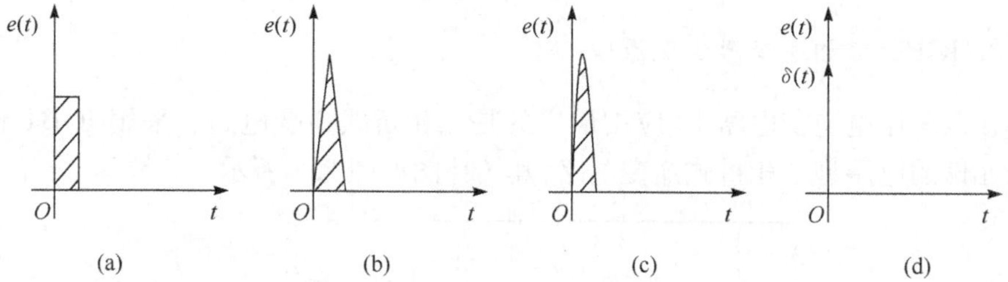

图 2.5　形状不同而冲量相同的各种窄脉冲

电路输出 $i(t)$的波形如图 2.4(b)所示，可以看出各波形基本相同。下面运用面积等效原理分析正弦波 PWM(sinusoidal pulse width modulation，SPWM)技术。

SPWM 是指脉冲宽度按正弦规律变化的等效 PWM 波。为了得到接近于正弦波的脉宽调制波形，可将正弦波的一个周期在时间上划分为 $2N$ 等份，每一等份的脉宽都是 π/N，这时一个周期的正弦波可以看成 $2N$ 个彼此相连的脉冲序列，脉宽相等，但幅值不等。这样就可以分别计算出在各个时间间隔中正弦波所包含的面积，在每个特定的时间间隔中，都可以用一个脉宽与其对应的正弦波所包含的面积相等或成比例的、但脉冲幅度都等于 U_d的矩形电压脉冲来分别代替相应的正弦波部分。这样 $2N$ 个宽度不等、但幅值相等的脉冲序列就组成了一个与正弦波等效的脉宽调制波形，图 2.6 表示的是半个周期的波形。显然，只要 N 取得足够大，这样的一串等效的矩形脉冲序列能量上将非常接近于正弦波。

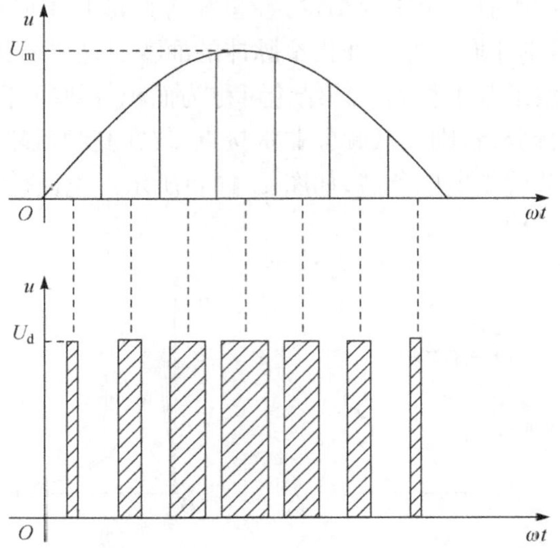

图 2.6 PWM 波等效正弦波

2. IGBT 三相逆变器实现原理

在低压岸电逆变电路中，应用最广的是三相桥式逆变电路。采用 IGBT 作为可控元件的电压型三相桥式逆变电路，其拓扑图如图 2.7 所示。

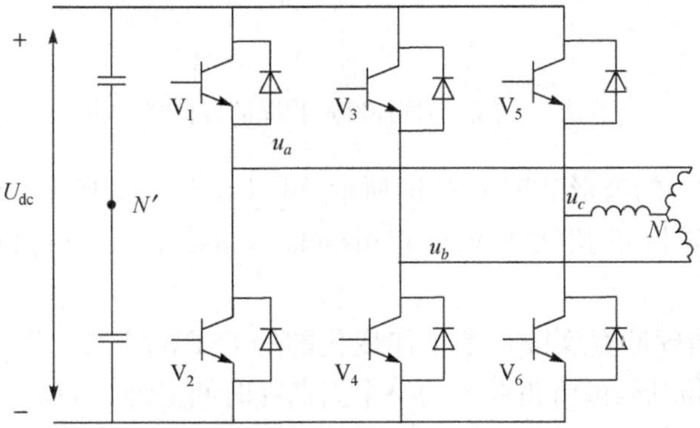

图 2.7 电压型三相桥式逆变电路

为了分析方便，如图 2.7 的直流侧电源画出了假想中点 N'。电压型三相桥式逆变电路的基本工作方式是 180°导电方式，即每个桥臂的导电角度为 180°，同一相(即同一半桥)上下两个臂交替导电，各相开始导电的时间依次相差 120°。因为每次换相都是在同一相上下两个桥臂之间进行的，所以称为纵向换相。这样，在任一瞬间，将有三个臂在同一时刻导通。可能是上面一个臂、下面两个臂导通；也可能是上面两个臂、下面一个臂同时导通。

下面来分析电压型三相桥式逆变电路的工作波形。对于 a 相输出，当桥臂 1 导通时，$u_{aN'}=U_{dc}/2$；当桥臂 4 导通时，$u_{aN'}=-U_{dc}/2$。因此，$u_{aN'}$ 的波形是幅值为 $U_{dc}/2$ 的矩形波。b、c 两相的情况和 a 相类似，$u_{bN'}$、$u_{cN'}$ 的波形形状和 $u_{aN'}$ 相同，只是相位依次差 120°。

负载线电压 u_{ab}、u_{bc}、u_{ca} 的计算公式为

$$u_{ab}=u_{aN'}-u_{bN'} \tag{2.1}$$

$$u_{bc}=u_{bN'}-u_{cN'} \tag{2.2}$$

$$u_{ca}=u_{cN'}-u_{aN'} \tag{2.3}$$

设负载中点 N 与直流电源假想中点之间的电压为 $u_{NN'}$，则负载各相的相电压分别为

$$u_{aN}=u_{aN'}-u_{NN'} \tag{2.4}$$

$$u_{bN}=u_{bN'}-u_{NN'} \tag{2.5}$$

$$u_{cN}=u_{cN'}-u_{NN'} \tag{2.6}$$

把式(2.4)～式(2.6)相加并整理可求得

$$u_{NN'}=\frac{1}{3}(u_{aN'}+u_{bN'}+u_{cN'})-\frac{1}{3}(u_{aN}+u_{bN}+u_{cN}) \tag{2.7}$$

设负载为三相对称负载，有

$$u_{aN}+u_{bN}+u_{cN}=0 \tag{2.8}$$

故可得

$$u_{NN'}=\frac{1}{3}(u_{aN'}+u_{bN'}+u_{cN'}) \tag{2.9}$$

控制单元输出一系列的脉冲波形，控制逆变器中功率开关器件的导通和关断，从而使其输出端输出一系列宽度不等的矩形脉冲波形，这种方式称为脉宽调制。通过改变矩形脉冲的宽度可以控制逆变器输出电压的幅值，通过改变调制周期就可以改变其输出频率。逆变器的输出端接上滤波器，滤去高频信号，这样逆变器输出将近似正弦波。

双极性控制逆变器输出的电压幅值和频率也是通过改变正弦参考信号的幅值和频率而改变的。双极性控制逆变器的同一个桥臂上下两个开关器件交替导通，处于互补工作方式，但同一桥臂的上下两个开关管绝对不能同时导通，否则会导致开关管的损坏。而且一般情况下，整个逆变桥有且仅有三个开关管导通(不考虑为防止同一桥臂上下两个开关管同时导通而设置的死区)。

逆变器输出电压和脉宽呈正比的关系，因此可以通过调节参考信号的幅值来改变各个脉冲的宽度，就实现了对逆变器输出电压幅值的平滑调节。为保证主电路开关器件安全工作，必须使所调制的脉冲有最小脉宽与最小间隙限制，以保证脉

冲宽度大于开关器件的导通时间与关断时间，这就要参考信号(调制信号)的幅值不能超过三角波峰值的某一百分数。定义调制度为

$$M=\frac{U_s}{U_\Delta} \tag{2.10}$$

式中，U_s、U_Δ分别为正弦调制信号 u_s 和三角载波信号 u_Δ 的峰值。在理想的情况下，M 可在 0～1 内变化，以调节输出电压的幅值，当调制度超过最小脉宽的限制时，此时改为按固定的最小脉宽工作，而不再遵循正常的脉宽调制规律，从而逆变器输出电压的幅值也不再是调制电压幅值的线性函数。在线性区，逆变器输出的电压基波幅值和调制比 M 呈线性关系，因而具有较好的脉宽调制特性。当载波 u_Δ 为共用的三角波、调制波 u_s 为三相正弦波时，三相逆变器中各相输出电压的SPWM波形以及线电压的 SPWM 波形如图 2.8 所示。由于三相逆变器的三个单相全桥用的是一个共同的直流电源 U_{dc}，每一个单相半桥逆变器的直流电源就是 $U_{dc}/2$。

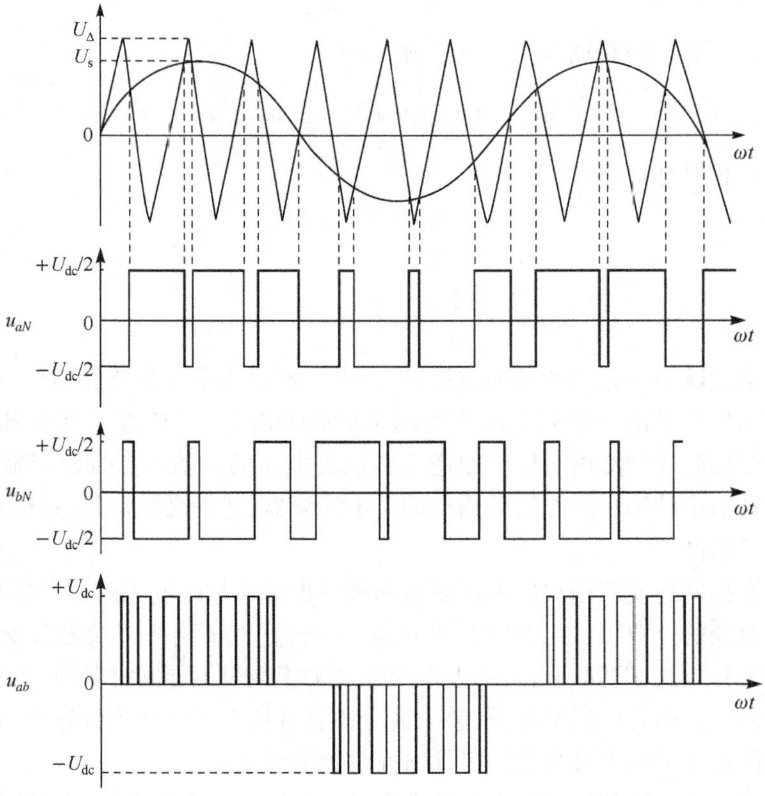

图 2.8 三相 SPWM 逆变器输出电压波形

生成 SPWM 的方法常用的有两种，一是自然采样法，二是规则采样法。自然

采样法是按三角载波和正弦调制波的实际交点来准确地计算逆变器导通和关断时刻的。自然采样法是最基本的方法，所得到的 SPWM 波形很接近正弦波形，但是用自然采样法求出来的脉宽公式为超越方程，所以它的模型不适合于实时控制，在工程上实际应用不多。

规则采样法是一种应用较广的工程实际应用方法，其效果接近自然采样法，但是计算量比自然采样法小得多。规则采样法是在三角波每一周期内的固定时刻，找到正弦调制波上的对应电压值，再用此值对三角载波采样，找到三角载波上对应的值，在一个三角载波周期内，有两个相等的值，所以逆变器相应的功率器件导通和关断各一次。实现方法为，假设在一个三角波周期内，调制波的幅值不变(例如，等于三角波峰值处调制波的幅值)，再确定三角波与调制波交点以控制脉冲出现与消失的时刻，规则采样法较适合于计算机数字实现。设 a 相调制波为

$$u_a^* = U_s \sin(\omega t) \tag{2.11}$$

图 2.9 给出了 a 相 SPWM 波产生的示意图。在三角波负峰值点采样调制信号得到 D 点，过 D 点作一条水平直线和载波 u_Δ 分别交于 A 点和 B 点，在 A 点时刻 t_A 控制 a 相桥臂上管导通、下管截止，B 点时刻 t_B 控制 a 相桥臂下管导通，上管截止。由图 2.9 可得

$$\frac{U_\Delta + U_s \sin(\omega t_D)}{T_{pa}/2} = \frac{2U_\Delta}{T_c/2} \tag{2.12}$$

式中，T_c 为载波(三角波)周期；t_D 为 D 点所对应的时间。所以，脉冲宽度 T_{pa} 为

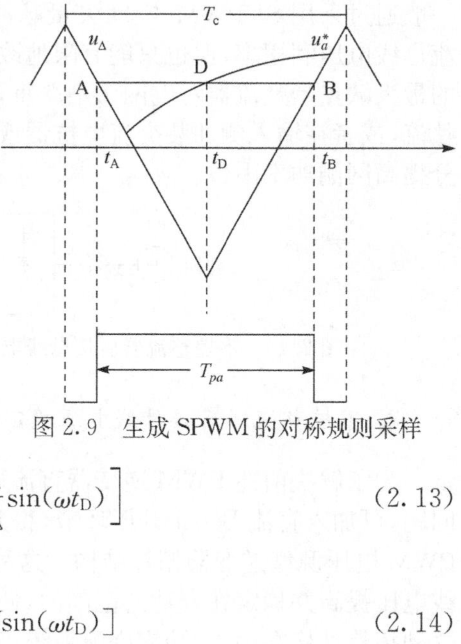

图 2.9　生成 SPWM 的对称规则采样

$$T_{pa} = \frac{T_c}{2}\left[1 + \frac{U_s}{U_\Delta}\sin(\omega t_D)\right] \tag{2.13}$$

令 M 为调制度，则式(2.13)变换为

$$T_{pa} = \frac{T_c}{2}[1 + M\sin(\omega t_D)] \tag{2.14}$$

同理，可得到 b 相和 c 相的脉冲宽度计算公式分别为

$$T_{pb} = \frac{T_c}{2}\left\{1 + M\left[\sin(\omega t_D) - \frac{2}{3}\pi\right]\right\} \tag{2.15}$$

$$T_{pc} = \frac{T_c}{2}\left\{1 + M\left[\sin(\omega t_D) - \frac{4}{3}\pi\right]\right\} \tag{2.16}$$

2.2 岸电变流系统电路拓扑结构

岸电变流系统的电路拓扑结构决定了其控制算法的形式。根据输入/输出电压等级不同,岸电系统电路拓扑结构主要包括高压拓扑和低压拓扑两大类。

2.2.1 低压型岸电的拓扑结构

1. 不控整流器后接母线电压变化的 PWM 电压源型逆变器

这种拓扑结构是将网电采用二极管直接整流,直流母线电压会随着网电电压的波动而变化,PWM 逆变器通过改变调制比来实现输出电压幅值、频率的稳定,其拓扑结构见图 2.10。当网侧电压较低时,为了稳定输出电压,必须提高逆变器的调制深度,导致逆变器运行效率低,开关利用率低、峰值电流高和传导损耗大。一般通过采用 SVPWM(空间矢量脉冲宽度调制)方法或谐波注入技术来提高直流母线电压利用率,但也只能有限地改善系统性能,不能解决实质问题。这种拓扑的最大缺点是整流器对电网污染严重,即使采用 12 脉波、24 脉波等方式进行不控整流,或者在输入侧加装交流电抗器或者在直流母线侧加装直流电抗器,也只能部分提高网侧功率因数。

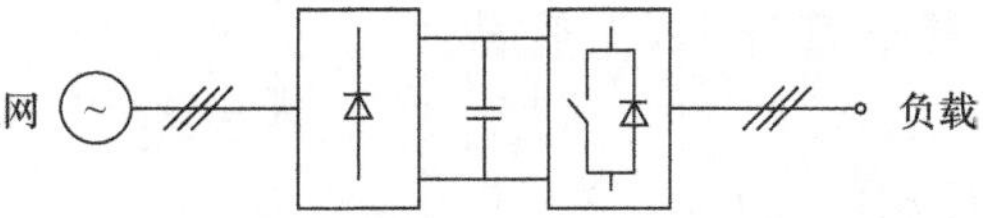

图 2.10 不控整流器后接母线电压变化的 PWM 电压源型逆变器拓扑图

2. 不控整流器后接母线电压稳定的 PWM 电压源型逆变器

为了解决前述 PWM 逆变器直流母线电压波动时 PWM 逆变器运行特性差的问题,可加入直流 Boost 升压环节,得到如图 2.11 所示的直流母线侧电压稳定的 PWM 电压源型逆变器拓扑结构。这种结构通过 Boost 升压环节将逆变器直流母线电压提高并稳定在合适的范围内,使逆变器调制深度大、运行效率高、损耗少,但这种拓扑结构在中、大功率变流系统采用较少。

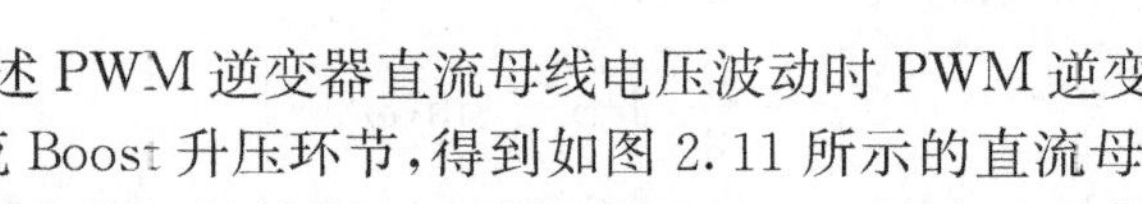

图 2.11 不控整流器后接母线电压稳定的 PWM 电压源型逆变器拓扑图

3. 全控 PWM 整流器后接 PWM 电压源型逆变器

前述两种拓扑中因为不可控整流桥的非线性特性,使得整流桥输入侧电流波形畸变严重，另一种方案是采用 PWM 整流器，其拓扑结构见图 2.12。采用 PWM 整流器将网电整流成恒定的直流，兼具高功率因数整流和稳压升压的作用。由于整流和逆变拓扑相同，可采用类似的控制方法进行控制，简化了控制复杂性。虽然 PWM 整流器因采用 IGBT 器件而使整机成本提高，但目前随着电力电子技术特别是开关技术器件制造技术的发展，PWM 整流器成本不断降低，应用越来越广泛。

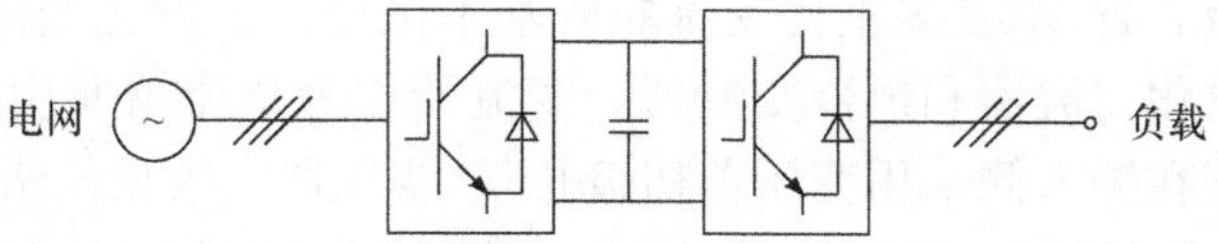

图 2.12　全控 PWM 整流器后接 PWM 电压源型逆变器拓扑图

2.2.2　高压型岸电的拓扑结构

1. 三电平逆变器拓扑的高压岸电

三电平拓扑结构的岸电技术输入端采用 12 脉冲整流，两个三相全桥串联，直流回路采用电容储能，逆变桥由高压 IGBT 组成三电平式电路，中心点用二极管钳位。三电平电压源型高压岸电逆变环节典型拓扑结构如图 2.13 所示，逆变桥的一

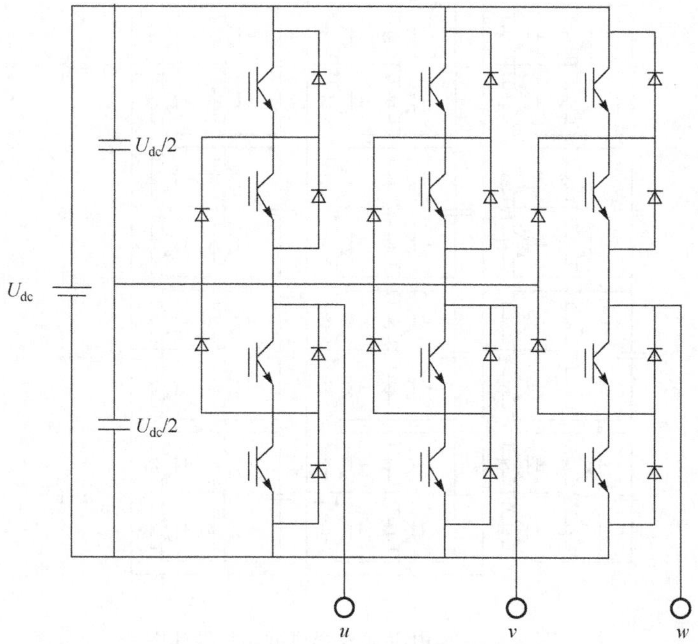

图 2.13　三电平电压源型高压岸电逆变环节典型拓扑图

个桥臂中，开关管开关状态互补，任何时候都不会出现两个器件同时导通或同时关断的情形，所以不存在器件串联的均压问题。受器件耐压水平限制，最高电压输出只能到 4.16kV，为了实现 6kV 输出，仍需要通过内置变压器进行升压。

2. 多重化整流后接级联型多电平逆变器

以常规低压变流电路为基础，将多个变流器单元串、并联在一起，构成一个整体的大容量变流装置，就是多重化变流器的基本概念。多重化变流器从结构上可分为常规的多重化变流器和组合变流器。变流器作为整流器使用时，多重化整流是以多个整流器在输入侧采用变压器初级并联，变压器次级相位错开，然后进行整流，通过这种方式，输入电流谐波大幅度减小，网侧功率因数可达到 0.95 以上。变流器工作于逆变状态时，往往用于高压大功率变流领域，采用若干个低压 PWM 逆变模块直接串联的方式得到高压输出。该拓扑结构如图 2.14 所示，可应用于不高于 10kV 的逆变系统。

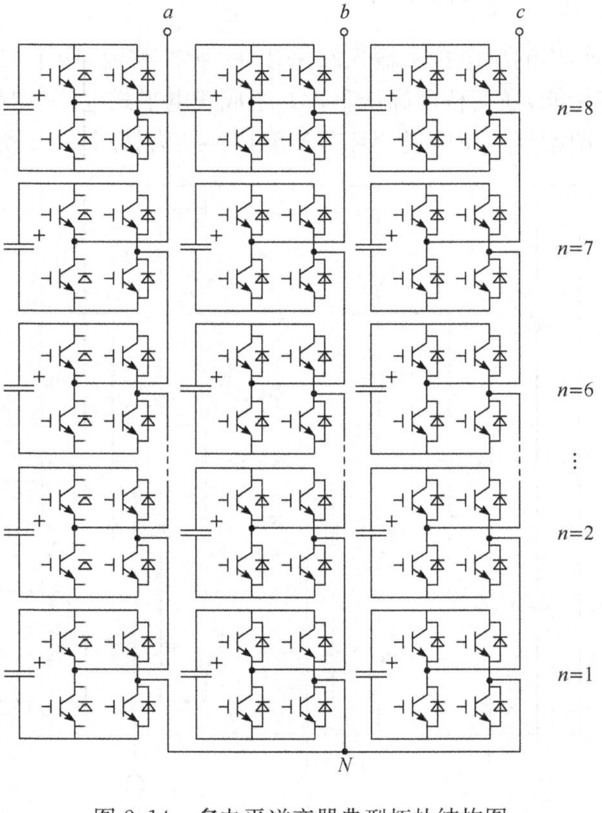

图 2.14 多电平逆变器典型拓扑结构图

当然，高压拓扑的岸电输出接降压变压器也可输出 440V 低压，低压拓扑的岸电输出接升压变压器也可输出 6kV 高压，但总体来说，3MVA 以下容量的岸电采用低压拓扑具有成本和可靠性多方面优势，对于 3MVA 以上容量的岸电采用高压拓扑优势明显。

2.3　岸电兆瓦级变流系统控制技术

变流器性能主要取决于所采用的控制技术，业界利用控制理论已成功设计了相当多的变流器控制方案，总结起来，变流器控制技术可分为三代。

第一代变流器控制技术采用模拟 PID 控制，零部件数量众多，因元器件造成的系统故障很多，且由于模拟信号传输造成的信号畸变和杂散信号的干扰，系统稳定性较差，无法修改控制参数和策略，也不具备故障自诊断、数据通信等先进功能，逐步遭到淘汰。

第二代变流器控制技术采用输出电压有效值/平均值反馈的 PWM 控制技术。输出的稳定是通过输出电压有效值或平均值反馈控制方法实现的。该控制方法结构简单、容易实现，但因其所采用的 PWM 控制技术只注重设计合适的开关模式来实现逆变器输出频谱的优化，而没有考虑到信号传输过程中开关点的变化和不同负载的影响，产生了一些问题。①不适用于非线性负载。当变流器向非线性负载供电时，负载电流中存在大量的低次电流谐波，这些谐波引起输出电压波形畸变。②动态特性差。突加或突减负载时，因为变流器仅取输出电压平均值作为反馈信号，反馈环节存在很大时延，不能及时调节输出电压。③因为非线性负载适应能力差，为了使得变流器能给非线性负载供电，常常在输出端增加谐波滤波器。谐波滤波器是由串联于输出端和负载之间的电感和并联于负载侧的电容所组成的一个网络，该滤波器能滤除特定谐波，但这种滤波器往往增大了设备体积，加大了设备成本。

第三代变流器控制技术采用瞬时值反馈的数字化控制技术，大幅提高了变流器性能。瞬时值反馈控制技术解决了第二代变流器对非线性负载的适应性差及动态特性差等问题。瞬时值反馈控制技术方案主要有以下几种。

1. 比例积分(PI)控制

PI 控制概念明晰，实现简单，鲁棒性强，是工程实际中应用最广的一类控制方法[14]。变流器的比例积分微分(PID)控制原理是结合参考正弦波的前馈控制与输出电压误差的 PID 控制，达到改善输出波形的质量，提高变流器的动态响应性能的目的。缺点是 PI 控制无法实现对参考值的无静差跟踪，因此控制精度不高。但变流器作为整流器使用时，其直流电压控制中可以采用 PI 控制器，将给定直流电压参考值与直流电压实际测量值的差值作为 PI 控制的输入信号，PI 控制的输出信号作为稳定直流电压的有功电流峰值[15-18]。

2. 变结构滑模控制

滑模控制是针对状态空间不连续系统(也称为变结构系统)的一种控制方法。这种控制方法采用不连续的开关控制方式,迫使系统状态变量按照设计好的"滑动模态"轨迹滑动[19-22],且这种滑动模态不会因系统参数变化或外界扰动而改变,所以系统具有良好的抗扰性能。变结构控制的缺点是会产生"抖振"可能性,这会影响滑模控制在实际系统中的广泛应用。

3. 重复控制

重复控制是不同于传统反馈控制的一种新型控制方式,当负载存在周期性扰动时,采用重复控制进行逐步校正,能很好地解决周期性误差问题[23-27]。利用重复控制方案时,加到控制对象的输入信号是偏差信号和上个周波的控制偏差的叠加信号,该控制偏差是上一个基波周期中的控制偏差,把上一个基波中的控制偏差反映到本周波并和本周波偏差一起加到控制对象进行控制。因这种控制方式中偏差被重复使用,所以被称为重复控制。重复控制技术用于变流器控制系统中,优点是可以克服非线性负载引起的输出电压波形周期性畸变,达到改善输出电压波形的目的;缺点是动态特性差,常与其他控制算法结合使用。

4. 谐波补偿控制

当变流系统带非线性负载时,会因电流的谐波问题而造成输出电压波形发生畸变,可以引入谐波补偿控制。其原理是在 IGBT 桥臂输出的高频 PWM 波中加入与输出电压高次谐波完全相反的谐波,抵消负载电流谐波对输出电压波形的影响,减小输出电压的波形畸变[28-30]。缺点是该方法必须采用高速数字信号处理器(DSP)来实现,且稳态性能差。

5. 无差拍控制

无差拍控制是一种基于数字信号处理器实现的控制方法。这种控制方法根据变流器系统的状态方程和输出反馈信号来推算桥臂中相应 IGBT 在下一个采样周期的开通时间和脉冲宽度,使输出电压在每个采样点上与设定信号一致[31-33]。无差拍控制的优点是可以优化变流系统的动态特性;缺点是它要求对系统建立准确的数学模型,且对负载大小和性质的变化较敏感,当负载大小或负载性质变化时,很难获得理想的正弦波输出。

6. 预测控制

在每个采样周期中,当需要改变变流器 PWM 脉冲宽度时,利用系统数学模型，根据预先设定的参考值，对不同 PWM 脉冲宽度所产生的输出进行预测，利用预测结果设定 PWM 脉冲宽度[34]。预测控制输出动态性能较好，但软件实现困难。

7. 复合控制

利用单一控制方式，复杂系统难以同时获得优良的动静态特性，同时利用两种或多种控制策略，扬长避短，即复合控制。例如，将重复控制与无差拍控制结合使用，由重复控制补偿采用无差拍控制时因非线性负载造成的波形畸变，而无差拍控制弥补了单纯采用重复控制时动态性能差的缺陷，从而使得系统动静态特性都有所提高。针对变流器控制系统，还有人提出了基于神经网络和模糊控制的复合控制策略、基于双闭环和重复控制的复合控制策略、基于电压微分反馈控制和重复控制等各种复合控制方法等一系列控制方法[35-40]，复合控制已成为变流系统控制技术的主流发展方向。

2.4　岸电兆瓦级变流系统并联技术

单台变流器的容量有限，显然无法满足兆瓦级岸电功率需求，采用变流器并联，可兼具扩容和提高可维护性等诸多优点，所以在大容量、要求可靠性高的场合，变流器并联技术有着巨大的优势。变流器的并联控制方案包括集中式并联控制、主从式并联控制、分布式并联控制以及无连线式并联控制等方法[41,42]。

1. 集中式并联控制

采用一个主控制器进行各并联功率模块的协调控制即集中式并联控制[43]，其原理见图 2.15。该控制器功能是给并联系统中各个变流器模块提供电压同步基准信号和电流参考信号，并对各模块进行逻辑管理。集中式并联控制实现简单，输

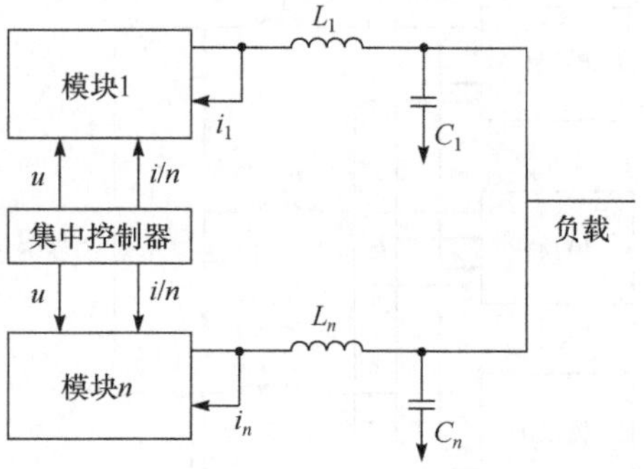

图 2.15　集中式并联控制原理图

出侧负载均流效果较好。但因为各模块输出电压相位不可能完全一致，各台变流器输出之间可能有较大环流。

2. 主从式并联控制

为了解决集中控制方式的缺点，出现了主从控制方式，其原理见图 2.16。主从式并联系统没有独立的主控制器，各个模块的控制器通过一定的逻辑，选定其中一个模块控制器作为主控制器，当作为主控制器的模块因故障或其他原因退出并联系统时，从剩余模块中重新选择主控制器[44,45]。主从式并联控制不存在因主控制器而导致系统瘫痪的可能性，但当主控制器退出需要再次选择主控制器时，如果逻辑错误，将导致并联失败，造成系统瘫痪。

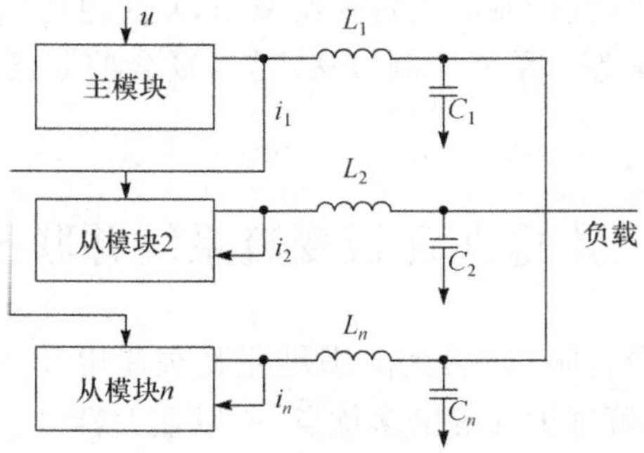

图 2.16　主从式并联控制原理图

3. 分布式并联控制

集中式和主从式并联系统中每个功率模块的运行依赖于主控制器，控制器故障可能引起整个系统的故障停机，为了使各功率模块在并联系统中无主次之分，提出了分布式并联控制方式[46-52]，其原理见图 2.17。在分布式并联系统中，各功率

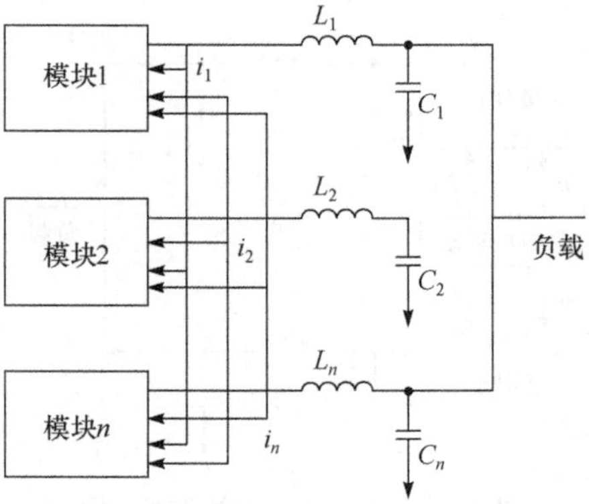

图 2.17　分布式并联控制原理图

模块处于同等地位，任意一个变流器模块可不影响系统运行自动进入或退出并联系统，从而提高了并联变流器系统的可靠性。但该控制方式也有其缺点，就是当多个模块并联时，各模块之间的连线增多，容易引入干扰，为了解决这个问题，可采用光纤作为通信信号线。

4. 无连线式并联控制

为了减少并联模块之间的连线，无连线式的变流器并联系统成为了研究热点，其原理见图 2.18。无连线式并联控制原理是利用变流器输出电压和频率的外下垂特性，各模块根据采样计算到的有功和无功功率，调节其输出幅值和相位，使得各模块并联稳定运行[53-56]。这种方法的优点是各模块完全依赖自身的调节实现自动均流，模块之间不需要信号的传输；缺点是因模块输出电压和相位不断调整，系统稳态性能变差。

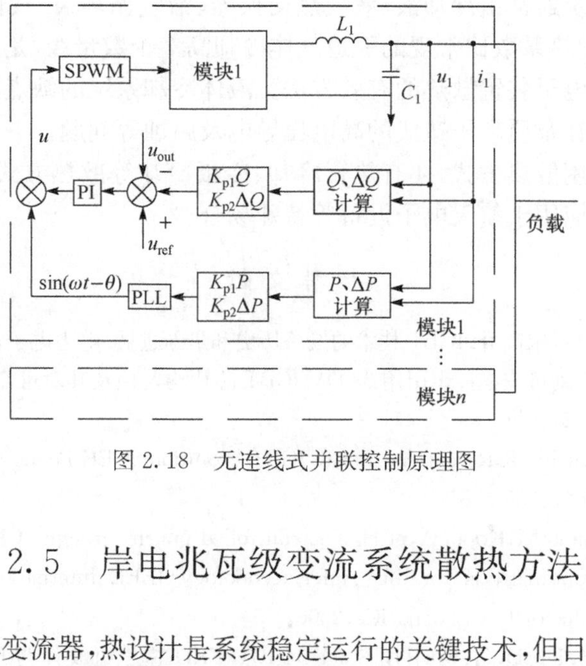

图 2.18　无连线式并联控制原理图

2.5　岸电兆瓦级变流系统散热方法

对于大功率变流器，热设计是系统稳定运行的关键技术，但目前针对变流器的热设计很少[57,58]。大功率变流器的散热系统，主要针对变流器中的 IGBT 模块，因为 IGBT 模块始终工作于开关状态，当 IGBT 模块结温高于一定程度，变流器必须降容使用，如果结温超过 125℃，IGBT 模块开关性能变差，变流器必须停机，否则可能导致器件永久损坏。如果建立了较为准确的 IGBT 模型，可利用 PSPICE 软件仿真计算 IGBT 损耗，但这种方法需要编程求解，且误差较大，难以推广应用。文献[59]和[60]推导的损耗计算公式比较准确，但所需参数较多，计算较麻烦。

散热设计核心是将热量及时散发出去，目前在电力电子领域常用的散热方式包括自冷式散热、强迫风冷式散热、液态冷却系统散热等方式。

自冷式散热是将热量通过空气的自然对流及辐射作用散发掉，优点是容易设计和实现，不需要散热风机，不需要维护；缺点是散热效率较低，仅适用于小电流器件散热或对不具备维护可能性的小功率特殊装置散热。

强迫风冷式散热是通过风机控制气流，将变流器热量经由空气的强迫对流带走，达到降低设备内部温度的目的。风冷式散热器的优点是散热效率高，其传热系数是自冷式散热效率的2～4倍。风冷式散热主要用于电流额定值不超过5000A的功率器件散热。研究发现，散热器材料质量特性对散热效率影响很大，其中铝制风冷式散热器因其价格相对其他金属散热器低，且抗腐蚀性能好，广泛应用于大功率电力电子装置。但采用风冷需配备风机，因而噪声大、容易吸入灰尘，设计时应注意加装防尘网等措施防止粉尘进入设备内部。

液态冷却系统通常由冷却液、液气热交换器、液气循环泵、气体膨胀箱和附加散热器组成，其导热系数比常规的强迫气体冷却高2个数量级，是解决变流器等大功率密度的电力电子装置散热的有效方法。液体冷却系统的缺点是应用时必须消除因冷却水中存在杂质离子造成的高电压导电及腐蚀等问题。

除了上述常用散热方式，还有热管冷却、冷板冷却等散热方式，但因其结构复杂，成本很高，仅应用于航天电子设备等特殊场合。

参考文献

[1] 王正元，由宇义珍，宋高升. IGBT技术的发展历史和最新进展. 电力电子，2004，2(5)：7-12

[2] 刘国友，罗海辉，刘可安，等. 牵引用3300V IGBT芯片均匀性及其对可靠性的影响. 机车电传动，2013，231(2)：6-9

[3] Majumdar G, Minato T. Recent and future IGBT evolution. IEEE Power Conversion Conference, Nagoya, 2007: 355-358

[4] Vobecky J, Rahimo M, Kopta A, et al. The controlled punch through (CPT) IGBT the next step in buffer optimization for thin wafer technology. IEEE International Symposium on Power Semiconductor Devices and ICs, 2008: 1-5

[5] 刘国友，覃荣震，Ian D，等. 牵引用3300V IGBT/FRD芯片组设计与开发. 机车电传动，2013，231(2)：10-13

[6] Kobayashi Y, Nakagawa A, Take M, et al. Analysis for rapid tail current decay in IGBTs with low dose p-emitter. IEEE International Symposium on Power Semiconductor Devices and ICs, 2012: 141-144

[7] Balachandran A, Sweet M, Ngwendson L, et al. Enhanced short-circuit performance of 3.3kV clustered insulated gate bipolar transistor (CIGBT) in NPT technology with RTA anode. IEEE International Symposium on Power Semiconductor Devices and ICs, 2012: 169-172

[8] Hu D Q, Wu Y, et al. A new internal transparent collector IGBT. IEEE International Symposium on Power Semiconductor Devices and ICs, 2009: 287-290
[9] Wang H, Hu D Q, Wu Y, et al. A new structural IGBT—An internal transparent collector IGBT and its simulation. Chinese Journal of Semiconductor, 2008: 348-352
[10] Kopta A, et al. Limitation of the short-circuit ruggedness of high-voltage IGBTs. IEEE International Symposium on Power Semiconductor Devices and ICs, 2009: 33-36
[11] Bhatnagar P, Waind P, et al. Improvements in SOA ruggedness of 6.5kV IGBTs. European Conference on Power Electronics and Applications, 2011: 1-8
[12] 罗海辉，黄建伟，Ian D，等. 沟槽栅 IGBT 深槽工艺研究. 大功率变流技术，2013，422(2)：12-16
[13] Yamada J, Yu Y, et al. A low inductance, high current dual IGBT module. Power Electronics Technology Conference, 2012: 302-308
[14] Jiang G B, Pei Y Q, Wang Z A. A novel control strategy for sinusiodal wave inverter with PI regulators and capacitor current feedback. Academic Journal of Xi'an Jiaotong University, 2003, 15(1): 20-24
[15] Abdel-Rahim N M, Quaicoe J E. Analysis and design of a multiple feedback loop control strategy for single-phase voltage-source UPS inverters. IEEE Transactions on Power Electronics, 2000, 11(4): 532-541
[16] Jung S L, Tzou Y Y. Multiloop control of a 1-phase PWM inverter for ac power source. IEEE Power Electronics Specialists Conference, 1997: 706-712
[17] Rech C, Pinheiro H, Grundling H A, et al. Analysis and design of a repetitive predictive-PID controller for PWM inverters. IEEE Power Electronics Specialists Conference, 2001: 2531-2537
[18] Yokoyama T, Kawamura A. Disturbance observer based fully digital controlled PWM nverter for CVCF operation. IEEE Transactions on Power Electronics, 2001, 9(5): 473-480
[19] Jung S L, Tzou Y Y. Discrete sliding-mode control of a PWM inverter for sinusoidal output waveform synthesis with optimal sliding curve. IEEE Transactions on Power Electronics, 1999, 11: 567-577
[20] Tai T L, Chen J S. UPS inverter design using discrete-time sliding-mode control scheme. IEEE Transactions on Industrial Electronics, 2002, 49(1): 67-75
[21] Jezernik K, Zadravec D. Sliding mode controller for a single phase inverter. IEEE Applied Power Electronics Conference and Exposition, 2000: 185-190
[22] Pinheiro H, Martins A S, Pinheiro J R. A sliding mode controller in single phase voltage source inverters. IEEE Industrial Electronics Society, 2001: 394-398
[23] 中野道雄. 重复控制. 吴敏，译. 长沙：中南工业大学出版社，1994
[24] Tzou Y Y. High-performance programmable AC power source with low harmonic distortion using DSP-based repetitive control technique. IEEE Transactions on Power Electronics, 1997, 12(4): 715-725
[25] Grundling H A. Analysis and implementation of a modified robust model reference adaptive

control with repetitive controller for UPS applications. IEEE Transactions on Power Electronics,1998,1:391-395

[26] Tzuo Y Y,Jung S L,Yeh H C. Adaptive repetitive control of PWM inverters for very low THD AC-voltage regulation with unknown loads. IEEE Transactions on Power Electronics,1999,14(5):937-981

[27] Zhou K,Wang D,Low K S. Periodic errors elimination in CVCF PWM DC/AC converter system:Repetitive control approach. IEE Proceedings Control on Theory and Applications, 2000,147(6):694-700

[28] Jouanne A V. DSP control of high-power UPS systems feeding nonlinear loads. IEEE Transactions on Industrial Electronics,1996,43(1):121-125

[29] Byun Y B,Joe K Y,Park S J,et al. DSP control of three phase voltage source UPS inverter with software controlled harmonic conditioners. IEEE Transactions on Power Electronics, 1997,32(4):195-200

[30] Mattavelli P. Synchronous-frame harmonic control for high-performance AC power supplies. IEEE Transactions on Industry Applications,2001,37(3):864-872

[31] Hua C C. Two-level switching pattern deadbeat DSP controlled PWM inverter. IEEE Transaction on Power Electronics,1993,10(3):310-317

[32] KuKrer O. Deadbeat control method for single-phase UPS inverters with compensation of computation delay. IEE Proceedings of the Electric Power Applications, 1999, 146(1): 123-128

[33] Cho J S,Yolee S,Soomok H,et al. Modified deadbeat digital controller for UPS with 3-phase PWM inverter. IEEE Transactions on Industry Applications,1999,(4):2208-2215

[34] Jeong S G,Woo M H. DSP-based active power filter with predictive current control. IEEE Transactions on Industrial Electronics,1997,44(3):329-336

[35] Naser M,Rahim A,John E Q. Analysis and design of a multiple feedback loop control strategy for single-phase voltage-source UPS inverters. IEEE Transactions on Power Electronics,1996, 11(4):523-541

[36] Rahman M A. Analysis of current controllers for voltage-source inverter. IEEE Transactions on Industrial Electronics,1997,44(4):477-485

[37] Marian P,Malesani L. Current control techniques for three-phase voltage-source PWM converter. IEEE Transactions on Industrial Electronics,1998,45(5):691-703

[38] Buso S. Uninterruptible power supply multiloop control employing digital predictive voltage and current regulators. IEEE Transactions on Industry Applications,2001,37(6):1846-1854

[39] Malesani L,Mattavelli P,Buso S. Robust dead-beat current control for PWM rectifiers and active filters. IEEE Transactions on Industrial Electronics,2003,35(3):613-620

[40] Osamu I Y. Parallel redundant operation of UPS with robust current minor loop. Power Conversion Conference,1997,(1):489-493

[41] 龙江涛,路嘉鑫,钱希森,等. UPS逆变器并联控制技术综述. 电源学报,2013,(5):21-27

[42] 于玮,徐德鸿,周朝阳. 并联 UPS 系统均流控制. 中国电机工程学报,2008,28(21):63-67
[43] 陆朱卫. 变频器并联运行的研究. 南京:南京理工大学硕士学位论文,2008
[44] 肖岚,胡文斌,蒋渭忠. 基于主从控制的逆变器并联系统研究. 东南大学学报,2002,32(1):133-136
[45] Pei Y Q,Jiang G B,Yang X,et al. Auto-master-slave control technique of parallel inverters in distributed AC power system and UPS. Power Electronics Specialists Conference,2004,(3):2050-2056
[46] 邢岩,严仰光. 一种实现瞬时均流的 UPS 冗余并联新技术. 清华大学学报,2003,43(3):333-336
[47] Xing Y,Huang L P,Yan Y G. Novel control for redundant parallel UPS with instantaneous current sharing. Power Conversion Conference,2002,6(3):959-962
[48] 邢岩,严仰光. 电流型调节逆变器的冗余并联控制方法. 中国电机工程学报,2004,24(11):199-202
[49] 刘慧. 大功率三相逆变器控制与并联技术研究. 武汉:华中科技大学硕士学位论文,2008
[50] 王林兵,何湘宁. UPS 逆变器控制方法比较分析. 电源应用技术,2005,8(1):45-50
[51] 秦娟英,陕周荣. CAN 总线在基于 DSP 的逆变器并联运行控制中的应用. 通信电源技术,2004,4(25):30-32
[52] Thunes J,Kerkman R. Current regulator instabilities on parallel voltage source inverters. IEEE Transactions on Industrial Electronics,1999,35(1):70-73
[53] 张尧,马皓,雷彪,等. 基于下垂特性控制的无互联线逆变器并联动态性能分析. 中国电机工程学报,2009,29(3):42-48
[54] Brock H,Boeke U. A simple method of parallel operation of inverter. Telecommunications Energy Conference,1998:143-150
[55] 林新春,段善旭,康勇,等. 基于下垂特性控制的无互联线并联 UPS 建模与稳定性分析. 中国电机工程学报,2004,24(2):33-38
[56] 朱志杰,吴建德,何湘宁. 基于 DSP 控制的逆变器并联. 电源技术应用,2003,6(5):202-204
[57] 续明进,张皓,董武. 高压变频器散热与通风的设计. 变频器世界,2005,9(5):68-71
[58] 王丹,毛承雄,范澎,等. 高压变频器散热系统的设计. 电力电子技术,2005,39(2):115-117
[59] 曹永娟,李强,林明耀. 基于 PSPICE 仿真的 IGBT 功耗计算. 微电机,2004,37(6):40-42
[60] 徐殿国,李向荣. 极限温度下的电力电子技术. 电工技术学报,2006,21(3):15-23

第3章　低压岸电兆瓦级变流系统建模

3.1　低压岸电变流器拓扑结构

对比各种可能的低压岸电拓扑结构，采用 PWM 整流和 PWM 逆变的双全控系统，能更好地满足低压岸电电站的实际要求，该拓扑结构图如图 3.1 所示。

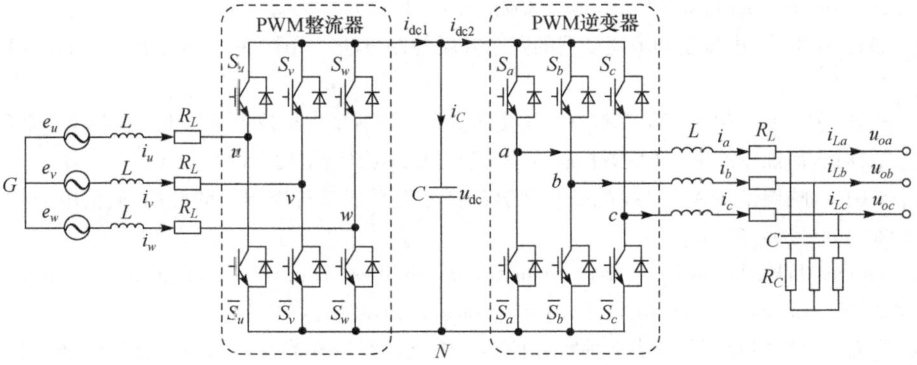

图 3.1　岸电电站拓扑结构图

整个变流器系统由网侧滤波电感、三相 PWM 整流桥、直流储能电容、三相 PWM 逆变桥和负载侧滤波器等五部分组成，工作原理可描述为：变流器通过网侧滤波器与电网连接，对母线电压进行实时控制，使整流器工作在期望的状态，即直流电压恒定；同时网侧高功率因数运行，满足谐波限制标准。PWM 逆变器作为整流器的负载，当逆变器运行状态变化时，可引起直流电压变化，整流器则根据直流电压的变化被动地调整自己的工作状态。对逆变桥输出电压进行实时控制，可以使输出电压稳定在期望的状态。

这种岸电拓扑结构的优点：一是网侧高功率因数、低谐波污染，相当于电网的“绿色”负载，且可以“按需取能”；二是有利于采用统一控制策略对整流器和逆变器实现统一控制；三是有利于系统模块化、集成化设计，整流器和逆变器采用统一硬件平台和结构，减少了设计工作量，模块互换性强[1,2]。

3.2　三相 PWM 整流器的数学模型

3.2.1　三相 PWM 整流器的基本数学模型

三相 PWM 整流器拓扑结构如图 3.2 所示。

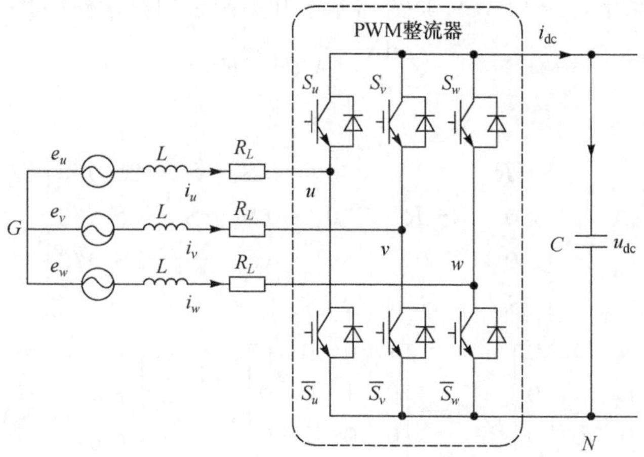

图 3.2 三相 PWM 整流器拓扑结构图

图中，e_u、e_v、e_w分别为电网线电压，电网对称无畸变且内阻为零；L 为网侧电感，i_u、i_v、i_w为流过三相电感的电流；R_L为交流滤波电感损耗等值的合并电阻；C 为直流侧电容，U_{dc}为直流侧电压。

定义单极性三相 PWM 整流器二值逻辑开关函数为

$$S_k=\begin{cases}1, & \text{上桥臂导通，下桥臂关断}\\ 0, & \text{下桥臂导通，上桥臂关断}\end{cases} \quad (k=u,v,w) \tag{3.1}$$

开关函数数学模型是通过对整流器功率器件的开通和关断状态得到系统微分方程描述，包含了系统高频特性信息[3-5]。令 G 点为参考零电位，可以得到采用开关函数描述的在三相静止坐标系下的 PWM 整流器模型：

$$\begin{cases}L\dfrac{\mathrm{d}i_u}{\mathrm{d}t}=e_{uG}-(S_u u_{dc}+u_{NG})-R_L i_u\\ L\dfrac{\mathrm{d}i_v}{\mathrm{d}t}=e_{vG}-(S_v u_{dc}+u_{NG})-R_L i_v\\ L\dfrac{\mathrm{d}i_w}{\mathrm{d}t}=e_{wG}-(S_w u_{dc}+u_{NG})-R_L i_w\\ C\dfrac{\mathrm{d}u_{dc}}{\mathrm{d}t}=i_u S_u+i_v S_v+i_w S_w-i_{dc}\end{cases} \tag{3.2}$$

因为三相电网对称，整流器无中线，所以有

$$e_{uG}+e_{vG}+e_{wG}=0 \tag{3.3}$$

$$i_u+i_v+i_w=0 \tag{3.4}$$

将式(3.3)前三项求和得

$$u_{NG}=-\frac{u_{dc}}{3}\sum_{k=u,v,w}S_k \tag{3.5}$$

则在静止坐标系下，三相 PWM 整流器基于开关函数的数学模型状态方程为

$$Z\frac{\mathrm{d}X}{\mathrm{d}t}=AX+BE \tag{3.6}$$

式中

$$A=\begin{bmatrix}-R_L & 0 & 0 & (S_v+S_w-2S_u)/3\\ 0 & -R_L & 0 & (S_u+S_w-2S_v)/3\\ 0 & 0 & -R_L & (S_u+S_v-2S_w)/3\\ S_u & S_v & S_w & 0\end{bmatrix}$$

$$Z=\begin{bmatrix}L&0&0&0\\0&L&0&0\\0&0&L&0\\0&0&0&L\end{bmatrix},\quad B=\begin{bmatrix}1&0&0&0\\0&1&0&0\\0&0&1&0\\0&0&0&1\end{bmatrix},\quad E=\begin{bmatrix}e_{uG}\\e_{vG}\\e_{wG}\\-i_{\mathrm{dc}}\end{bmatrix},\quad X=\begin{bmatrix}i_u\\i_v\\i_w\\u_{\mathrm{dc}}\end{bmatrix}$$

采用占空比描述静止坐标系下的三相 PWM 整流器模型如下。

从式(3.6)可知，三相 PWM 整流器基于开关函数的模型是非线性断续模型，这种模型方便采用 MATLAB 等软件进行仿真，却不适于数学分析。对式(3.6)所描述的数学模型在一个开关周期内取平均值，可以得到开关周期平均数学模型，其原理是先在开关周期内用变量平均值代替变量的瞬时值，再引入傅里叶变换，对于周期函数来说，其傅里叶分解式可描述为

$$f(\omega t)=a_0+\sum_{n=1}^{\infty}a_n\sin(n\omega t)+\sum_{n=1}^{\infty}b_n\cos(n\omega t) \tag{3.7}$$

当载波频率远高于市电频率时，一般采用规则采样法，在任一采样周期内，开关函数波形对称，如图 3.3 所示。

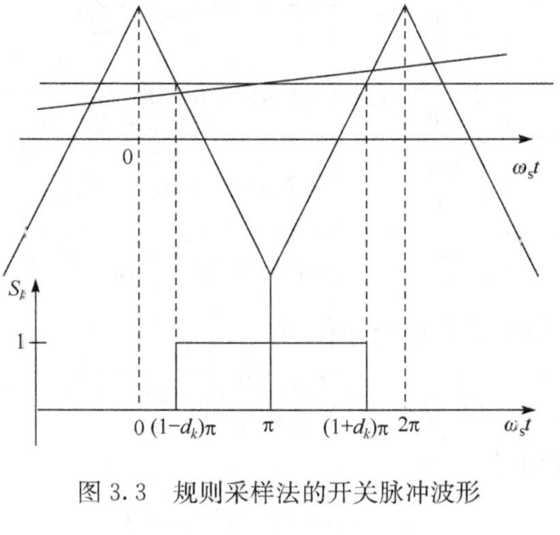

图 3.3　规则采样法的开关脉冲波形

令 $\omega_s=2\pi f_s$，f_s 表示 PWM 开关频率，d_k 表示对应的占空比，则有

$$S_k=\begin{cases}1, & (1-d_k)\pi\leqslant\omega_s t\leqslant(1+d_k)\pi\\0, & 0\leqslant\omega_s t\leqslant(1-d_k)\pi,(1+d_k)\pi\leqslant\omega_s t\leqslant 2\pi\end{cases}\quad(k=u,v,w)\tag{3.8}$$

根据式(3.8)，对开关函数 S_k 进行傅里叶变换：

$$S_k=d_k+\sum_{n=1}^{\infty}(-1)^n\frac{2}{n\pi}\sin(S_k n\pi)\cos(n\omega_s t),\quad k=u,v,w\tag{3.9}$$

将式(3.9)代入式(3.6)，定义 X_l 为状态变量 X 的低频分量，X_h 为状态变量 X 的高频分量，A_l 为状态变量 A 的低频分量，A_h 为状态变量 A 的高频分量，可得基于占空比的 PWM 整流器模型：

$$Z(X_l+X_h)=(A_l+A_h)(X_l+X_h)+BE\tag{3.10}$$

式中

$$A_l=\begin{bmatrix}-R_L & 0 & 0 & (d_v+d_w-2d_u)/3\\0 & -R_L & 0 & (d_u+d_w-2d_v)/3\\0 & 0 & -R_L & (d_u+d_v-2d_w)/3\\0 & 0 & 0 & 1/R_L\end{bmatrix},\quad A_h=\begin{bmatrix}0 & 0 & 0 & A_{u4}\\0 & 0 & 0 & A_{v4}\\0 & 0 & 0 & A_{w4}\\A_{4u} & A_{4v} & A_{4w} & 0\end{bmatrix}$$

在高频分量 A_h 中

$$\begin{aligned}A_{k4}&=-\sum_{n=1}^{\infty}\left\{(-1)^n\frac{2}{n\pi}\left[\sin(nd_k\pi)-\frac{1}{3}\sum_{k=u,v,w}\sin(nd_k\pi)\right]\cos(n\omega_s t)\right\}\\A_{4k}&=-\sum_{n=1}^{\infty}\left[(-1)^n\frac{2}{n\pi}\sin(nd_k\pi)\cos(n\omega_s t)\right],\quad k=u,v,w\end{aligned}\tag{3.11}$$

由于采用 IGBT 作为开关元器件的变流系统开关频率一般高到数千赫兹，可忽略系统高频信息，则基于占空比的 PWM 整流器低频数学模型为

$$ZX_l=A_lX_lBE\tag{3.12}$$

此时平均信号模型控制量不再是高频开关量，而是其低频平均量，是一种连续的数学模型。PWM 整流器在静止坐标系下数学模型的优点是物理意义明显、直观；缺点是控制系统设计困难。

3.2.2　两相旋转坐标系下三相 PWM 整流器的数学模型

为了方便设计控制系统，可通过坐标变换，将三相对称 abc 坐标系转换到同步旋转 dq 坐标系。同步旋转坐标系是和电网基波频率同步旋转的坐标系，经过这种变换后，三相交变的正弦量转化成直流量，可大大简化控制系统设计。

坐标变换的数学基础是，令三相对称 abc 静止坐标系中 a 轴与 dq 坐标系中 d 轴重合，并且 dq 坐标系以电网基波角频率同步旋转，称这种坐标系为同步旋转坐

标系。定义任一通用矢量 X 在 a、b、c 轴的投影分别为 x_a、x_b、x_c，在 d、q 轴的投影分别为 x_d、x_q，则有

$$\begin{bmatrix} x_d \\ x_q \end{bmatrix} = \frac{2}{3}\begin{bmatrix} 1 & -1/2 & -1/2 \\ 0 & -\sqrt{3}/2 & -\sqrt{3}/2 \end{bmatrix}\begin{bmatrix} x_a \\ x_b \\ x_c \end{bmatrix} \tag{3.13}$$

或

$$\begin{bmatrix} x_a \\ x_b \\ x_c \end{bmatrix} = \begin{bmatrix} 1 & 0 \\ -1/2 & -\sqrt{3}/2 \\ -1/2 & -\sqrt{3}/2 \end{bmatrix}\begin{bmatrix} x_d \\ x_q \end{bmatrix} \tag{3.14}$$

对于三相 PWM 整流器，有

$$\begin{cases} x_k \in \{e_k, i_k, S_k\}, & k=u,v,w \\ x_l \in \{e_l, i_l, S_l\}, & l=d,q \end{cases} \tag{3.15}$$

则经过坐标变换后的三相 PWM 整流器数学模型为

$$\begin{cases} C\dfrac{\mathrm{d}u_{\mathrm{dc}}}{\mathrm{d}t} = \dfrac{3}{2}(i_d S_d + i_q S_q) - i_L \\ L\dfrac{\mathrm{d}i_q}{\mathrm{d}t} + \omega L i_d + R_L i_q = e_q - u_{\mathrm{dc}} S_q \\ L\dfrac{\mathrm{d}i_d}{\mathrm{d}t} - \omega L i_q + R_L i_d = e_d - u_{\mathrm{dc}} S_d \end{cases} \tag{3.16}$$

由式(3.16)可知，在这个两相同步旋转坐标系的 PWM 整流器模型表达式存在两个变量的乘积，因此该模型是一个多变量、强耦合的非线性模型。

忽略三相 PWM 整流器桥臂自身损耗，用 R 表示直流侧负载，则三相 PWM 整流器直流侧功率等于交流侧输入有功功率，采用等量坐标变换，则

$$u_{\mathrm{dc}} C\frac{\mathrm{d}u_{\mathrm{dc}}}{\mathrm{d}t} + \frac{u_{\mathrm{dc}}^2}{R} = \frac{3}{2}(e_d i_d + e_q i_q) \tag{3.17}$$

式(3.17)又可改写为

$$\frac{\mathrm{d}u_{\mathrm{dc}}^2}{\mathrm{d}t} = -\frac{2}{RC}u_{\mathrm{dc}}^2 + \frac{3}{C}(e_d i_d + e_q i_q) \tag{3.18}$$

从式(3.18)可以看出，i_d、i_q 与 u_{dc} 之间仍然存在非线性关系，为了将系统模型线性化，定义变量 u，且令

$$u = u_{\mathrm{dc}}^2 \tag{3.19}$$

定义三相 PWM 整流器交流侧输入电压的 d、q 分量 v_d、v_q 为

$$v_d = S_d u_{\mathrm{dc}}, \quad v_q = S_q u_{\mathrm{dc}} \tag{3.20}$$

定义变量 u_d、u_q，且令

$$\begin{cases}u_d=e_d-u_{\mathrm{dc}}S_d=e_d-v_d\\u_q=e_q-u_{\mathrm{dc}}S_q=e_q-v_q\end{cases}\tag{3.21}$$

综合式(3.16)～式(3.21)，可得

$$\begin{cases}\dfrac{\mathrm{d}u}{\mathrm{d}t}=-\dfrac{2}{RC}u+\dfrac{3}{C}(e_di_d+e_qi_q)\\\dfrac{\mathrm{d}i_d}{\mathrm{d}t}=-\dfrac{R_L}{L}i_d+\omega i_q+\dfrac{1}{L}u_d\\\dfrac{\mathrm{d}i_q}{\mathrm{d}t}=-\dfrac{R_L}{L}i_q-\omega i_q+\dfrac{1}{L}u_q\end{cases}\tag{3.22}$$

从式(3.22)可以看出，对于变量 i_d、i_q、u，三相PWM整流器模型已线性化，有利于控制系统设计。

3.2.3　三相PWM整流器的解耦模型

根据式(3.21)和式(3.22)，三相PWM整流器在同步旋转坐标系下模型可以改写为

$$\begin{bmatrix}e_d\\e_q\end{bmatrix}=\begin{bmatrix}Lp+R_L & -\omega L\\\omega L & Lp+R_L\end{bmatrix}\begin{bmatrix}i_d\\i_q\end{bmatrix}+\begin{bmatrix}v_d\\v_q\end{bmatrix}\tag{3.23}$$

$$\frac{3}{2}(v_\mathrm{d}i_d+v_qi_q)=u_{\mathrm{dc}}i_{\mathrm{dc}}\tag{3.24}$$

式中，p 为微分算子。

设 dq 坐标系中 d 轴与电网电压电动势矢量重合，则电网电压电动势矢量 q 轴分量 $e_q=0$。从式(3.22)可以看出，由于PWM整流器 dq 轴变量互相耦合，可采用前馈控制策略，当电流调节器采用PI调节器时，v_d、v_q的控制方程为

$$v_d=-\left(K_{i\mathrm{P}}+\frac{K_{i\mathrm{I}}}{s}\right)(i_d^*-i_d)+\omega Li_q+e_d\tag{3.25}$$

$$v_q=-\left(K_{i\mathrm{P}}+\frac{K_{i\mathrm{I}}}{s}\right)(i_q^*-i_q)-\omega Li_d+e_q\tag{3.26}$$

式中，$K_{i\mathrm{P}}$和 $K_{i\mathrm{I}}$为电流环比例调节增益和积分调节增益；i_d^*、i_q^* 为电流指令值。将式(3.25)和式(3.26)代入式(3.23)可得

$$Lp\begin{bmatrix}i_d\\i_q\end{bmatrix}=\begin{bmatrix}-R_L+K_{i\mathrm{P}}+\dfrac{K_{i\mathrm{I}}}{s} & 0\\0 & -R_L+K_{i\mathrm{P}}+\dfrac{K_{i\mathrm{I}}}{s}\end{bmatrix}\begin{bmatrix}i_d\\i_q\end{bmatrix}-\left(K_{i\mathrm{P}}+\frac{K_{i\mathrm{I}}}{s}\right)\begin{bmatrix}i_d^*\\i_q^*\end{bmatrix}\tag{3.27}$$

式(3.27)说明前馈控制算法使三相PWM整流器电流内环 i_d、i_q实现了解耦控制；也可以看出 d 轴上的状态变量 u_d、i_d与 q 轴上的状态变量 u_q、i_q没有任何耦合关系，彼此相互独立。因此，只需两个完全相同的控制器分别对 d 轴和 q 轴进行控制，就可以实现对整个三相整流器的控制。

3.3　三相 PWM 逆变器的数学模型

3.3.1　三相 PWM 逆变器的基本数学模型

三相 PWM 逆变器主电路拓扑结构见图 3.4，U_{dc}为来自 PWM 整流器整流所得到的直流母线电压；IGBT 模块为理想化功率开关器件；系统采用三相结构对称、参数一致的 LC 型输出滤波器，电感损耗用 R_L代表，电容损耗用 R_C代表。

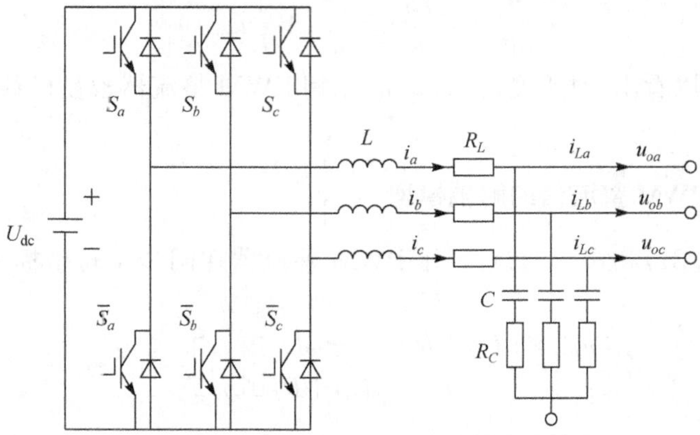

图 3.4　三相无源逆变器主电路拓扑结构图

流过滤波电抗器的三相电流分别为 i_a、i_b、i_c；三相逆变器输出电压分别为 u_{oa}、u_{ob}、u_{oc}；三相桥臂开关信号分别用 S_a、S_b、S_c表示。$S_i(i=a,b,c)$为 1 代表桥臂上管导通，下管关断；$S_i(i=a,b,c)$为 0 代表桥臂下管导通，上管导通。为了方便设计，将负载电流视为扰动输入[5-8]，此处取电感电流、电容电压为状态变量，则在三相静止坐标系中，三相无源逆变器的状态空间表达式为

$$\begin{bmatrix} \dot{i}_a \\ \dot{i}_b \\ \dot{i}_c \\ \dot{u}_{oa} \\ \dot{u}_{ob} \\ \dot{u}_{oc} \end{bmatrix} = A \begin{bmatrix} i_a \\ i_b \\ i_c \\ u_{oa} \\ u_{ob} \\ u_{oc} \end{bmatrix} + B \begin{bmatrix} S_a \\ S_b \\ S_c \end{bmatrix} \tag{3.28}$$

$$\begin{bmatrix} u_{oa} \\ u_{ob} \\ u_{oc} \end{bmatrix} = C \begin{bmatrix} i_a \\ i_b \\ i_c \\ u_{oa} \\ u_{ob} \\ u_{oc} \end{bmatrix} \tag{3.29}$$

$$A=\begin{bmatrix} -\frac{R_L}{L} & 0 & 0 & -\frac{1}{L} & 0 & 0 \\ 0 & -\frac{R_L}{L} & 0 & 0 & -\frac{1}{L} & 0 \\ 0 & 0 & -\frac{R_L}{L} & 0 & 0 & -\frac{1}{L} \\ \frac{1}{C}-\frac{R_C}{L}R_L & 0 & 0 & -\frac{R_C}{L} & 0 & 0 \\ 0 & \frac{1}{C}-\frac{R_C}{L}R_L & 0 & 0 & -\frac{R_C}{L} & 0 \\ 0 & 0 & \frac{1}{C}-\frac{R_C}{L}R_L & 0 & 0 & -\frac{R_C}{L} \end{bmatrix} \tag{3.30}$$

$$B=\begin{bmatrix} \frac{2U_{dc}}{3L} & \frac{-U_{dc}}{3L} & \frac{2U_{dc}}{3L} \\ \frac{-U_{dc}}{3L} & \frac{2U_{dc}}{3L} & \frac{2U_{dc}}{3L} \\ \frac{-U_{dc}}{3L} & \frac{-U_{dc}}{3L} & \frac{2U_{dc}}{3L} \\ \frac{2R_C U_{dc}}{3L} & \frac{-R_C U_{dc}}{3L} & \frac{-R_C U_{dc}}{3L} \\ \frac{-R_C U_{dc}}{3L} & \frac{2R_C U_{dc}}{3L} & \frac{-R_C U_{dc}}{3L} \\ \frac{-R_C U_{dc}}{3L} & \frac{-R_C U_{dc}}{3L} & \frac{2R_C U_{dc}}{3L} \end{bmatrix} \tag{3.31}$$

$$C=\begin{bmatrix} 0 & 0 & 0 & 1 & 0 & 0 \\ 0 & 0 & 0 & 0 & 1 & 0 \\ 0 & 0 & 0 & 0 & 0 & 1 \end{bmatrix} \tag{3.32}$$

为了便于对模型进行分析，在一个开关周期内取平均值，可以获得开关周期平均信号模型。根据 PWM 调制特性，定义平均占空比为

$$\langle S_j \rangle = d_j + \frac{1}{2}, \quad j=a,b,c \tag{3.33}$$

式中，控制器输出的脉冲占空比信号分别为 d_a、d_b、d_c。将式(3.33)代入式(3.28)即可得出以脉冲占空比为输入量描述的数学模型，表达式为

$$\begin{bmatrix} \dot{i}_a \\ \dot{i}_b \\ \dot{i}_c \\ \dot{u}_{oa} \\ \dot{u}_{ob} \\ \dot{u}_{oc} \end{bmatrix} = A \begin{bmatrix} i_a \\ i_b \\ i_c \\ u_{oa} \\ u_{ob} \\ u_{oc} \end{bmatrix} + B \begin{bmatrix} d_a \\ d_b \\ d_c \end{bmatrix} \tag{3.34}$$

$$A = \begin{bmatrix} -\frac{R_L}{L} & 0 & 0 & -\frac{1}{L} & 0 & 0 \\ 0 & -\frac{R_L}{L} & 0 & 0 & -\frac{1}{L} & 0 \\ 0 & 0 & -\frac{R_L}{L} & 0 & 0 & -\frac{1}{L} \\ \frac{1}{C}-\frac{R_C}{L}R_L & 0 & 0 & -\frac{R_C}{L} & 0 & 0 \\ 0 & \frac{1}{C}-\frac{R_C}{L}R_L & 0 & 0 & -\frac{R_C}{L} & 0 \\ 0 & 0 & \frac{1}{C}-\frac{R_C}{L}R_L & 0 & 0 & -\frac{R_C}{L} \end{bmatrix} \tag{3.35}$$

$$B = \begin{bmatrix} \frac{U_{dc}}{L} & 0 & 0 \\ 0 & \frac{U_{dc}}{L} & 0 \\ 0 & 0 & \frac{U_{dc}}{L} \\ \frac{R_C U_{dc}}{L} & 0 & 0 \\ 0 & \frac{R_C U_{dc}}{L} & 0 \\ 0 & 0 & \frac{R_C U_{dc}}{L} \end{bmatrix} \tag{3.36}$$

3.3.2 三相 PWM 逆变器的解耦模型

由式(3.34)所推导的数学模型的传递函数矩阵可知，平均信号模型为多阶非线性模型，其状态方程中的六个变量并非完全独立，只有四个独立的变量，它们之间的关系为

$$i_a+i_b+i_c=0 \tag{3.37}$$

$$u_{oa}+u_{ob}+u_{oc}=0 \tag{3.38}$$

显然，将三相坐标系下模型转换到两相坐标系下，使得系统模型简化，系统阶次降低。引入三相静止坐标到两相静止坐标的变换关系式为

$$\begin{bmatrix} x_\alpha \\ x_\beta \end{bmatrix}=\frac{2}{3}\begin{bmatrix} 1 & -\frac{1}{2} & -\frac{1}{2} \\ 0 & \frac{\sqrt{3}}{2} & -\frac{\sqrt{3}}{2} \end{bmatrix}\begin{bmatrix} x_a \\ x_b \\ x_c \end{bmatrix} \tag{3.39}$$

将式(3.38)与式(3.39)代入式(3.34)，可得到两相静止坐标系下三相无源逆变器的状态空间表达为

$$\begin{bmatrix} \dot{i}_\alpha \\ \dot{i}_\beta \\ \dot{u}_{o\alpha} \\ \dot{u}_{o\beta} \end{bmatrix}=\begin{bmatrix} -\frac{R_L}{L} & 0 & -\frac{1}{L} & 0 \\ 0 & -\frac{R_L}{L} & 0 & -\frac{1}{L} \\ \frac{1}{C}-\frac{R_C}{L}R_L & 0 & -\frac{R_C}{L} & 0 \\ 0 & \frac{1}{C}-\frac{R_C}{L}R_L & 0 & -\frac{R_C}{L} \end{bmatrix}\begin{bmatrix} i_\alpha \\ i_\beta \\ u_{o\alpha} \\ u_{o\beta} \end{bmatrix}+\begin{bmatrix} \frac{U_{\mathrm{dc}}}{L} & 0 \\ 0 & \frac{U_{\mathrm{dc}}}{L} \\ \frac{R_C}{L}U_{\mathrm{dc}} & 0 \\ 0 & \frac{R_C}{L}U_{\mathrm{dc}} \end{bmatrix}\begin{bmatrix} d_\alpha \\ d_\beta \end{bmatrix} \tag{3.40}$$

$$\begin{bmatrix} u_{o\alpha} \\ u_{o\beta} \end{bmatrix}=\begin{bmatrix} 0 & 0 & 1 & 0 \\ 0 & 0 & 0 & 1 \end{bmatrix}\begin{bmatrix} \dot{i}_\alpha \\ \dot{i}_\beta \\ \dot{u}_{o\alpha} \\ \dot{u}_{o\beta} \end{bmatrix} \tag{3.41}$$

则 $u_{o\alpha}$、$u_{o\beta}$与控制信号 i_α、i_β的传递函数矩阵为

$$G=\begin{bmatrix} \frac{U_{\mathrm{dc}}(CR_Cs+1)}{CLs^2+C(R_C+R_L)s+1} & 0 \\ 0 & \frac{U_{\mathrm{dc}}(CR_Cs+1)}{CLs^2+C(R_C+R_L)s+1} \end{bmatrix} \tag{3.42}$$

由式(3.42)可知，α 轴状态变量 u_α、i_α与 β 轴状态变量 u_β、i_β完全解耦，彼此之间相互独立；三相无源逆变器在 $\alpha(\beta)$轴上的状态方程可等效为两个独立的单相逆变器。图 3.5 为 α 轴等效单相半桥逆变器的结构示意图，其中 $i_{L\alpha}$为负载引起的扰动电流在对应的静止坐标系下的扰动电流。

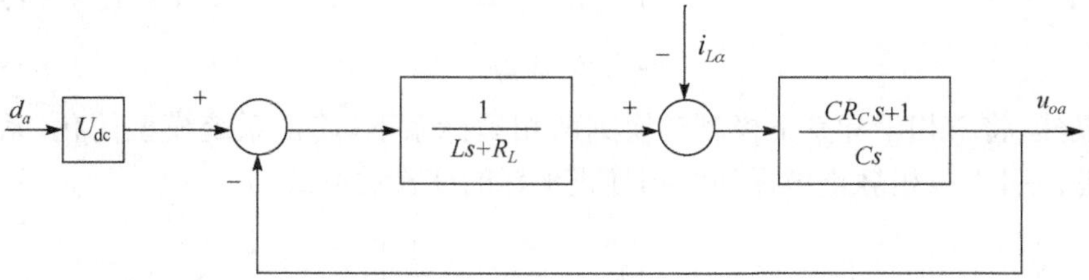

图 3.5 α 轴等效单相半桥逆变器结构框图

3.3.3 两相旋转坐标系下三相 PWM 逆变器的数学模型

引入两相静止坐标系到两相旋转坐标系的变换公式为

$$\begin{bmatrix} x_d \\ x_q \end{bmatrix}=\begin{bmatrix} \cos\theta & \sin\theta \\ -\sin\theta & \cos\theta \end{bmatrix}\begin{bmatrix} x_\alpha \\ x_\beta \end{bmatrix} \tag{3.43}$$

将式(3.43)代入式(3.40),得到两相旋转坐标系下控制对象的状态空间表达式为

$$\begin{bmatrix} \dot{i}_d \\ \dot{i}_q \\ \dot{u}_{od} \\ \dot{u}_{oq} \end{bmatrix}=\begin{bmatrix} -\frac{R_L}{L} & 0 & -\frac{1}{L} & 0 \\ 0 & -\frac{R_L}{L} & 0 & -\frac{1}{L} \\ \frac{1}{C}-\frac{R_C}{L}R_L & 0 & -\frac{R_C}{L} & 0 \\ 0 & \frac{1}{C}-\frac{R_C}{L}R_L & 0 & -\frac{R_C}{L} \end{bmatrix}\begin{bmatrix} i_d \\ i_q \\ u_{od} \\ u_{oq} \end{bmatrix}+\begin{bmatrix} \frac{U_{dc}}{L} & 0 \\ 0 & \frac{U_{dc}}{L} \\ \frac{R_C}{L}U_{dc} & 0 \\ 0 & \frac{R_C}{L}U_{dc} \end{bmatrix}\begin{bmatrix} d_d \\ d_q \end{bmatrix} \tag{3.44}$$

$$\begin{bmatrix} u_{od} \\ u_{oq} \end{bmatrix}=\begin{bmatrix} 0 & 0 & 1 & 0 \\ 0 & 0 & 0 & 1 \end{bmatrix}\begin{bmatrix} \dot{i}_d \\ \dot{i}_q \\ \dot{u}_{od} \\ \dot{u}_{oq} \end{bmatrix} \tag{3.45}$$

系统等效结构见图 3.6,由式(3.44)和式(3.45)及图 3.6 可以看出,在同步旋转坐标系下,d 轴上的状态变量 u_{od}、i_d 与 q 轴上的状态变量 u_{oq}、i_q 相互耦合,三相逆变器数学模型是一个两输入两输出的系统,不同于在两相静止 $\alpha\beta$ 坐标系下的解耦模型。

由上述分析可得以下几点结论。

(1) 三相 PWM 整流器和三相无源逆变器基本数学模型均为多变量、非线性、强耦合的模型。

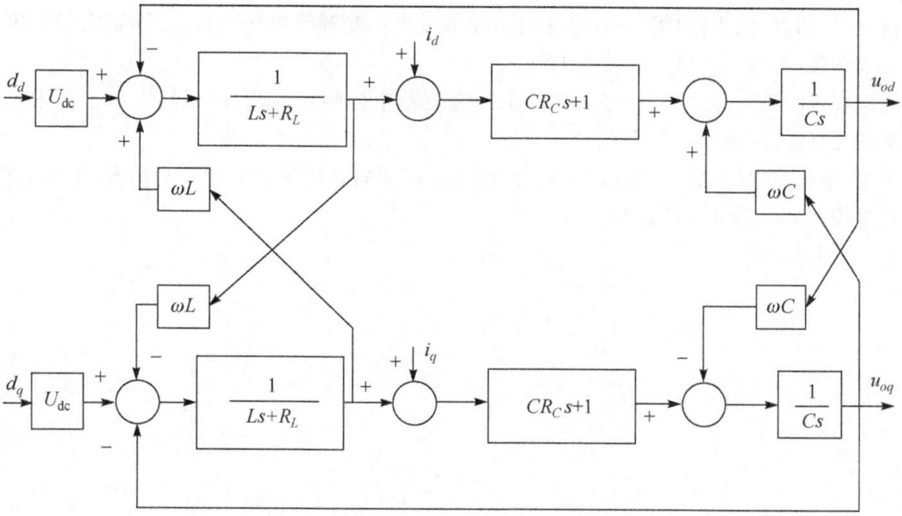

图 3.6　两相旋转坐标系下三相半桥逆变器的结构框图

(2) 将电网与三相 PWM 整流器交换的瞬时有功功率看成三相 PWM 整流器直流环节的输入功率，可以获得一种基于瞬时功率的三相 PWM 整流器线性耦合模型。同样地，在同步旋转坐标系下，三相无源逆变器模型在经过坐标变换后也可获得简化的四阶线性耦合模型。

(3) 从以上关于三相 PWM 整流器和三相无源逆变器数学模型的分析，可以得出结论：两者经过变换之后，均等效为两个相互独立的模型。因此，无论三相 PWM 整流器还是三相无源逆变器，都只需两个完全相同的控制器分别对前述等效的独立模型进行控制，从而实现对整个三相变流器的控制。

参 考 文 献

[1] Brune C S, Spee R, Wallace A K. Experimental evaluation of a variable-speed, doubly-fed wind-power generation system. IEEE Transactions on Industry Applications, 1994, 30(3): 648-655

[2] 张兴，张崇巍. PWM 整流器及其控制. 北京：机械工业出版社，2011

[3] Wai R J, Duan R Y. High-efficiency power conversion for low power fuel cell generation system. IEEE Transactions on Power Electronics, 2005, 20(4): 847-856

[4] Rech C, Pinheiro H, Grundling H A, et al. Analysis and design of a repetitive predictive-PID controller for PWM inverters. IEEE Power Electronics Specialists Conference, 2001: 2531-2537

[5] 张卫平. 开关变换器的建模与控制. 北京:中国电力出版社,2006
[6] 杨影,吴志红,陶生桂,等. 一种基于开关函数的电压源逆变器仿真模型. 同济大学学报:自然科学版,2006,34(11):1543-1547
[7] 王凤岩,任黎立,徐建平. 基于 F2812 的逆变器数字控制器的建模与设计. 电工技术学报,2009,24(2):94-99
[8] 孙驰,毕增军,魏光辉. 一种新颖的三相四桥臂逆变器解耦控制的建模与仿真. 中国电机工程学报,2004,24(1):124-130

第 4 章　低压岸电变流系统检测与控制

4.1　基于小波神经网络的网侧电流检测算法

无论采用何种控制方案，都需要对三相网侧电流进行实时采样，这些信号采样后被转换成数字信号。数字控制相比模拟控制有很多优点，但为了抑制采样电路中高频噪声的干扰，使采样信号更接近电流的真实值，目前通用的采样算法多为在网侧电流的采样比例环节之后和 DSP 的 A/D 转换输入之前加入一个低通滤波器，而低通滤波器会引起检测到的电流相位滞后于实际电流波形，使整个电流环路的动态性能变差，甚至导致系统的不稳定。为了保证系统可靠性，必须设计良好的网侧电流瞬时值检测算法。

小波网络最早由法国信息科学研究机构 IRISA 的 Albert 于 1992 年提出[1]。其基本思想是利用小波元来代替神经元，通过作为一致逼近的小波分解来建立起小波变换与神经网络的连接，具有小波变换良好的时频局部化特性和神经网络强大的学习功能，可在网络训练中避免局部最优且加快收敛速度，具有很强的学习和泛化能力。通过对小波分解进行平移和伸缩变换后得到的级数，具有小波分解的一般逼近性质，并且由于它引入了两个新的变量，即伸缩因子和平移因子，所以小波神经网络具有比小波分解更多的自由度，从而使其具有更灵活有效的函数逼近能力和较强的容错能力。

4.1.1　小波神经网络的结构

小波神经网络（WNN）是小波分析理论与人工神经网络理论相结合的产物，从结构形式上可分为小波变换和神经网络的松散型结合与紧致型结合两大类。若采用紧致型小波神经网络[2]，设 $x=[x_1,x_2,\cdots,x_n]^{\mathrm{T}}$ 为输入向量，$y=[y_1,y_2,\cdots,y_m]^{\mathrm{T}}$ 为输出向量，输出层到隐层的权值为 w_{ij}，隐层到输入层的权值为 w_{jk}，中间隐层的伸缩参数和平移参数分别为 a_j 和 b_j，若隐层神经元数为 N，则 $i=1,2,\cdots,m$，$j=1,2,\cdots,N$，$k=1,2,\cdots,n$，其网络方程的实现可表示为

$$y_i(t)=f_i(t)=f\left\{\sum_{j=1}^{N}w_{ij}\Psi_{a,b}\left[\sum_{k=1}^{n}w_{jk}x_k(t)\right]\right\} \tag{4.1}$$

令 $\mathrm{net}_j=\sum\limits_{k=1}^{n}w_{jk}x_k(t)$，则有

$$\Psi_{a,b}(\mathrm{net}_j)=\Psi\left(\frac{\mathrm{net}_j-b_j}{a_j}\right) \tag{4.2}$$

则

$$y_i(t)=f_i(t)=f\left[\sum_{j=1}^{N} w_{ij}\Psi_{a,b}(\mathrm{net}_j)\right] \tag{4.3}$$

4.1.2 小波神经网络的学习算法

在小波网络进行训练之前，小波基函数的选取以及小波基个数的多少，都将直接影响估计精度和计算的复杂程度，根据PWM整流器的数学模型特点选取Morlet小波函数：

$$h(x)=\exp(-x^2/2)\cos(rx) \tag{4.4}$$

它是高斯函数的二阶导数，在时域和频域都有很好的局部特性。一般 r 取1.75，共有 N 组训练样本对 $(x(n),y(t_n))$，$n=1,2,\cdots,N$。采用学习速率自适应调整的BP算法训练小波神经网络，训练时采用批量处理。取优化目标函数为

$$E=0.5\sum_{p=1}^{N}\sum_{i=1}^{n}\left[d_i^{(p)}(t)-y_i^{(p)}(t)\right]^2 \tag{4.5}$$

式中，$d_i^{(p)}(t)$ 为输入样本 p 第 i 个输出节点的期望输出；$y_i^{(p)}(t)$ 为输入样本 p 第 i 个输出节点的实际输出；N 为样本数。

整流器电流采样的特点决定了网络的输入节点数和输出节点数，因此选择网络规模主要是确定隐层节点数的大小。小波神经网络的训练学习和隐层节点数密切相关，隐层节点数过少，网络不能具有必要的信息处理能力和学习能力，隐层节点数过多，增加了网络结构的复杂性，在学习过程中更容易陷入局部最小，而且使网络的学习速度变慢。常用的试凑法一般是根据经验来选取隐层的节点数，有很大的随机性。采用下述经验公式来确定神经网络隐层节点数[3]：

$$N=\sqrt{nm+1.6799n+0.9298} \tag{4.6}$$

式中，n 为输入节点数；m 为输出节点数。

采用梯度下降法，调整网络参数，得到相应的最优参数如下。

(1) 网络参数的初始化：w_{ij} 设为0，中间隐层的伸缩参数和平移参数分别为 a_j 和 b_j，选取计算样本重心的方法，即为了初始化 a_1 和 b_1，先在 $[0,n]$ 上选择一个 p 点，该点为 $[0,n]$ 区间的重心，设 $a_1=p$，$b_1=\xi(n-0)=\xi n$（一般 $\xi=0.5$），这样点 p 把区间 $[0,n]$ 分成两部分，然后可以在这两个区间上重复以上步骤，就可以初始化参数 a_2 和 b_2，直到 a_N 和 b_N。

(2) 输入学习样本对 $(X(p),Y(p))$。

(3) 网络的自学习：利用当前的网络参数计算出网络的输出。

(4) 计算瞬时梯度向量和增量。

各梯度项为

$$\frac{\partial E}{\partial w_{ij}(n)}=\sum_{p=1}^{N}[d_i^{(p)}-y_i^{(p)}]\,y_i^{(p)}[1-y_i^{(p)}]w_{ij}^{(p)}\,\Psi'^{p}_{b_ja_j}(\mathrm{net}_j) \tag{4.7}$$

$$\frac{\partial E}{\partial w_{jk}(n)}=\sum_{p=1}^{N}\sum_{k=1}^{n}[d_i^{(p)}-y_i^{(p)}]y_i^{(p)}[1-y_i^{(p)}]w_{ij}^{(p)}\,\Psi'^{p}_{b_ja_j}(\mathrm{net}_j)\frac{x_k^{(p)}}{a_j^{(p)}} \tag{4.8}$$

$$\frac{\partial E}{\partial a_j(n)}=\sum_{p=1}^{N}\sum_{k=1}^{n}[d_i^{(p)}-y_i^{(p)}]y_i^{(p)}[1-y_i^{(p)}]w_{ij}^{(p)}\,\Psi'^{p}_{b_ja_j}(\mathrm{net}_j)\frac{\mathrm{net}_j^{(p)}-b_j^{(p)}}{[a_j^{(p)}]^2} \tag{4.9}$$

$$\frac{\partial E}{\partial b_j(n)}=\sum_{p=1}^{N}\sum_{k=1}^{n}[d_i^{(p)}-y_i^{(p)}]y_i^{(p)}[1-y_i^{(p)}]w_{ij}^{(p)}\,\Psi'^{p}_{b_ja_j}(\mathrm{net}_j)\frac{1}{a_j^{(p)}} \tag{4.10}$$

相应的权值迭代公式为

$$w_{jk}(n+1)=w_{jk}(n)-\eta_{jk}\frac{\partial E}{\partial w_{jk}}(n) \tag{4.11}$$

$$w_{ij}(n+1)=w_{ij}(n)-\eta_{ij}\frac{\partial E}{\partial w_{ij}}(n) \tag{4.12}$$

$$a_j(n+1)=a_j(n)-\eta_a\frac{\partial E}{\partial a_j}(n) \tag{4.13}$$

$$b_j(n+1)=b_j(n)-\eta_b\frac{\partial E}{\partial b_j}(n) \tag{4.14}$$

式中，η_{ij}、η_{jk}、η_a、η_b分别为参数w_{ij}、w_{jk}、a_j、b_j的学习速率。

(5) 当 E 小于容许误差或达到最大学习次数时，终止学习；否则返回第(2)步。

4.1.3 小波神经网络采样算法的实验结果及分析

电力系统中的电流信号一般不能直接送到 A/D 器件的输入端进行转换，而要先经过电流变换和信号调理等预处理。整流器的网侧电流经霍尔电流互感器后，变为有效值为 0～5A 的交流电量，而 DSP 的接口电压为 0～3V，所以经过信号调理电路调整成适合采样的信号。这里采用信号调理电路来实现对交流信号的标度变换，同时采取一定的硬件抗干扰和滤波处理措施，网侧电流信号检测的信号调理电路见图 4.1。图中没有画出霍尔电流传感器，该电路包括电阻取样、有源滤波和电位提升电路。其中前置二阶有源滤波电路的截止频率为 50kHz，电位提升电路表达式为 $v_{\mathrm{out}}=v_{\mathrm{ref}}/2-v_{\mathrm{in}}$。

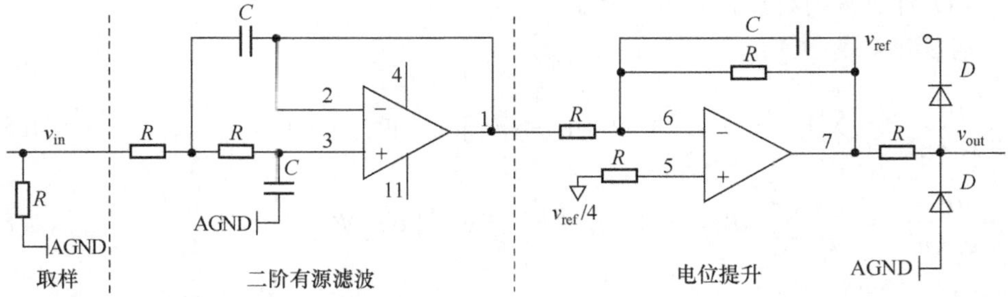

图 4.1　采样信号调理电路图

针对变流器工作时 a 相侧电流做了不同实验，为了验证和分析方便，通过 RS485 通信，把处理前后的数据读入计算机，并图形化显示处理，其中未采用小波神经网络去噪网侧电流采样图如图 4.2 所示，电流有效值 31.5A，总谐波含量 2.9%；采用小波神经网络去噪网侧电流采样图见图 4.3，电流有效值 31.1A，总谐波含量 1.6%。由此可以看出，采用小波神经网络进行网侧电流去噪后，采样到的网侧电流总谐波含量降低，有利于控制系统设计。

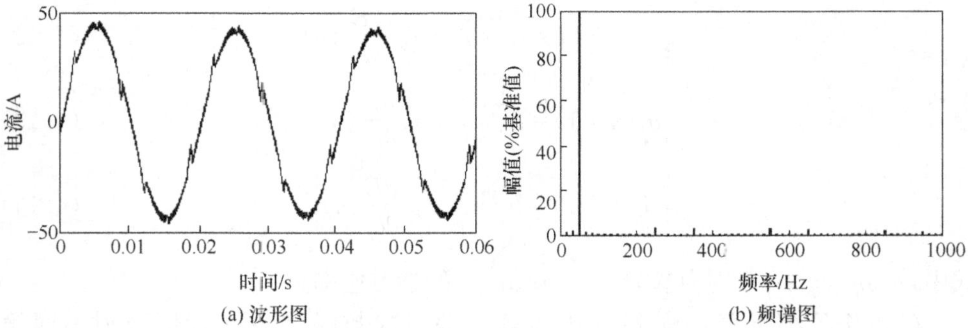

图 4.2　未采用小波神经网络去噪网侧电流采样图

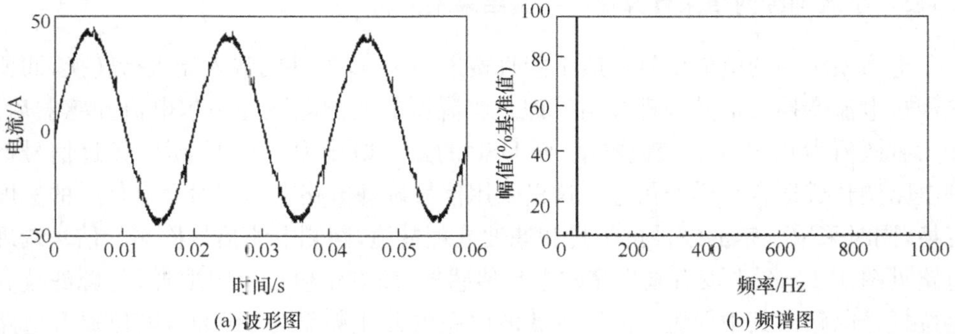

图 4.3　采用小波神经网络去噪网侧电流采样图

基于小波神经网络的网侧电流检测算法结构清晰，实现方便，且有很好的稳定性和抗扰性，是一种非常理想的检测方法。

4.2　基于神经网络内模的 PWM 整流器网侧电流控制策略

三相 PWM 整流器控制系统一般采用由电压外环和电流内环相结合的双环控制，其中电压外环的作用主要是控制三相 PWM 整流器直流侧电压，而电流内环的作用主要是按电压外环输出的电流指令进行电流控制从而实现单位功率因数正弦波电流控制[4]。电压外环较简单，用普通 PI 控制即可实现，这里不再赘述，针对网侧电流控制，引入了神经网络内模控制。

内模控制(internal model control，IMC)是一种新型控制策略，它建立在过程数学模型基础上进行控制算法设计。其主要特点是结构简单，设计简便，在线调节参数少，鲁棒性好，抗干扰性强，但要求建立精确的内部数学模型[5]。

为了方面算法设计，先分析其理论基础，传统内模控制结构见图 4.4。

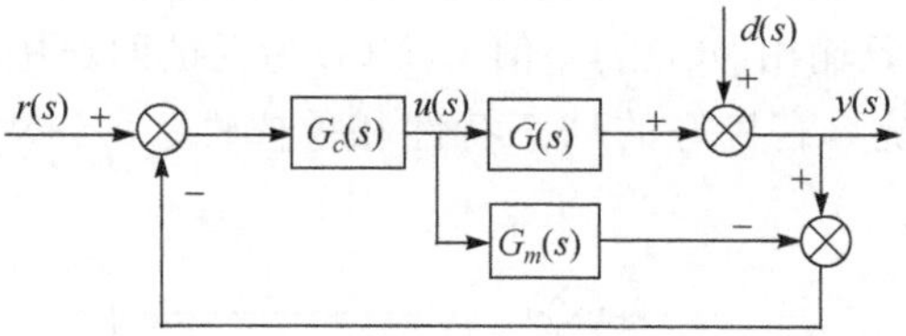

图 4.4　传统内模控制结构框图

图中，$r(s)$表示系统输入信号，$G_c(s)$表示内模控制器，$G(s)$表示被控系统，$G_m(s)$表示被控系统的预估模型，$u(s)$表示内模控制器输出信号，$d(s)$表示系统外在扰动信号，$y(s)$表示系统输出信号。则输出信号 $y(s)$与输入信号 $r(s)$的关系为

$$y(s)=\frac{G(s)G_c(s)}{1+G_c(s)[G(s)-G_m(s)]}r(s)+\frac{1-G_m(s)G_c(s)}{1+G_c(s)[G(s)-G_m(s)]}d(s) \quad (4.15)$$

显然，建模准确时，$G_m(s)=G(s)$，式(4.15)简化为

$$y(s)=G(s)G_c(s)r(s)+[1-G_m(s)G_c(s)]d(s) \quad (4.16)$$

在此前提下，如果 $G_c(s)=G_m^{-1}(s)$，则有 $y(s)=r(s)$，即系统输出始终等于系统输入，不受任何干扰的影响。然而，在实际应用中，内模控制器因控制系统参数往往无法精确建模或者被控对象含有滞后特性或不稳定的零、极点而不能达到理想的控制效果。

考虑到神经网络具有能够任意逼近函数且有自学习能力的优点，引入采用三层 BP 网络的神经网络预估器来作为被控对象的内部模型，所用的神经网络预估器的网络结构见图 4.5。

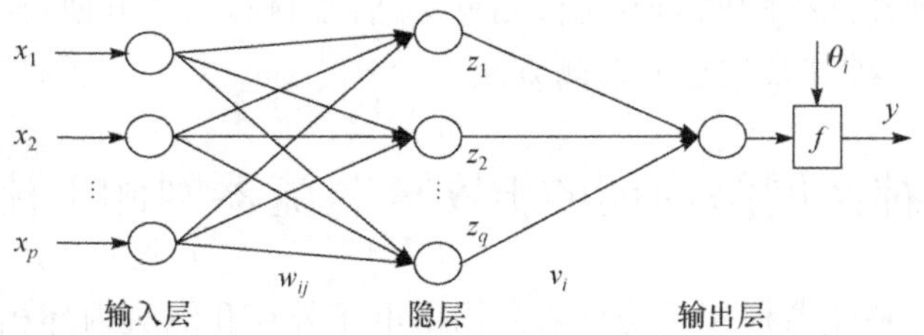

图 4.5 神经网络预估器的三层 BP 网络

本节拟将神经网络控制和内模控制相结合，用两个神经网络分别辨识被控对象的模型及其逆模型，通过神经网络的自学习使得内模控制有着更好的自适应能力，加大内模控制的被控对象的范围，将其应用于变流器系统控制[6,7]。建立三相变流器系统的神经网络内模控制结构框图，见图 4.6，其中三相变流器为控制对象，神经网络内模控制器(neural network controller，NNC)输出系统控制信号 $u(s)$，应用神经网络辨识的系统模型(neural network model，NNM)与系统直接并联，$e_m(s)=y(s)-y_m(s)$表示 NNM 的模型误差反馈信号。$e_c(s)=r(s)-y(s)$为系统输入$r(s)$与控制对象输出 $y(s)$的差值。$G_f(s)$为反馈回路中的滤波器，其作用是抑制输出振荡，使系统具有良好的动态特性和鲁棒性。$e_f(s)$为 $e_m(s)$通过滤波器后的输出量。

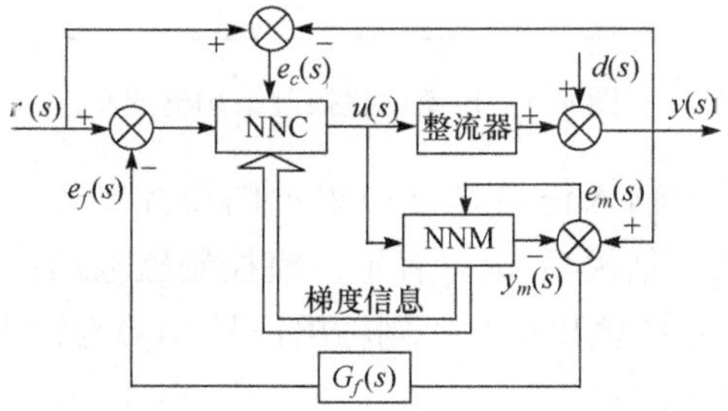

图 4.6 三相变流器神经网络内模控制结构框图

4.2.1 神经网络内模控制算法设计

针对三相 PWM 整流器，其神经网络内模控制系统结构见图 4.7，d 轴模型和 q 轴上的神经网络内模控制器完全相同，故仅介绍 d 轴模型控制器的设计。图 4.7 中，神经网络内模控制器产生整流器工作所需的控制信号 $u_\alpha(s)$，应用神经网络辨识的整流器模型与整流器并联，d 轴整流器为控制对象，整流器输出与模型输出之差 $e_m(s)=y_\alpha(s)-y_m(s)$用作 NNM 的模型误差反馈信号；$G_r(s)$为输入滤波器，减少突加设定值时的冲击，柔化控制动作[8]。

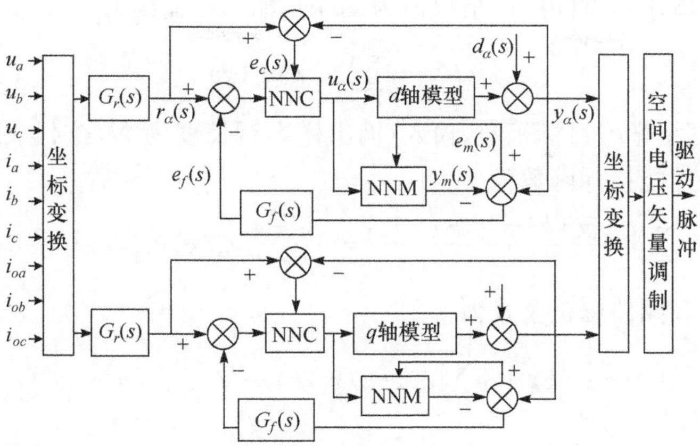

图 4.7　三相 PWM 整流器的神经网络内模控制结构框图

整流系统工作时，为了使系统输出 $y_\alpha(s)$和指令信号 $r_\alpha(s)$一致，算法首先通过采样整流器的输入输出数据，建立 NNC 和 NNM 的初始数学模型，而后通过对目标函数求极小值在线确定最优控制量 $u_\alpha(s)$。

4.2.2　神经网络内部模型的建立

被控对象三相高功率因数整流器为离散时间非线性系统，定义 $d_\alpha(k)$为 d 轴干扰噪声，$y_\alpha(k+1)$为阶次是 n 的输出时间序列，$u_\alpha(k)$为阶次是 m 的输入时间序列，则有

$$y_\alpha(k+1)=f[y_\alpha(k),\cdots,y_\alpha(k-n+1),u_\alpha(k),\cdots,u_\alpha(k-m+1)]+d_\alpha(k) \tag{4.17}$$

定义 4 层神经网络输入为 $x_j(j=1,2,\cdots,m+n-1)$，d 轴实际对象输出为$y_\alpha(k)$，则神经网络输入层输入可表示为

$$x_j(k)=\begin{cases}u_\alpha(k-j), & 0\leqslant j\leqslant m-1\\ y_\alpha(k-j+m), & m\leqslant j\leqslant m+n-1\end{cases} \tag{4.18}$$

定义隐层输入为 $n_i(k)$，网络输入节点与隐节点间的网络权值为 w_{ij}，输入层的阈值为 $\theta_i(k)$，则有

$$n_i(k)=\sum_{j=1}^{m+n-1}w_{ij}(k)\,x_j(k)+\theta_i(k) \tag{4.19}$$

定义 f 为 $z_i(k)$和 $n_i(k)$之间的函数映射关系，f'为其导数，神经网络隐层输出为 z_i $(i=l,2,\cdots,w)$，则隐层输出为

$$z_i(k)=f[n_i(k)]=\frac{1}{1+\mathrm{e}^{-n_i(k)}}$$

$$f'[n_i(k)]=z_i(k)[1-z_i(k)] \tag{4.20}$$

定义隐节点与输出节点间的网络权值为 $v_i(k)$，输出层输出为

$$y_m(k)=\sum_{i=1}^{w}v_i(k)z_i(k) \tag{4.21}$$

定义 $E(k)$为网络学习目标函数，输入/输出样本对长度为 N，ε_1 代表设定的误差，神经网络训练性能指标函数为

$$E=\sum_{k=1}^{N}\left\{\frac{[y_\alpha(k)-y_m(k)]^2}{2}\right\}=\frac{1}{2}\sum_{k=1}^{N}e_m^2(k)\leqslant\varepsilon_1,\quad \varepsilon_1>0 \tag{4.22}$$

网络权值和阈值修正公式为

$$w_{ij}(k+1)=w_{ij}(k)+\eta\sum_{k=1}^{N}\delta_i^{(2)}(k)x_j(k)+\nabla[w_{ij}(k)-w_{ij}(k-1)] \tag{4.23}$$

$$\theta_i(k+1)=\theta_i(k)-\eta\sum_{k=1}^{N}\delta^{(2)}(k)x_j(k)+\nabla[\theta_i(k)-\theta_i(k-1)] \tag{4.24}$$

$$v_i(k+1)=v_i(k)+\eta\sum_{k=1}^{N}\delta^{(3)}(k)z_i(k)+\nabla[v_i(k)-v_i(k-1)] \tag{4.25}$$

式中，隐层节点的误差为 $\delta^{(2)}(k)=f'n_i(k)\delta^{(3)}(k)v_i(k)$；输出层节点的误差为 $\delta^{(3)}(k)=y_\alpha(k)-y_m(k)$；$\eta$ 为学习速率；∇为动量因子。

4.2.3 神经网络内模控制器的建立

内模控制器是对象模型的逆，可以证明非线性系统(4.17)的逆存在。在控制系统中，希望输出无偏差跟踪参考输入，因此有 $y_\alpha(k)=r_\alpha(k),\cdots,y_\alpha(k-n+1)=r_\alpha(k-n+1)$，神经网络逆模型 NNC 也采用 3 层 BP 网络结构。则其逆动态模型为

$$u_\alpha(k)=f^{-1}[r_\alpha(k+1),r_\alpha(k),\cdots,r_\alpha(k-n+1),u_\alpha(k-1),\cdots,u_\alpha(k-m+1)] \tag{4.26}$$

式中，$r_\alpha(k+1)$为时间序列中本采样周期的下一个采样周期系统的参考输入值，此采样周期内无法测量，但可通过线性化预测方法获得。具体做法是 $r_\alpha(k+1)$的预测值可以通过对当前时刻参考输入采样值 $r_\alpha(k)$及以前时刻参考输入采样值 $r_\alpha(k-1)$来得到，其表达式为

$$r_\alpha(k+1)=2r_\alpha(k)-r_\alpha(k-1) \tag{4.27}$$

显然神经网络内模控制器的输出还和反馈量 $e_f(s)=G_f(s)e_m(s)=G_f(s)[y_\alpha(s)-y_m(s)]$有关，故式(4.26)可以表示为

$$u_\alpha(k)=f^{-1}[r_\alpha(k),\cdots,r_\alpha(k-n+1),u_\alpha(k-1),\cdots,u_\alpha(k-m+1),e_f(k)] \tag{4.28}$$

神经网络内模控制器的辨识算法如下：设网络输入为 $c_j(j=1,2,\cdots,p)$，则输

入层输入为

$$c_j(k)=\begin{cases} r_\alpha(k-j), & 0\leqslant j\leqslant m-1 \\ u_\alpha(k-j+m-1), & m\leqslant j\leqslant m+n-2 \\ e_f(k), & 其他 \end{cases} \tag{4.29}$$

定义隐层输入为 $o_i(k)$，则有

$$o_i(k)=\sum_{j=1}^{p} t_{ij}(k)c_j(k) \tag{4.30}$$

定义隐层输出 $g_i(k)$，则有

$$g_i(k)=f[o_i(k)]=\frac{1}{1+\mathrm{e}^{-o_i(k)}},\quad f'[o_i(k)]=g_i(k)[1-g_i(k)] \tag{4.31}$$

定义 d 轴网络输出为 $u_\alpha(k)$，则有

$$u_\alpha(k)=f[o_j(k)]=\frac{1}{1+\mathrm{e}^{-o_j(k)}} \tag{4.32}$$

定义 $J(k)$ 为网络学习目标函数，ε_2 为设定的误差，则神经网络训练性能指标函数为

$$J=\sum_{k=1}^{N}J(k)=\sum_{k=1}^{N}\frac{[r_\alpha(k)-y_\alpha(k)]^2}{2}=\frac{1}{2}\sum_{k=1}^{N}e_c^2(k)\leqslant\varepsilon_2,\quad \varepsilon_2>0 \tag{4.33}$$

式中，$e_c(k)=r_\alpha(k)-y_\alpha(k)$，当神经网络模型的辨识精确度改变时，此处不用 $y_m(k)$ 代替 $y_\alpha(k)$，可以使得神经网络控制器辨识精确度不变。

网络权值修正公式为

$$t_{ij}(k+1)=t_{ij}(k)+\eta\frac{\partial J}{\partial t_{ij}}+\nabla[t_{ij}(k)-t_{ij}(k-1)] \tag{4.34}$$

$$b_i(k+1)=b_i(k)+\eta\frac{\partial J}{\partial b_i}+\nabla[b_i(k)-b_i(k-1)] \tag{4.35}$$

式中，$\frac{\partial J}{\partial t_{ij}}=\frac{\partial J}{\partial y_\alpha}\frac{\partial y_\alpha}{\partial u_\alpha}\frac{\partial u_\alpha}{\partial g_i}\frac{\partial g_i}{\partial o_i}\frac{\partial o_i}{\partial t_{ij}}$，因为神经网络能够逼近任意非线性映射，经过若干次的学习，$y_m(k)$ 无限逼近 $y_\alpha(k)$，故可用 $\frac{\partial y_m(k)}{\partial u_\alpha(k)}$ 代替 $\frac{\partial y_\alpha(k)}{\partial u_\alpha(k)}$，从而解决非线性、时变性对象 $\frac{\partial y_\alpha(k)}{\partial u_\alpha(k)}$ 无法准确获得的问题。

根据神经网络模型的输入、输出关系可得

$$\frac{\partial y_\alpha}{\partial u_\alpha}=\frac{\partial y_m}{\partial u_\alpha}=\frac{\partial y_m}{\partial z_i}\frac{\partial z_i}{\partial n_i}\frac{\partial n_i}{\partial x_j}=\sum_{i=1}^{w}v_i(k)z_i(k)[1-z_i(k)]\sum_{j=1}^{m}w_{ij}(k) \tag{4.36}$$

设 $\delta^{(2)}(k)=r_\alpha(k)-y_\alpha(k)$，$\delta_i^{(1)}(k)=\delta^{(2)}(k)b_i(k)g_i(k)[1-g_i(k)]$，则

$$\frac{\partial J}{\partial t_{ij}}=\sum_{k=1}^{N}\left\{-\delta_i^{(1)}(k)c_j(k)\sum_{i=1}^{w}v_i(k)z_i(k)[1-z_i(k)]\sum_{j=1}^{m}w_{ij}(k)\right\} \tag{4.37}$$

同理可得

$$\frac{\partial J}{\partial b_i}=\frac{\partial J}{\partial y_\alpha}\frac{\partial y_\alpha}{\partial u_\alpha}\frac{\partial u_\alpha}{\partial b_i}=\sum_{k=1}^{N}\left\{\left[y_\alpha(k)-r_\alpha(k)\right]g_i(k)\frac{\partial y_\alpha}{\partial u_\alpha}\right\}$$
$$=\sum_{k=1}^{N}\left\{-\delta^{(2)}(k)g_i(k)\sum_{i=1}^{w}v_i(k)z_i(k)\left[1-z_i(k)\right]\sum_{j=1}^{m}w_{ij}(k)\right\} \quad (4.38)$$

将式(4.37)和式(4.38)代入式(4.25)和式(4.26),可得

$$t_{ij}(k+1)=t_{ij}(k)-\eta\sum_{k=1}^{N}\left\{\delta_i^{(1)}(k)c_j(k)\sum_{i=1}^{w}v_i(k)z_i(k)\left[1-z_i(k)\right]\sum_{j=1}^{m}w_{ij}(k)\right\}$$
$$+\nabla\left[t_{ij}(k)-t_{ij}(k-1)\right] \quad (4.39)$$

$$b_i(k+1)=b_i(k)-\eta\sum_{k=1}^{N}\left\{\delta^{(2)}(k)g_i(k)\sum_{i=1}^{q}v_i(k)z_i(k)\left[1-z_i(k)\right]\sum_{j=1}^{m}w_{ij}(k)\right\}$$
$$+\nabla\left[b_i(k)-b_i(k-1)\right] \quad (4.40)$$

4.2.4 神经网络内模控制器设计

根据对整流器模型分析,d 轴整流器传递函数可表示为

$$P_\alpha(z)=\frac{y_\alpha(z)}{u_\alpha(z)}=\frac{h_1z^{-1}+h_2z^{-2}}{1+g_1z^{-1}+g_2z^{-2}} \quad (4.41)$$

式中,h_1、h_2、g_1、g_2均为传递函数系数,则有

$$y_\alpha(z)=h_1u_c(z)z^{-1}+h_2u_\alpha(z)z^{-2}-g_1y_\alpha(z)z^{-1}-g_2y_\alpha(z)z^{-2} \quad (4.42)$$

即

$$y_\alpha(k)=h_1u_c(k-1)+h_2u_\alpha(k-2)-g_1y_\alpha(k-1)-g_2y_\alpha(k-2) \quad (4.43)$$

由式(4.43)可知,显然 $y_\alpha(k)$与 $u_\alpha(k-2)$、$u_\alpha(k-1)$、$y_\alpha(k-2)$、$y_\alpha(k-1)$相关,设计神经网络正模型为 4-4-1 结构的 BP 神经网络,神经网络预估器的输入为$[u_\alpha(k-1);u_\alpha(k);y_\alpha(k-1);y_\alpha(k)]$,输出为 $y_\alpha(k+1)$。采用神经网络控制时,网络层数、每层节点数越少越好,这样可减少运算时间,满足数字实现的需要。经多次反复实验,确定由 4 个节点组成隐层,见图 4.8,同时神经网络内模控制器(NNC)为一个 5-4-1 结构的 BP 神经网络,输入为$[r_\alpha(k-1);r_\alpha(k);u_\alpha(k-1);u_\alpha(k);e_f(s)]$,性能指标函数为 $J=[r_\alpha(k)-y_\alpha(k)]^2/2$。

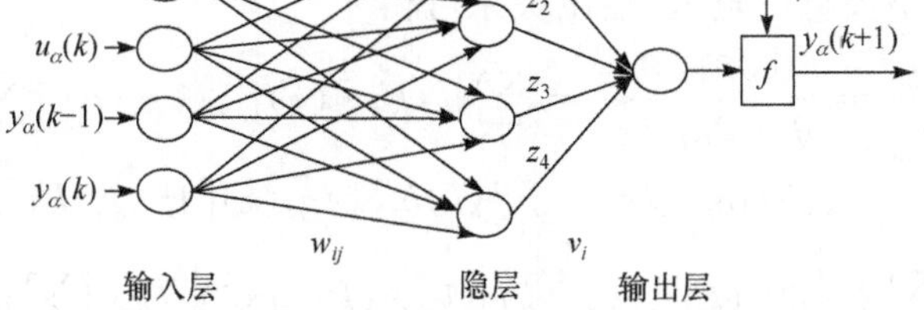

图 4.8 d 轴整流器神经网络预估器 BP 神经网络结构

4.2.5　PWM整流器网侧电流控制算法仿真及分析

通过在MATLAB中建立M函数对本书提出的三相整流器神经网络模型进行训练和学习。神经网络内模控制系统包括图4.9所示的NNM和NNC模型，仿真采用离线训练和在线修正的方法建立NNM和NNC。设计开关频率为10kHz，即采样时间为100μs。输入矢量是多个不同负载状况下输出直流电压的采样数据，输出矢量是被控对象即整流器的输出直流电压，输入矢量要覆盖整个工作区间，使得控制系统能够获得足够丰富的训练样本。

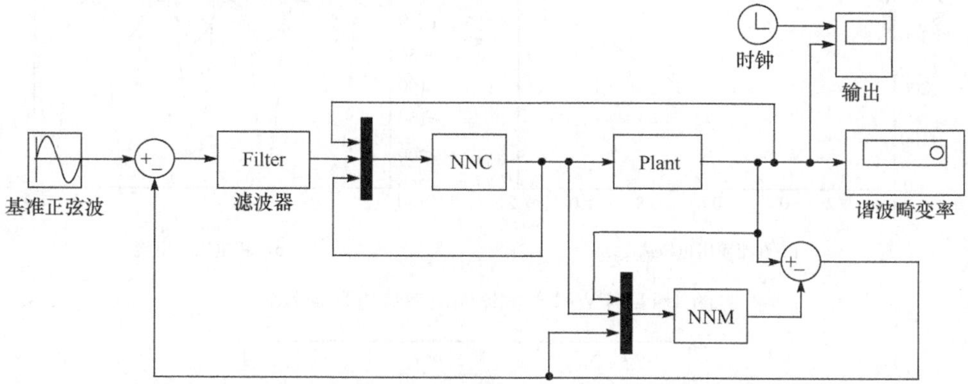

图4.9　基于神经网络内模的PWM整流器MATLAB仿真模型

考虑到神经网络的软件实现时采用数字信号处理器，为了避免定点运算中数值范围和数值精度的矛盾，所训练的权值和阈值应大小适中，且数值相差相对较小。基于以上原则，通过多次反复训练，图4.10给出了神经网络训练结果，这里训练误差取0.1%。在训练初期，神经网络收敛速度较快，后期神经网络收敛速度较慢，经过800步训练后，误差的均方差小于0.1%，这时可以认为神经网络已经与整流器的动力学特性相一致。

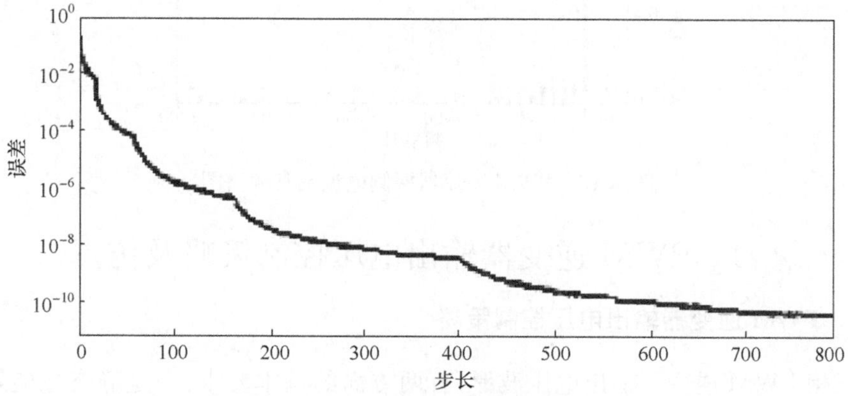

图4.10　神经网络的训练结果

针对 PWM 整流器的仿真结果如图 4.11 和图 4.12 所示，图 4.11(a)为直流输出电压，图 4.11(b)为 u 相电压与电流。由仿真结果可知，直流电压迅速跟踪到给定值，而且交流侧电压与电流同相位，使系统达到单位功率因数输出。由图 4.12 可知，PWM 整流器网侧电流谐波畸变率为 1.38%，波形质量较好。

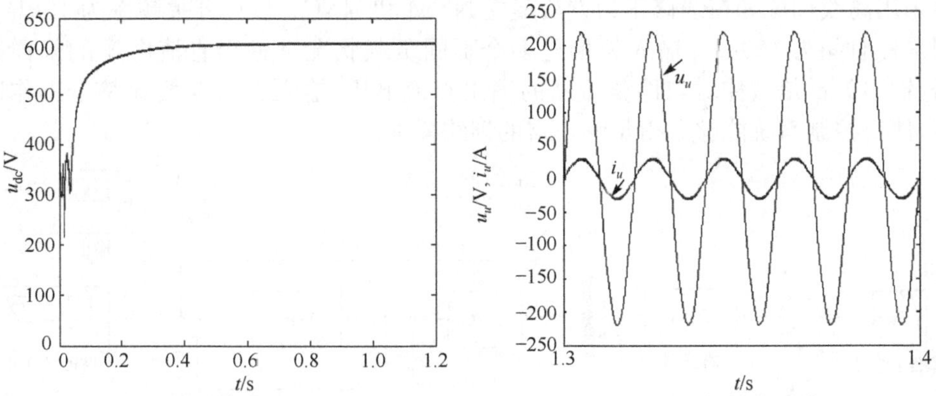

(a)直流输出电压 u_{dc}　　(b) u 相电压、电流

图 4.11　PWM 整流器输出参数仿真波形图

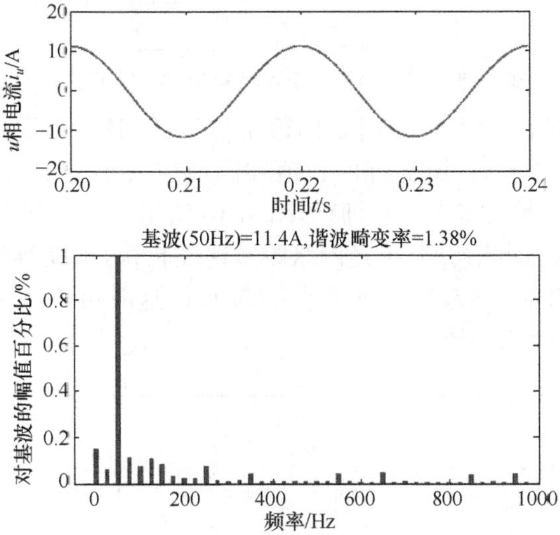

图 4.12　PWM 整流器网侧电流及其频谱图

4.3　PWM 逆变器输出电压控制策略及仿真

4.3.1　PWM 逆变器输出电压控制策略

三相 PWM 逆变器输出电压波形，有两方面的基本要求：一是静态性能好，电压谐波含量少；二是动态性能好，能适应各种负载，且在负载突变时调节速度快。

通过对第 3 章逆变器数学模型的分析和式(3.42)可知，三相 PWM 逆变器模型经坐标变换之后，相当于两个毫无关联的单相逆变器。因此，只需两个完全相同的单相控制器分别对 α 相和 β 相进行控制，就可以实现对整个三相逆变器输出电压的控制。控制算法也可采用前面所设计的神经网络内模控制算法，这里不再描述。

为了验证该算法对三相逆变器适用性，特引入 PID 控制算法作以对比。

PID 控制基本表达式为

$$u_{\mathrm{PID}}(t)=K_{\mathrm{P}}\left[e(t)+\frac{1}{T_{\mathrm{I}}}\int_{0}^{t}e(t)\mathrm{d}t+T_{\mathrm{D}}\frac{\mathrm{d}e}{\mathrm{d}t}\right]=K_{\mathrm{P}}e(t)+K_{\mathrm{I}}\int_{0}^{t}e(t)\mathrm{d}t+K_{\mathrm{D}}\frac{\mathrm{d}e(t)}{\mathrm{d}t} \tag{4.44}$$

离散后可得

$$u_{\mathrm{PID}}(k)=K_{\mathrm{P}}e(t)+K_{\mathrm{I}}T\sum_{n=1}^{k}e(n)+\frac{K_{\mathrm{D}}}{T}[e(k)-e(k-1)] \tag{4.45}$$

由式(4.34)可知，控制输出变量 $u_{\mathrm{PID}}(k)$ 与输出误差 $e(k)$ 的累积和有关。这对算法的实施带来了很大困难，为简化计算，引入线性插值，即

$$e(k)=e(k-1)+[e(k-1)-e(k-2)] \tag{4.46}$$

将式(4.46)代入式(4.45)，对式(4.45)进行简化，可得

$$\begin{aligned}u_{\mathrm{PID}}(k)=&\left[2K_{\mathrm{P}}+2K_{\mathrm{I}}T+\frac{K_{\mathrm{D}}}{T}\right]e(k-1)\\&-\left[K_{\mathrm{P}}+K_{\mathrm{I}}T+\frac{K_{\mathrm{D}}}{T}\right]e(k-2)+K_{\mathrm{I}}T\sum_{n=1}^{k-1}e(n)\end{aligned} \tag{4.47}$$

将式(4.47)写成 z 域形式

$$u_{\mathrm{PID}}(z)=\left[K_{\mathrm{P}}+\frac{K_{\mathrm{I}}T}{1-z^{-1}}+\frac{K_{\mathrm{D}}}{T}(1-z^{-1})\right]e(z) \tag{4.48}$$

以此为基础建立采用 PID 算法的逆变器控制原理框图，见图 4.13，其中 $u_g(k)$、$u_o(k)$、$r(k)$、$u_{\mathrm{ref}}(k)$、$e(k)$、$u_{\mathrm{PID}}(k)$、$u_a(k)$ 分别表示逆变器输出电压设定值、逆变器输出电压、标准正弦信号、PID 算法参考信号、算得的误差信号、PID 输出信号，以及逆变控制信号。

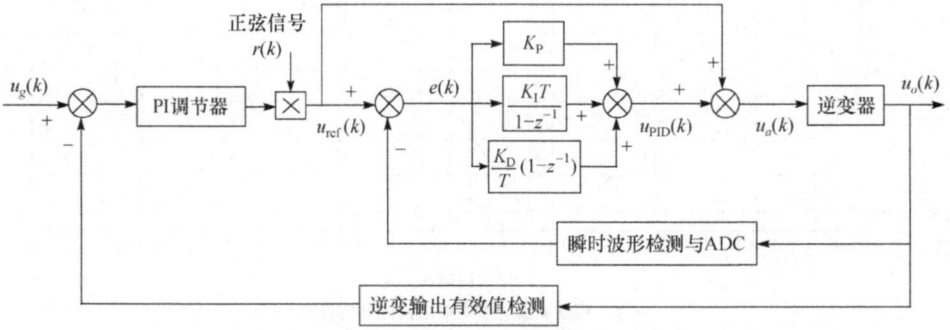

图 4.13　采用 PID 算法的逆变器控制原理框图

4.3.2　PWM 逆变器控制算法仿真结果

分别采用神经网络控制和 PID 控制对三相逆变器进行仿真。采用阻性负载时，仿真结果对比见图 4.14，体现不出神经网络内模控制的优势；采用整流性负载且负载不是很稳定时，仿真结果对比见图 4.15，可以看出神经网络内模控制时输出电压畸变率明显小于采用 PID 控制输出电压畸变率，这是因为神经网络内模很好地预估了所给出的被控对象，所以逆变器具有较好的鲁棒性。

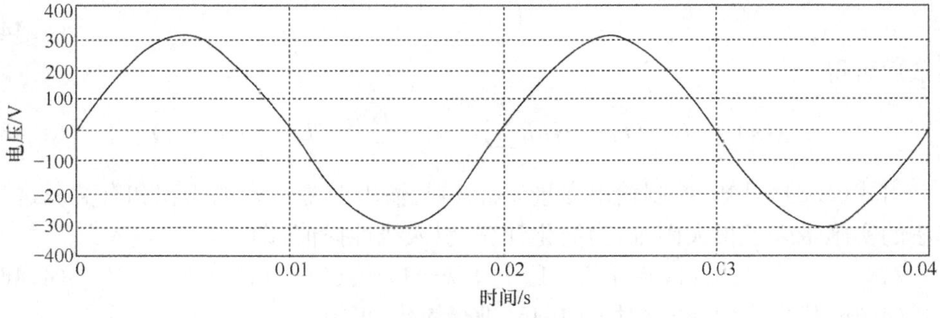

(a) 三相逆变神经网络内模控制仿真波形图

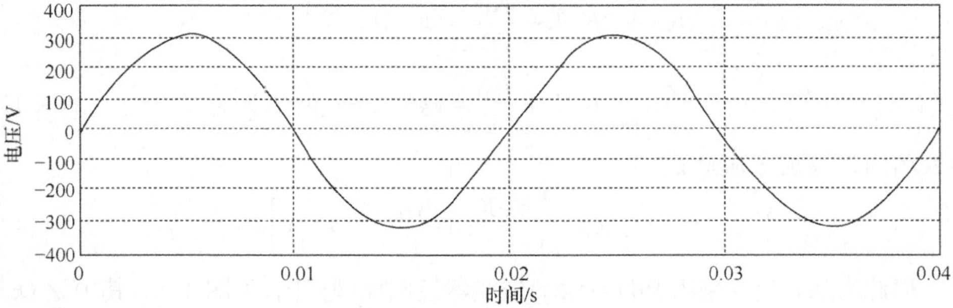

(b) 三相逆变器PID控制仿真波形图

图 4.14　阻性负载时采用不同控制方式的三相逆变器仿真波形图

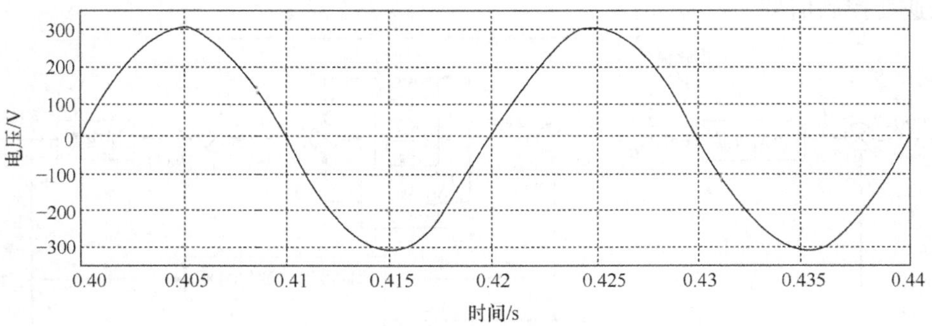

(a) 三相逆变器神经网络内模控制仿真波形图

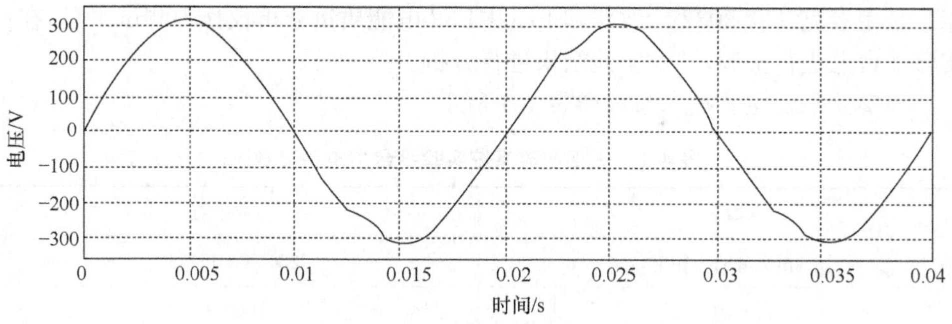

(b) 三相逆变器PID控制仿真波形图

图 4.15　整流性负载时采用不同控制方式的三相逆变器仿真波形图

4.4　PWM 变流系统实验结果及分析

4.4.1　PWM 变流器实验平台构建

实验平台采用 30kW 三相变流系统，其主电路见图 4.16，控制电路部分以 TMS320F28335 为核心，辅以电流、电压检测和 IGBT 驱动电路。这款时钟频率高达 150MHz 的高速数字信号处理器，具有以下特点[9]：①支持浮点运算，可实现由一个处理器同时实现 PWM 整流器和 PWM 无源逆变器的控制；②具有高达 12.5MSPS 的 12 位 16 通道同步采样 ADC，可完成高速度、高精度的 AD 采样转换；③自带的两个事件管理器分别产生控制所需的 6 路 PWM 信号，且可自动插入可编程的死区时间；④自带两路 PDPINT 中断，可用于保护两个变流器的过流故

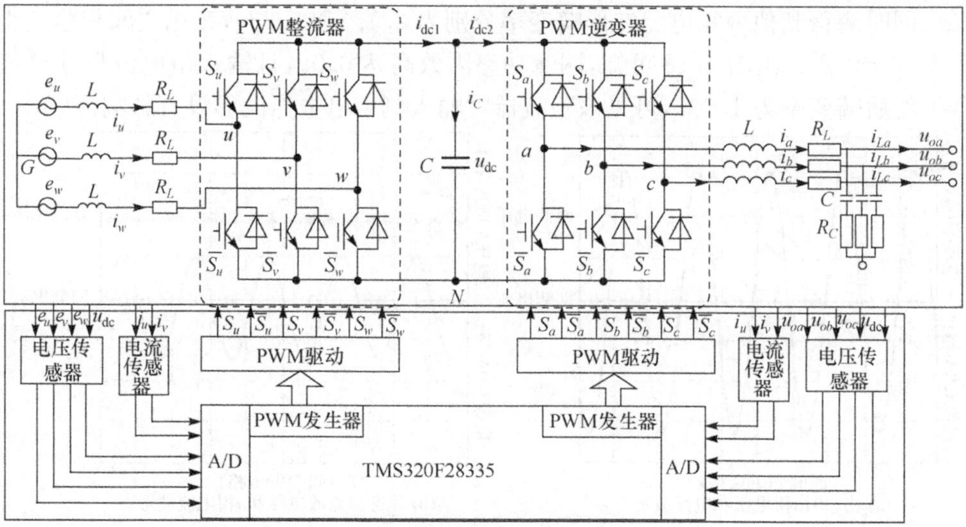

图 4.16　三相 PWM 变流系统实验平台

障。采用泰克 TDS3032 示波器和 FLUKE32 电能质量分析仪作为测试工具，在此实验平台上进行实验，并对实验结果进行分析。

该实验平台主要技术参数如表 4.1 所示。

表 4.1 三相变流系统实验平台主电路参数

参数名称	参数取值
三相交流输入相电压	220V(±15%)
直流侧电容	4800μF
直流母线电压 U_{dc}	600V
三相交流输出相电压	220V
额定输出电压频率 f_N	50Hz
输出滤波电感 L	0.11mH
输出滤波电容 C	200μF
采样频率 f_s	10kHz

4.4.2 PWM 整流器实验结果及分析

1. 稳态响应

当市电输入电压为 AC 236V 时，三相整流器带满载整流输出波形见图 4.17 和图 4.18。输出直流电压稳定度 600V(±2%)，满载时 a 相电流波形畸变率约 2%，同时测得其他两相电流波形畸变率分别为 2.1%和 1.9%，三相之间相位差小于 120°±0.2°。由图 4.18 可知，网侧功率因数高达 0.99，且输入市电波形在整流器工作后畸变率为 1.5%，可见该整流器对输入侧市电电压波形没有影响。

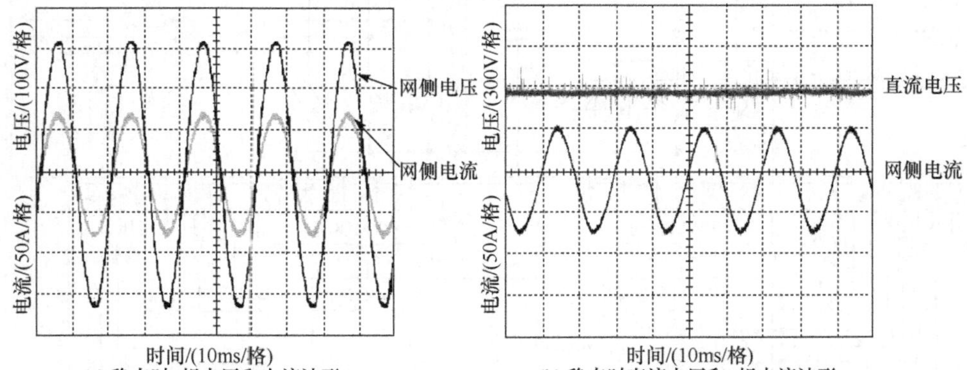

(a) 稳态时a相电压和电流波形　(b) 稳态时直流电压和a相电流波形

图 4.17 PWM 整流器稳态输出波形图

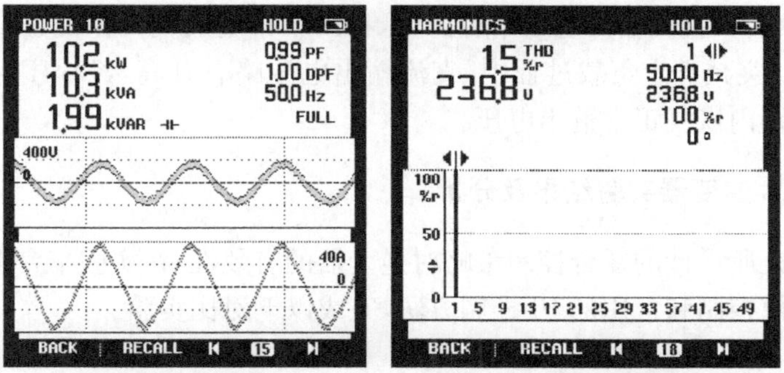

(a) 实测a相功率因数　　(b) 实测a相输入电压畸变率

图 4.18　PWM 整流器功率网侧因数和谐波畸变率

2. 动态响应

负载突变时，直流输出电压波形捕捉图见图 4.19 和图 4.20。图 4.19 表明，

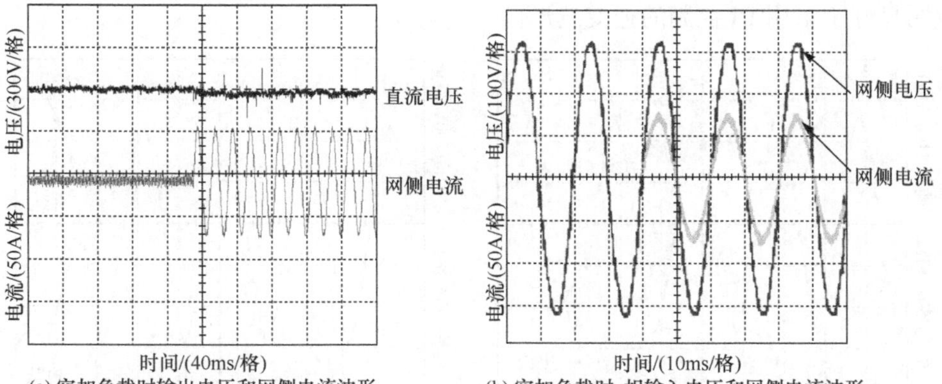

(a) 突加负载时输出电压和网侧电流波形　　(b) 突加负载时a相输入电压和网侧电流波形

图 4.19　PWM 整流器突加负载输出波形图

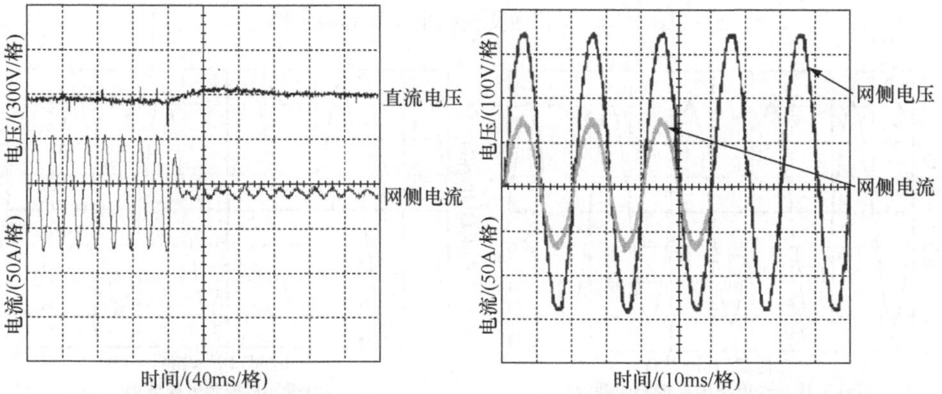

(a) 突减负载输出电压和网侧电流波形　　(b) 突减负载a相输入电压和网侧电流波形

图 4.20　PWM 整流器突减负载输出波形图

突加额定负载后，直流输出电压略有拉低，在两个市电周期内恢复正常输出电压；图 4.20表明，突减额定负载过程中，直流输出电压略有升高，经程序控制调整，在两个市电周期内恢复正常输出电压。

4.4.3 PWM 逆变器实验结果及分析

为了验证所设计的复合控制策略对逆变器的有效性，在实验平台上，分别采用所设计的内模控制和常用的 PI 控制方法，完成以下对比实验。

1. 稳态响应

采用本书设计的神经网络内模控制逆变器分别带纯阻性负载和电机负载时，逆变 a 相输出波形见图 4.21，波形质量较好。为了便于对比，采用神经网络内模控制输出电压波形见图 4.22(a)，采用 PI 控制的逆变波形见图 4.22(b)。采用电能质量分析仪对智能质量进行分析，见图 4.23，可见采用内模控制的逆变波形质量明显好于采用 PI 控制的逆变波形。

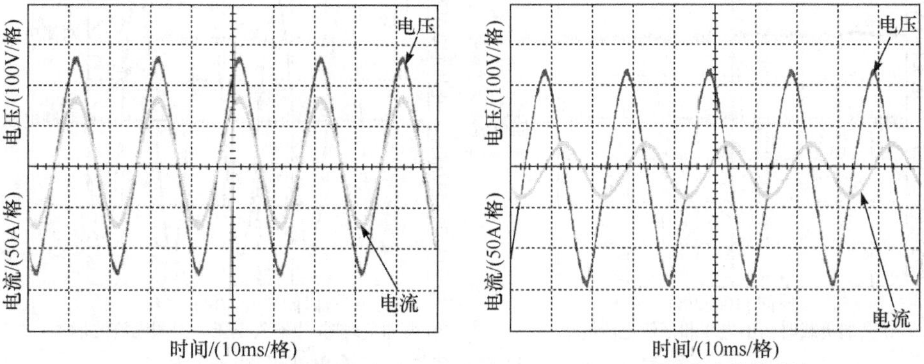

(a) 带纯阻性负载波形图　　(b) 带电机负载波形图

图 4.21　a 相逆变输出电压稳态波形图

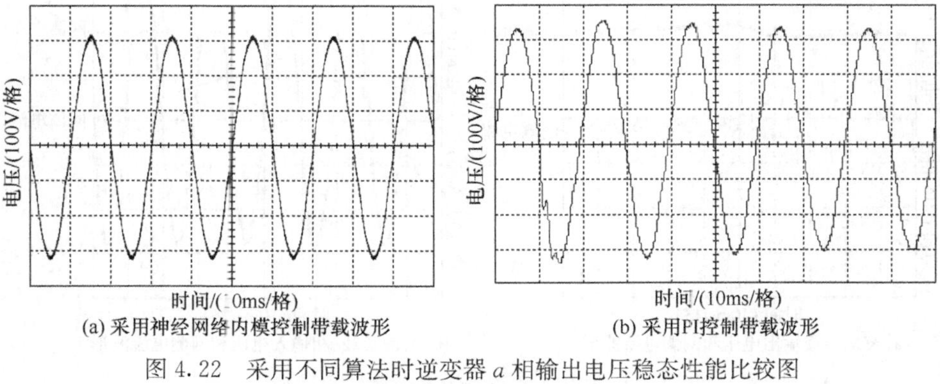

(a) 采用神经网络内模控制带载波形　　(b) 采用PI控制带载波形

图 4.22　采用不同算法时逆变器 a 相输出电压稳态性能比较图

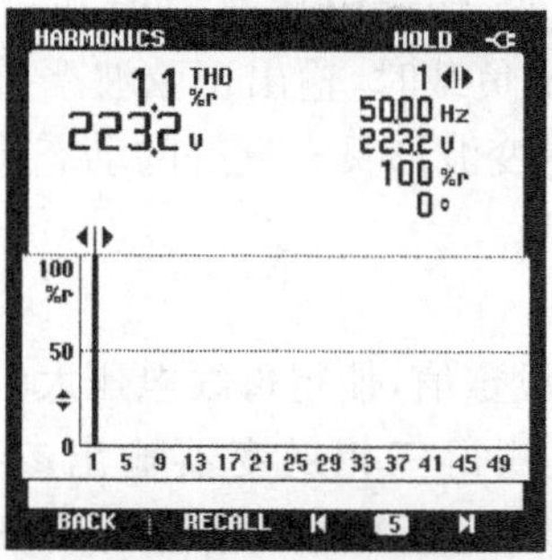

(a) 采用神经网络内模控制电能质量

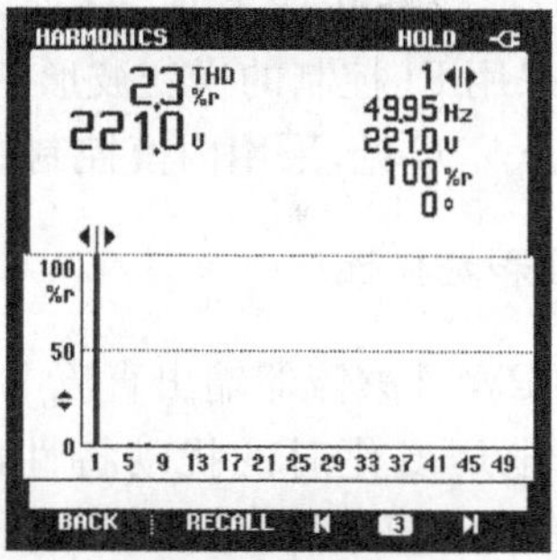

(b) 采用PI控制电能质量

图 4.23 采用不同算法时逆变器 a 相输出电压电能质量分析比较图

2. 动态响应

对采用神经网络内模控制的逆变器突变负载以测试控制系统的动态响应，见图 4.24，波形质量较好。为了便于对比，图 4.25(a)为采用内模控制的逆变波形，

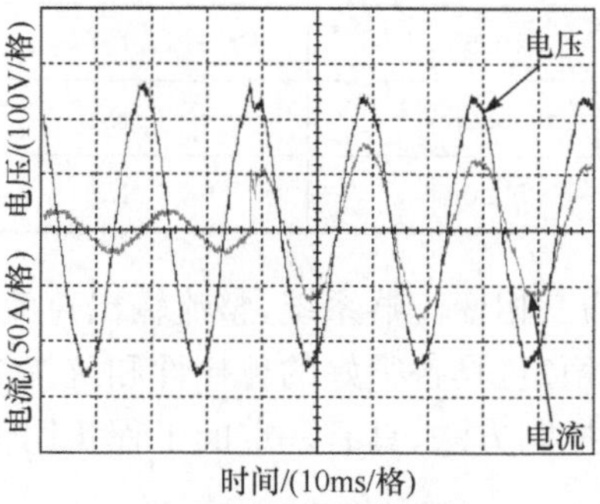

(a) 突加负载输出波形

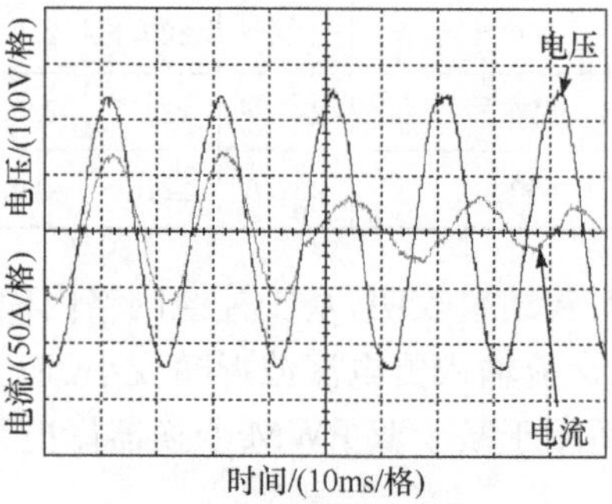

(b) 突减负载输出波形

图 4.24 负载突变时的逆变输出波形图

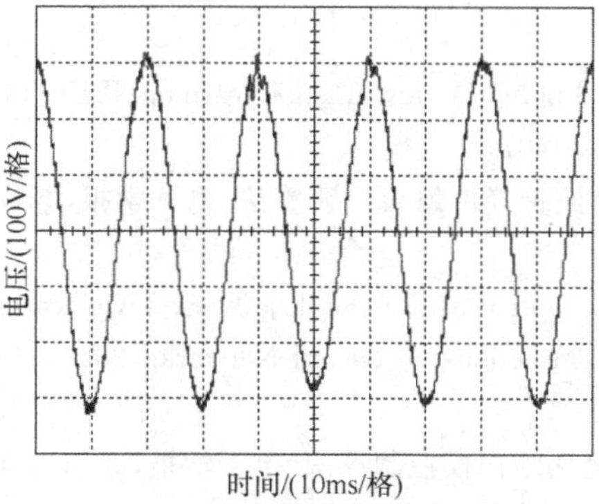

(a) 采用内模控制的逆变波形

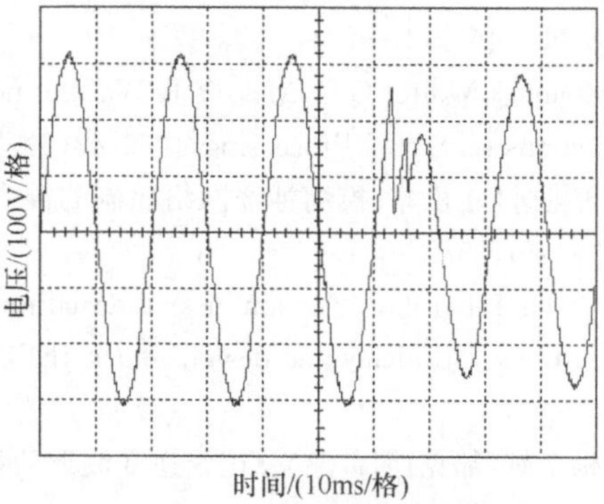

(b) 采用PI控制的逆变波形

图 4.25 负载突变时采用不同算法的逆变输出波形图

突加负载时,波形仅在正弦波顶部稍有畸变,输出电压有效值并未有明显变化;图 4.25(b)为采用 PI 控制的逆变波形,突加负载时,输出正弦波严重畸变,输出电压幅值变化很大。可见,采用内模控制的逆变波形具有良好的动态响应。

3. 鲁棒性和抗扰性

通过调整 PWM 整流器输出直流电压设定值,使得母线电压大幅波动,以测试逆变器在母线电压变化时的扰动特性,可测得三相逆变器输出参数,见表 4.2。逆变器三相输出相电压稳定在 220V(±2%),逆变器三相输出频率稳定在 50Hz(±0.5%),逆变器输出正弦波波形畸变率≤1.8%,三相电压中任何两相相位差小于 120°±0.2°,可见控制系统具有良好的抗扰性。

表 4.2 输入电压变化时三相逆变器输出参数

母线电压/V	三相逆变输出电压/V			输出频率/Hz	输出电压波形畸变率/%
550	217.2	217.6	217.8	50.11	1.6
580	219.5	219.4	218.2	50.06	1.7
600	219.9	220.1	219.6	49.93	1.7
620	221.2	222.1	220.8	50.08	1.8
650	222.5	221.7	220.8	50.06	1.8

实验结果表明,基于神经网络内模控制的三相变流器系统,整流输出直流电压稳定、交流输入侧电流波形畸变小、逆变输出稳定,具备很好的鲁棒性和抗扰性,是一种适用于基于双 PWM 变换器岸电系统的控制方法,具有一定的工程实用价值。

参考文献

[1] Albert R, Barabsi A. Statistical mechanics of complex networks. Reviews of Modern Physics, 2002, 74(1): 47-97

[2] Zhang J, Walter G G, Miao Y B. Wavelet neural networks for function learning. IEEE Transactions on Signal Processing, 1995, 43(6): 1485-1497

[3] 郭业才,王丽华. 模糊神经网络控制的混合小波神经网络盲均衡算法. 电子学报, 2011, 39(4): 975-979

[4] Rivals I, Peronnaz L. Nonlinear internal model control using neural networks: Application to process with delay and design issues. IEEE Transactions on Neural Networks, 2000, 11(1): 80-90

[5] 杨金辉,郜克存,戴瑜兴. 正弦逆变波形的神经网络内模控制算法. 电子学报, 2012, 40(7): 1345-1350

[6] 沈永俊,顾幸生. PID 神经网络内模控制在湿法烟气脱硫中的应用. 清华大学学报, 2007, 47

(2):1798-1803
[7] 沈永俊,顾幸生. 基于 PID 神经网络的非线性系统辨识与控制. 华东理工大学学报,2006,32(7):860-863
[8] Zhou L H, Han P, Peng D G, et al. The method and application of the internal model control based on online selflearning neural networks. Proceedings of the 2002 International Conference on Control and Automation, Xiamen, 2002:559-563
[9] TI Instruments. TMS320LF/LC240xA DSP Controllers System and Peripherals Reference Guide(Rev. B). Texas Instruments, Literature Number SPRU357B, 2001:179-184

第5章 低压岸电变流系统参数优化

因岸电变流器存在控制参数难以整定的问题，而智能控制算法具有无需将非线性变流器模型线性化便可直接优化的特点，使得控制参数智能优化方法越来越引起人们的重视[1-5]。粒子群算法(particle swarm optimization，PSO)是智能优化算法领域中的一个较新分支，它从随机解出发，通过迭代进行寻优，算法简单，操作方便[6-11]，已在三相变流器控制、光伏发电并网逆变等方面应用[12-14]。

本章针对如何解决PSO优化应用中易陷入局部最优值这一问题，提出了多粒子群、多速度更新优化算法。①粒子群分为主粒子群、全局辅助粒子群和局部辅助粒子群。②主粒子群速度更新采用标准PSO中带权值的更新方式；全局辅助粒子群采用带压缩因子的速度更新方式和随机速度更新方式，两种更新方式以不同概率进行，且一次只执行一种更新方式；局部辅助粒子群无速度更新。实验中相比于标准PSO和带压缩因子的PSO，改进PSO能有效避免陷入局部最优值，同时能方便了解多种优化参数在控制系统中的性能表现，为控制系统的设计提供便利。最后将该算法应用于低压岸电变流器参数优化中。

5.1 低压岸电变流器控制模型

以第3章所述变流器数学模型为基础，直流量忽略直流谐波，交流量只考虑基波分量，且所有模型均考虑信号采样延时$d(s)$和PWM小惯性特性$p(s)$，则有

$$G_{\mathrm{dp}}(s)=d(s)p(s)=\frac{K_{\mathrm{PWM}}}{0.5(Ts)^2+1.5Ts+1} \tag{5.1}$$

式中，K_{PWM}为桥路PWM的等效增益；T为采样周期。因采用PWM，开关频率远大于基波频率，则式(5.1)可简化为

$$G_{\mathrm{dp}}(s)\approx\frac{K_{\mathrm{PWM}}}{1.5Ts+1} \tag{5.2}$$

即外环采样延时和内环采样延时近似相等。

三相双闭环控制中，外环为负载侧电压控制，内环为电感电流控制，这里只考虑三相对称的情况。

5.1.1 基于旋转坐标系双闭环控制的三相电压型逆变器控制模型

外环和内环均采用传统PI控制，针对直流量，PI能很好地进行无静差跟踪。

增加前馈解耦控制策略后，dq 两轴的控制存在对称性，故只需考虑 d 轴控制。其控制结构框图如图 5.1 所示。

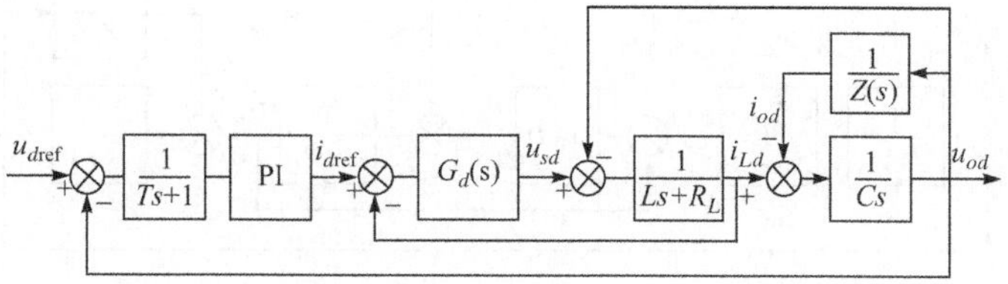

图 5.1　电压型逆变器 d 轴控制结构框图

图 5.1 中，u_{dref}、i_{dref} 分别为 d 轴电压指令信号和 d 轴电流指令信号。L、R_L、Z、C 分别为滤波电感、电感电阻、负载阻抗和滤波电容。内环控制传递函数等效为

$$G_d(s)=\frac{K_{PWM}K_Ps+K_{PWM}K_I}{1.5Ts^2+s} \tag{5.3}$$

式中，K_P 和 K_I 分别为内环比例和积分参数（后面与此相同），该三相逆变总的开环传递函数简化后为

$$G_{open}(s)\approx\frac{A's^2+B's+C'_d}{D's^3+Es^2+Fs} \tag{5.4}$$

式中的系数为

$$\begin{aligned}
&A'=K_{PWM}K_PK'_PZ\\
&B'=K_{PWM}K_IK'_PZ+K_{PWM}K_PK'_IZ\\
&C'_d=K_{PWM}K_IK'_IZ\\
&D'=K_{PWM}K_PCZ+TZ+L\\
&E=K_{PWM}K_P+K_{PWM}K_ICZ+Z+K_{PWM}K_IT\\
&F=K_{PWM}K_I
\end{aligned} \tag{5.5}$$

其中，K'_P 和 K'_I 分别为外环比例和积分参数，则总的闭环传递函数为

$$G_{close}(s)\approx\frac{A's^2+B's+C'_d}{D's^3+(E+A')s^2+(F+B')s+C'_d} \tag{5.6}$$

5.1.2　基于静止坐标系双闭环控制的三相电压型逆变器控制模型

外环采用准比例谐振控制，相对于比例谐振控制，在保证正弦信号无静差控制的同时增加了系统带宽，提高了系统稳定性，其拉普拉斯方程为

$$G_{PR}(s)=K'_P+\frac{2K_Rw_cs}{s^2+2w_cs+w_o^2} \tag{5.7}$$

式中，K_R 是谐振控制参数；w_c 是控制器带宽；w_o 是控制器带宽。内环仅采用比例控制，因该坐标系下无需解耦，本身具有对称性，所以只需考虑其中一轴。图 5.2

为 α 轴控制结构框图。

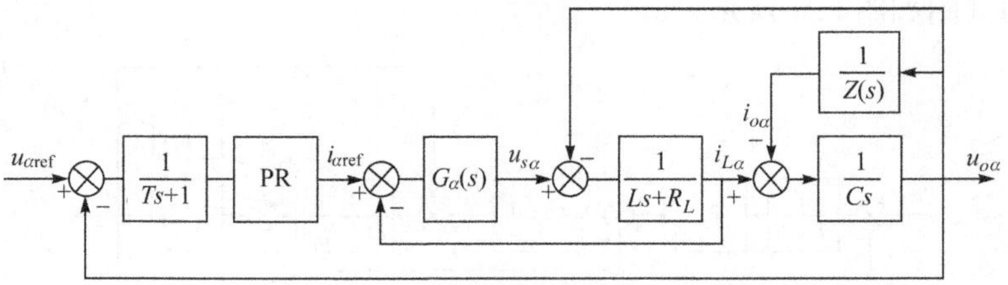

图 5.2　电压型逆变器 α 轴控制结构框图

图 5.2 中，$u_{\alpha\text{ref}}$、$i_{\alpha\text{ref}}$ 分别为 α 轴电压指令信号和 α 轴电流指令信号。因为带 PR 控制的方程阶数较高，所以将整个控制拆开列出。内环控制传递函数等效为

$$G_\alpha(s)=\frac{K_{\text{PWM}}K_{\text{P}}}{1.5Ts+1} \tag{5.8}$$

外环控制的传递函数为

$$G_\alpha(s)\approx\frac{K'_{\text{P}}s^2+A''s+\omega_o^2K'_{\text{P}}}{s^2+2\omega_{\text{c}}s+\omega_o^2} \tag{5.9}$$

式中

$$A''=2\omega_{\text{c}}K'_{\text{P}}+2K_{\text{R}}\omega_{\text{c}} \tag{5.10}$$

内环与被控对象的传递函数为

$$G_{\text{iall}}(s)\approx\frac{B''}{C''_ds+D''} \tag{5.11}$$

式中

$$\begin{aligned}&B''=K_{\text{PWM}}K_{\text{P}}Z\\&C''_d=1.5TZ+L+K_{\text{PWM}}K_{\text{P}}CZ\\&D''=Z+K_{\text{PWM}}K_{\text{P}}\end{aligned} \tag{5.12}$$

则总的闭环传递函数为

$$G_{\text{close}}(s)\approx\frac{E's^2+F's+G}{C''_ds^3+Hs^2+Is+J} \tag{5.13}$$

式中

$$\begin{aligned}&E'=K'_{\text{P}}B''\\&F'=A''B''\\&G=\omega_o^2K'_{\text{P}}B''\\&H=2\omega_{\text{c}}C''_d+D''+E'\\&I=2\omega_{\text{c}}D''+\omega_o^2C''_d+F'\\&J=\omega_o^2D''+G\end{aligned} \tag{5.14}$$

5.1.3　基于旋转坐标系双闭环控制的三相电压型整流器控制模型

外环为直流侧电压 u_{dc} 控制，内环为交流侧电感电流控制，均采用 PI 控制策略。电流环解耦后，dq 轴对称，只需考虑 d 轴便可。图 5.3 为 d 轴控制结构框图。

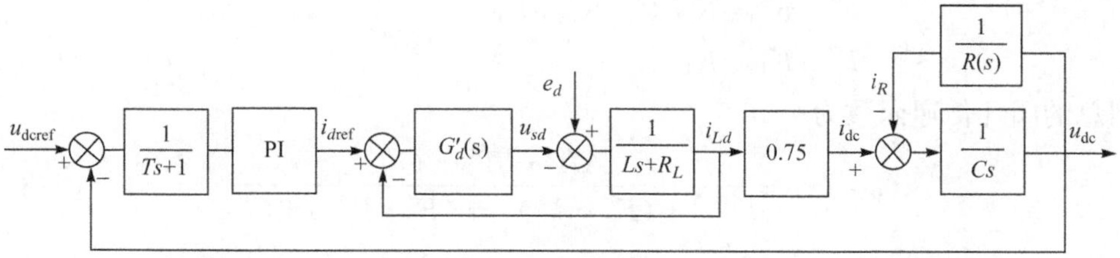

图 5.3　电压型整流器 d 轴控制结构框图

图 5.3 中，C 和 $R(s)$ 分别为直流侧电容和直流侧负载。设三相电流为

$$\begin{cases} i_{La}\approx i_L\sin(\omega t) \\ i_{Lb}\approx i_L\sin(\omega t-120^\circ) \\ i_{Lc}\approx i_L\sin(\omega t+120^\circ) \end{cases} \tag{5.15}$$

式中，i_L 为电流的基波值；ω 为基频；t 为时间。仅考虑开关函数 $S_r(r=a,b,c)$ 的低频分量，可以得到

$$\begin{cases} S_a\approx 0.5m\sin(\omega t+\delta)+0.5 \\ S_b\approx 0.5m\sin(\omega t+\delta-120^\circ)+0.5 \\ S_c\approx 0.5m\sin(\omega t+\delta+120^\circ)+0.5 \end{cases} \tag{5.16}$$

式中，δ 为开关函数的初始相位；m 为 PWM 的调制比。由式(5.15)和式(5.16)，并结合第 3 章中的整流器模型，可得

$$i_{dc}\approx 0.75mi_L\cos\delta \tag{5.17}$$

因为 $m\leqslant 1$，可以推出 $i_{dc}<0.75i_L$（考虑最大增益情况）。忽略电网电压的干扰，电流内环的总传递函数为

$$G''_d(s)\approx\frac{0.75G'_d(s)}{Ls+G'_d(s)} \tag{5.18}$$

式中

$$G'_d(s)\approx\frac{K_{PWM}(K_Ps+K_I)}{1.5Ts^2+s} \tag{5.19}$$

该三相整流总的开环传递函数为

$$G_{open}(s)\approx\frac{A'''s^2+B'''s+C'''_d}{D'''s^3+E''s^2+F''s} \tag{5.20}$$

式中

$$
\begin{aligned}
&A'''=0.75K_{\mathrm{PWM}}K_{\mathrm{P}}K'_{\mathrm{P}}R\\
&B'''=0.75K_{\mathrm{PWM}}K_{\mathrm{I}}K'_{\mathrm{P}}R+0.75K_{\mathrm{PWM}}K_{\mathrm{P}}K'_{\mathrm{I}}R\\
&C'''_d=0.75K_{\mathrm{PWM}}K_{\mathrm{I}}K'_{\mathrm{I}}R\\
&D'''=K_{\mathrm{PWM}}K_{\mathrm{P}}RC\\
&E''=K_{\mathrm{PWM}}K_{\mathrm{I}}RC+K_{\mathrm{PWM}}K_{\mathrm{P}}\\
&F''=K_{\mathrm{PWM}}K_{\mathrm{I}}
\end{aligned}
\tag{5.21}
$$

则总的闭环传递函数为

$$
G_{\mathrm{close}}(s)\approx\frac{A'''s^2+B'''s+C'''_d}{D'''s^3+(E''+A''')s^2+(F''+B''')s+C'''_d} \tag{5.22}
$$

5.2　粒子群优化算法

5.2.1　标准粒子群算法

粒子群算法是一种具有记忆性的智能算法，其记忆性通过速度和位置的更新方式来体现：

$$
v_{ij}(t+1)=wv_{ij}(t)+c_1r_1[x_{ij}^P(t)-x_{ij}(t)]+c_2r_2[x_{gj}^G(t)-x_{ij}(t)] \tag{5.23}
$$

$$
x_{ij}(t+1)=x_{ij}(t)+v_{ij}(t+1) \tag{5.24}
$$

速度和位置的更新是粒子群算法的重要组成部分，x 表示粒子的位置，代表控制参数值；v 表示粒子的速度，代表控制参数值的更新步长；w 为惯性权重，决定了粒子群的当前优化速度对下一次的影响程度；t 为迭代次数；c_1、c_2 为加速常数，同样也影响更新速度大小；r_1、r_2 为[0,1]区间的随机数；i 表示粒子群规模，j 表示粒子的维数，代表需要优化的控制参数数量；x^P 为到当前迭代时的个体最优值；x^G 为到当前迭代时的全局最优值；g 代表某一次优化中的某个粒子。为防止粒子搜索的盲目性，必须对粒子的更新速度进行限制。

5.2.2　粒子群算法的改进

采用标准粒子群优化算法时存在以下问题：当标准粒子群优化进入较差的局部最优区域时，随着粒子群整体逐步朝着局部个体最优和全局最优靠拢，根据式(5.23)可知，$v(t+1)$将不断接近 $wv(t)$，由于惯性权重值小于 1，速度更新将逐渐趋向于一个很小的变量，这将导致控制参数更新步长逐步减小，如果控制参数在更新过程中无法跳出该局部最优区域，加上该优化算法无变异、交叉等跳出局部最优区域的方法，优化将很容易趋于停滞(陷入局部最优值)。

为解决粒子群易陷入局部最优值这一缺陷，本章提出多群体、多速度更新方式的粒子群优化算法，由下述部分组成。

1. 多群体的构成

本章设计的多群体由一个主粒子群和两个子粒子群组成。其中主粒子群为粒子群中的主要优化群体,贯穿于整个优化过程,是其他两个子群体形成的基础。

主粒子群在初始化时,选取适应值较差的部分粒子组成第一个子群体(称为全局辅助粒子群)。选择较差的部分粒子组成该粒子群优化,可以在一定程度上避免与主粒子群优化区域重叠(主粒子群不会朝着本群体中较差粒子的区域进行优化),其主要作用就是扩大粒子群的全局搜索范围,为主粒子群提供更广泛、更优质的全局信息。

主粒子群迭代末期,在全局最优值的基础上形成第二个子群体(称为局部辅助粒子群),其形成公式为

$$x_{ij}(t)=|x_{gj}^{G}(t)+r(0.5-r)x_{gj}^{G}(t)| \tag{5.25}$$

式中,r 为[0,1]区间的随机数,它决定了需要扩大的搜索范围。该粒子群体的局部寻优示意图如图5.4所示。

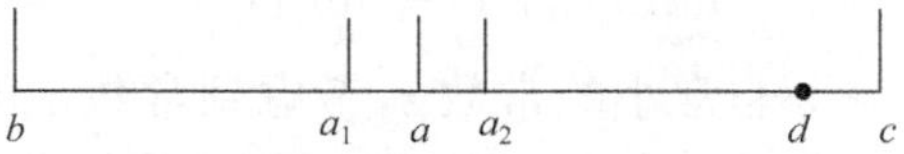

图5.4　局部寻优示意图

图中,a 点为全局优值点,假设此时 d 点处的值更优,而主粒子群在迭代末期只会在$[a_1,a_2]$区间进行寻优,而局部辅助粒子群可以跳出该区间,在$[b,c]$区间进行搜索。该粒子群的作用是扩大粒子群在最优区域的局部搜索范围,在一定概率上为主粒子群提供可能存在的更优值信息。

多粒子群增加了种群的多样性,增强了粒子群的全局优化能力,同时也保证了该粒子群的局部优化能力。

2. 多种速度更新方式的构成

式(5.23)和式(5.24)为主粒子群速度和位置更新方式。为保证更优值存在时,主粒子群能及时更新全局最优值和个体最优值信息,采用的公式为

$$\text{若 } f_x<f_P,\quad x_{ij}^{P}(t)=x_{ij}(t) \tag{5.26}$$

$$\text{若 } f_x<f_G,\quad x_{gj}^{G}(t)=x_{ij}(t) \tag{5.27}$$

式中,f_x 为当前粒子的适应值;f_P 为个体最优适应值;f_G 为全局最优适应值。由式(5.26)和式(5.27)可知,每次迭代全局最优值和个体最优值都将被更优值取代,这有助于主粒子群的优化趋向于更优区域。

全局辅助粒子群的位置更新方式与主粒子群相同,速度更新方式采用两种较为简单的方式:第一种为带压缩因子的更新方式,该方法与式(5.23)类似,同样也

是使粒子群不断趋向于全局最优值和局部最优值。该更新方式的公式为

$$v_{1ij}(t+1)=\psi\{v_{1ij}(t+1)+c_3 r_1[x_{1ij}^P(t)-x_{1ij}(t)]+c_4 r_2[x_{1gj}^G(t)-x_{1ij}(t)]\} \tag{5.28}$$

式中，x_1、v_1 分别代表该子群体的位置和速度；c_3、c_4 为加速常数；压缩因子 ψ 为

$$\psi=\frac{2}{\left|2-\phi-\sqrt{\phi^2-4\phi}\right|} \tag{5.29}$$

$$\phi=c_3+c_4,\quad \phi>4 \tag{5.30}$$

第二种为随机速度更新方式，其目的是使局部辅助粒子群不受个体最优值和全局最优值的影响，以粒子自身速度为基础进行随机更新。该方式有一定概率改变该粒子群的寻优趋势。

联立式(5.23)和式(5.24)，设 $c_i r_i(i=1,2)$ 分别为定值 γ_1 和 γ_2，省略下标(只考虑单个粒子)可得

$$x(t+1)=x(t)+wv(t)+\gamma_1[x^P(t)-x(t)]+\gamma_2[x^G(t)-x(t)] \tag{5.31}$$

当粒子群收敛时，有如下等式成立：

$$\lim_{t\to\infty}x(t+1)=\lim_{t\to\infty}x(t) \tag{5.32}$$

$wv(t)$ 在收敛时将趋于一个非常小的常数 ε，考虑到常数 ε 可以忽略不计，个体最优值和全局最优值为 x^P、x^G 在收敛时可以认定是定值，结合式(5.31)和式(5.32)，可以得出

$$\lim_{t\to\infty}x(t)=\alpha x^P+\beta x^G \tag{5.33}$$

式中，$\alpha=\frac{\lambda_1}{\lambda_1+\lambda_2}$，$\beta=\frac{\lambda_2}{\lambda_1+\lambda_2}\in[0,1]$。式(5.33)必小于一个常数值，该常数设置为 A。考虑式(5.24)，可以推出

$$0<x(t+1)<A \tag{5.34}$$

根据式(5.24)和式(5.34)可推出

$$0<x(t)+v(t+1)<A \tag{5.35}$$

进一步可以推出

$$-x(t)<v(t+1)<A-x(t) \tag{5.36}$$

由式(5.36)可知，下一次粒子的速度与当前粒子的位置有关，且粒子的更新速度有界。优化初期，有部分粒子更新速度快，而在优化的中后期，为保证更新速度并不总是在边界上，需要设定 $A<v_{\max}$，同时将粒子乘以较小的系数。参考式(5.23)、式(5.33)和式(5.36)并考虑速度更新的随机性，可得更新公式为

$$v_{1ij}(t+1)=\omega v_{1ij}(t)+\frac{v_{\max}}{2}+(0.5-r)x_{1ij}(t) \tag{5.37}$$

式中，r 为[0,1]区间的随机数；$v_{\max}$ 为其最大更新速度。当粒子尚未收敛时，式(5.37)可能覆盖整个速度限制区间，加上该更新方式随机性大(无最优值引导)，

故更新频率不能太高(防止粒子盲目搜索),设置其更新概率为 0.1。为保证更优的新区域信息能让全局辅助粒子群及时掌握,存在与式(5.26)和式(5.27)相同的全局最优值和个体最优值更新公式。

主粒子群和全局辅助粒子群的速度更新方式不同,目的是进一步减少两个群体的优化趋向于同一个区域的可能性(在未搜寻到优化区间内的全局最优区域时)。而全局辅助粒子群采用多种速度更新方式,增加了其优化方式的多样性,有效地保证了扩大搜索空间的能力。

局部辅助粒子群无速度更新,只在全局最优值附近进行搜索。

5.3　变流器控制的目标函数研究

目标函数为 PSO 当前寻优区域好坏的唯一评价标准,以目标函数的适应值大小作为优化好坏的评判标准,同时也是 PSO 的优化依据。本章中的 PSO 主要以系统性能指标为优化目标,系统性能指标往往需综合考虑多个单性能指标,因各指标之间总是相互矛盾,所以让所有指标都达到最优,一般难以实现。通过对多目标进行权衡,协调好各性能指标之间的关系,就能保证各个指标均能满足决策者所期望的性能状态。

5.3.1　多种目标函数的选取

本章的目标函数由多个单一函数组成。第一种为总谐波畸变率(total harmonic distortion,THD),其能直观表达交流量的波形质量:交流电越接近标准正弦波,THD 越低。THD 公式为

$$\mathrm{THD}=\frac{\sqrt{\sum_{n=2}^{\infty}U_n^2}}{U_1} \tag{5.38}$$

式中,U_1 为某一交流电的基波幅值;U_n 为各次谐波幅值。

第二种为时间乘以误差绝对值积分(integrated time absolute error,ITAE),该函数可以表明直流反馈信号收敛时间的快慢,误差可以体现与期望信号的接近程度:时间越短的同时误差越小,表明系统收敛越快,且跟踪性能越好。ITAE 公式为

$$\mathrm{ITAE}=\int_0^{\infty}t\mid e(t)\mid \mathrm{d}t \tag{5.39}$$

式中,t 代表时间;$e(t)$代表直流指令信号与反馈信号的误差。

第三种为误差绝对值积分(integrated absolute error,IAE),该函数主要是检测一段时间内的误差面积,了解交流反馈信号接近指令信号的情况:误差面积越小,跟踪性能越好。IAE 公式为

$$\mathrm{IAE}=\int_{0}^{\infty}|e(t)|\,\mathrm{d}t \tag{5.40}$$

式中，$e(t)$代表指令信号与交流反馈信号的误差。

5.3.2　目标函数的建立

本书将三种指标函数以不同系数及不同组合方式组合成多输入、单输出的目标函数。通过目标函数的建立来了解变流器各部分和总体变流系统的运行状况，为改进粒子群提供一个优化评判标准和依据。

第一种组合将式(5.38)和式(5.39)进行组合，该组合公式为

$$\mathrm{Fitness}=a\int_{0}^{\infty}t\,|e(t)|\,\mathrm{d}t+b\frac{\sqrt{\sum_{n=2}^{\infty}U_n^2}}{U_1} \tag{5.41}$$

式中，a 和 b 为常系数。该公式运用于旋转 dq 轴控制的三相逆变，其目的是加快直流反馈电压跟踪指令电压的速度，同时保证该反馈电压波形的质量和稳定性较好。

第二种组合将式(5.38)和式(5.40)进行组合，该组合公式为

$$\mathrm{Fitness}=c\int_{0}^{\infty}|e(t)|\,\mathrm{d}t+d\frac{\sqrt{\sum_{n=2}^{\infty}U_n^2}}{U_1} \tag{5.42}$$

式中，c、d 为常系数。该公式运用于单相逆变和静止 dq 轴控制的三相逆变，其目的是保证交流反馈电压能很好地跟踪指令电压，同时也保证该反馈电压波形的质量和稳定性较好。

a、b、c、d 取值的不同，表示在目标函数中的单一函数所占的比重关系，值越大所占比重越大。

改进的粒子群流程图如图 5.5 所示，其中 iter 为当前的迭代次数，maxiter 为最大迭代次数。主粒子群的初始化是在控制参数的选取区间内随机产生一组粒子群，其公式为

$$x(t)=r(u^p-u^l)+u^l \tag{5.43}$$

式中，u^p 和 u^l 为控制参数优化区间的上限值和下限值。初始粒子群同时需要给个体最优初始值(个体最优初始值由初始化的粒子群本身赋值)和全局最优初始值赋值(全局最优初始值则由初始化的粒子群中目标函数值最小的粒子赋值)。全局辅助粒子群中的粒子由主粒子群中目标函数值较大的部分粒子群组成，其个体最优初始值和全局最优初始值赋值方式与主粒子群相同。主粒子群体和全局辅助粒子群每次迭代都进行速度、位置更新和个体最优值、全局最优值的更优值替换。

迭代初期，惯性权重值较大，主粒子群的寻优能力强，而此时全局辅助粒子群

因粒子质量较差，不参与主粒子群的优化。优化中期（10～20 代），对主粒子群中的差粒子进行变异，以期望其在一定程度上能增加该群体的多样性。优化后期（20 代以后），主粒子群因逐渐向最优值靠拢，其多样性必将减弱，此时全局辅助粒子群因多种速度方式的不断更新，已能搜索到更优值区域，该辅助群体在此时的作用是为主粒子群提供更多优质信息，防止其陷入局部最优值。优化末期（29 代后），因全局辅助粒子群已基本上进入全局最优区域而失去全局作用，此时局部辅助粒子群帮助主粒子群扩大了局部搜索区域，以期寻找到更优个体信息。

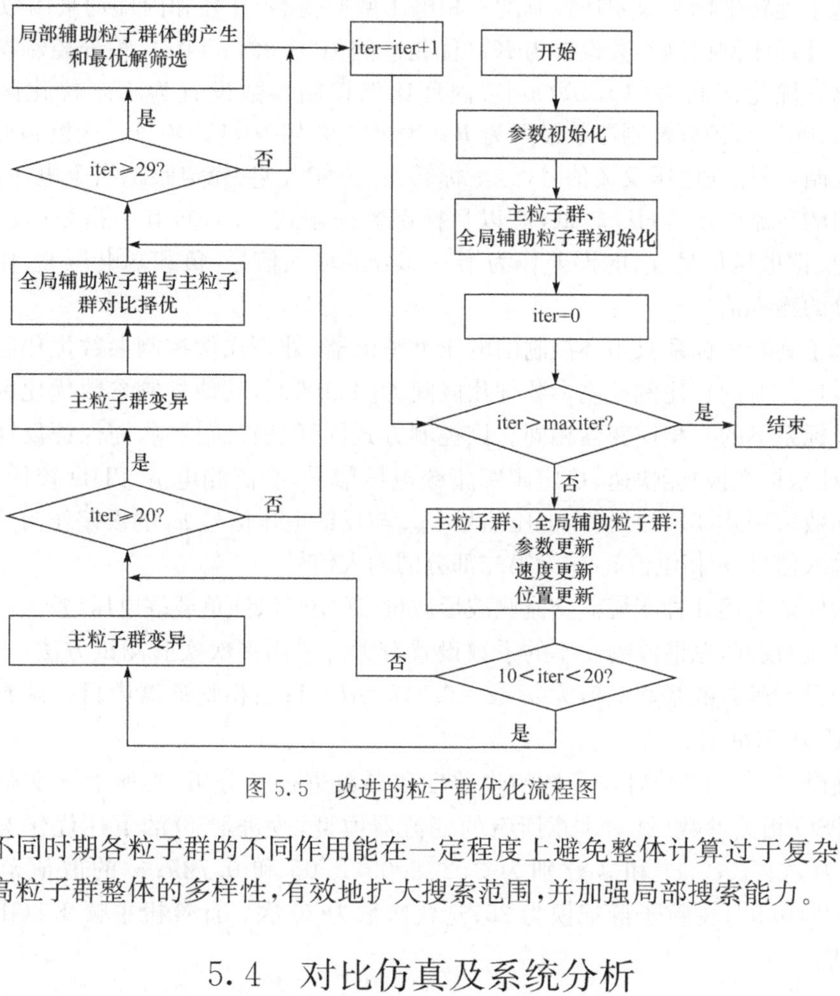

图 5.5　改进的粒子群优化流程图

不同时期各粒子群的不同作用能在一定程度上避免整体计算过于复杂，同时能提高粒子群整体的多样性，有效地扩大搜索范围，并加强局部搜索能力。

5.4　对比仿真及系统分析

5.4.1　模型参数及其优化参数的选取

因为被控对象不同，所以实验时没有给出统一的优化区间，不同的变流器对应的优化区间会有所不同。

基于静止坐标系双闭环控制的三相电压型逆变器,外环采用数字准 PR 控制,内环采用数字 P 控制。外环比例控制参数设置为 K'_P(优化区间为[0.1,1500]),谐振控制参数设置为 K_R(优化区间为[1,8000]),带宽设置为 w_c(优化区间为[1,5]);内环比例控制参数设置为 K_P(优化区间为[1,1000])。该控制形式为交流控制,需保证反馈电压信号能稳定跟踪指令电压信号,且 THD 较低,所以目标函数采用式(5.42),其中指令电压信号 $u_{\alpha ref}$ 与反馈电压信号 $u_{o\alpha}$ 的误差作为第一部分的输入信号,负载端电压 u_{oa} 作为第二部分的输入信号。

基于旋转坐标系双闭环控制的三相电压型逆变器,外环和内环均采用数字 PI 控制。外环比例控制参数设置为 K'_P(优化区间为[0.09,1500]),积分控制参数设置为 K'_I(优化区间为[10,10000]);内环比例控制参数设置为 K_P(优化区间为[0.09,1000]),积分控制参数设置为 K_I(优化区间为[10,10000])。该控制形式为直流控制,需保证电压反馈信号(经坐标转换后)能快速、稳定跟踪指令电压信号,且输出的交流电压 THD 较低,所以目标函数采用式(5.41),其中指令电压信号 u_{dref} 与反馈电压信号 u_{od} 的误差作为第一部分的输入信号,负载端电压 u_{oa} 作为第二部分的输入信号。

基于旋转坐标系双闭环控制的电压型整流器,外环比例控制参数优化区间为[0.01,1500],内环比例控制参数优化区间为[1,1000],其他控制参数优化区间与旋转坐标系下的三相逆变器相同。该控制方式同样是直流控制,需保证反馈电压信号(经坐标变换)能快速、稳定跟踪指令电压信号,交流侧电流 THD 较低,所以目标函数采用式(5.41),指令电压信号 u_{dcref} 与反馈电压信号 u_{dc} 的误差作为第一部分的输入信号,u 相电流 i_u 作为第二部分的输入信号。

为保证上述几种变流器交流侧波形质量(逆变则保证负载端电压,整流则保证网侧电流)较好,总谐波畸变率的系数设置较大。采用多次实验测试方法,三相逆变器中目标函数的系数取值为 $a=c=0.1$,$b=d=1$;三相整流器中目标函数的系数为 $a=0.5$,$b=1$。

文献[15]~[20]对粒子群的收敛性和参数进行了分析,参照上述文献可得改进 PSO 相关参数(针对本章所有的变流器模型,改进 PSO 的下述优化参数均不变)为 c_1、c_2、c_3、c_4 和 ψ 分别为 2、2、2.05、2.05 和 0.729;w 的取值范围为[0.4925,0.9];主粒子群规模为 25;迭代次数为 30 次。计算机主频 2.8GHz,内存 4GB。

5.4.2 仿真实验结果对比

1. 不同 PSO 对比

将标准 PSO 和基于压缩因子的 PSO 分别以不同最大更新速度(150、200 和

300)或者不同粒子群规模对 5.1 节中的不同形式变流器分别进行 5 次优化(其他优化参数相同)。

1) 电压型三相逆变系统(旋转坐标系控制)

当最大更新速度为 150 时,标准 PSO 和基于压缩因子的 PSO 优化结果如表 5.1 所示。

表 5.1　最大更新速度为 150 时两种 PSO 优化分析

标准 PSO					
序号	1	2	3	4	5
适应值	0.041	0.368	0.36	0.363	0.007
基于压缩因子的 PSO					
序号	1	2	3	4	5
适应值	0.943	1.723	0.36	0.966	0.702

当最大更新速度为 200 时,标准 PSO 和基于压缩因子的 PSO 优化结果如表 5.2 所示。

表 5.2　最大更新速度为 200 时两种 PSO 优化分析

标准 PSO					
序号	1	2	3	4	5
适应值	0.308	0.34	0.896	0.36	0.017
基于压缩因子的 PSO					
序号	1	2	3	4	5
适应值	0.359	0.408	0.408	0.791	0.008

当最大更新速度为 300 时,标准 PSO 和基于压缩因子的 PSO 优化结果如表 5.3 所示。

表 5.3　最大更新速度为 300 时两种 PSO 优化分析

标准 PSO					
序号	1	2	3	4	5
适应值	0.428	0.005	0.429	0.354	0.005
基于压缩因子的 PSO					
序号	1	2	3	4	5
适应值	0.007	0.36	3.43	0.374	0.845

当粒子群规模为 70(最大速度为 150)时,标准 PSO 和基于压缩因子的 PSO 优化结果如表 5.4 所示。

表 5.4 粒子群规模为 70 时两种 PSO 优化结果

标准 PSO					
序号	1	2	3	4	5
适应值	0.36	0.335	0.347	0.754	0.346
基于压缩因子的 PSO					
序号	1	2	3	4	5
适应值	0.317	0.008	0.008	0.386	0.29

从表 5.1～表 5.4 可以看出,针对电压型三相逆变系统(旋转坐标系控制),两种 PSO 优化结果极其不稳定,容易优化出较差结果(适应值大于 0.05)。

图 5.6(a)为表 5.1 中标准 PSO 第 1 组优化的适应值(全局最优适应值,后面相关曲线均代表全局最优适应值变化曲线)变化曲线图;图 5.6(b)为表 5.4 中基于压缩因子的 PSO 第 1 组优化的适应值变化曲线图。

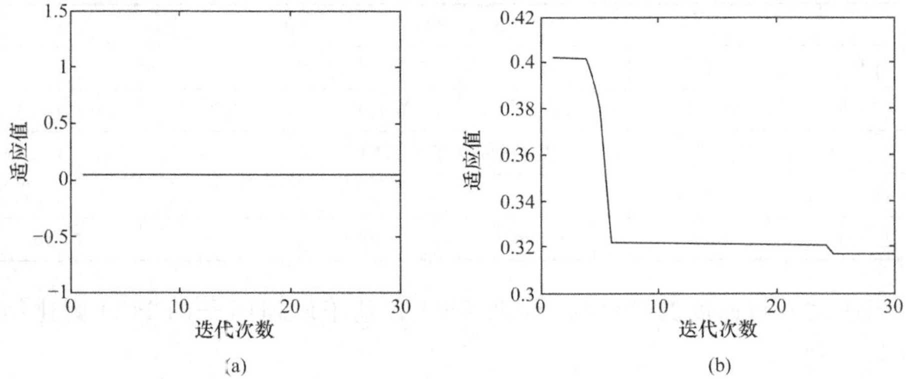

图 5.6 两种 PSO 某组优化适应值变化曲线图

由图 5.6(a)可知,标准粒子群一开始就陷入局部最优值而导致优化停滞;由图 5.6(b)可知,在优化初期基于压缩因子的 PSO 适应值有所下降,但在优化中期一直处于停滞状态,虽在优化后期又有一个下降过程,但最终优化停滞在局部最优区域。

2) 电压型三相逆变系统(静止坐标系控制)

当最大更新速度为 150 时,标准 PSO 和基于压缩因子的 PSO 优化结果如表 5.5 所示。

表 5.5　最大更新速度为 150 时两种 PSO 优化分析

标准 PSO					
序号	1	2	3	4	5
适应值	1.142	5.838	5.837	0.097	0.096
基于压缩因子的 PSO					
序号	1	2	3	4	5
适应值	1.679	2.449	1.687	5.271	5.21

当最大更新速度为 200 时，标准 PSO 和基于压缩因子的 PSO 优化结果如表 5.6 所示。

表 5.6　最大更新速度为 200 时两种 PSO 优化分析

标准 PSO					
序号	1	2	3	4	5
适应值	1.742	1.649	5.838	0.048	0.098
基于压缩因子的 PSO					
序号	1	2	3	4	5
适应值	1.649	0.096	0.097	1.644	0.724

当最大更新速度为 300 时，标准 PSO 和基于压缩因子的 PSO 优化结果如表 5.7 所示。

表 5.7　最大更新速度为 300 时两种 PSO 优化分析

标准 PSO					
序号	1	2	3	4	5
适应值	1.649	1.687	0.08	5.838	5.837
基于压缩因子的 PSO					
序号	1	2	3	4	5
适应值	1.59	1.674	5.839	0.098	1.7

当粒子群规模为 70(最大速度为 150)时，标准 PSO 和基于压缩因子的 PSO 优化结果如表 5.8 所示。

表 5.8 粒子群规模为 70 时两种 PSO 优化结果

标准 PSO					
序号	1	2	3	4	5
适应值	1.65	1.637	5.838	1.579	1.623
基于压缩因子的 PSO					
序号	1	2	3	4	5
适应值	1.648	0.049	1.71	1.66	1.589

3）电压型三相整流系统

当最大更新速度为 150 时，标准 PSO 和基于压缩因子的 PSO 优化结果如表 5.9 所示。

表 5.9 最大更新速度为 150 时两种 PSO 优化分析

标准 PSO					
序号	1	2	3	4	5
适应值	0.573	0.025	0.571	0.579	0.58
基于压缩因子的 PSO					
序号	1	2	3	4	5
适应值	0.517	0.597	0.521	0.6	0.591

当最大更新速度为 200 时，标准 PSO 和基于压缩因子的 PSO 优化结果如表 5.10 所示。

表 5.10 最大更新速度为 200 时两种 PSO 优化分析

标准 PSO					
序号	1	2	3	4	5
适应值	0.572	0.583	0.578	0.577	0.573
基于压缩因子的 PSO					
序号	1	2	3	4	5
适应值	1.263	0.575	0.58	0.583	0.573

当最大更新速度为 300 时，标准 PSO 和基于压缩因子的 PSO 优化结果如表 5.11 所示。

表 5.11 最大更新速度为 300 时两种 PSO 优化分析

标准 PSO					
序号	1	2	3	4	5
适应值	0.572	0.568	0.571	0.57	0.581
基于压缩因子的 PSO					
序号	1	2	3	4	5
适应值	0.576	0.577	0.573	0.575	0.576

从表 5.1～表 5.11 中可以看出，在不同最大更新速度或者不同粒子群规模情况下，标准 PSO 和基于压缩因子的 PSO 针对不同变流器虽能在一定概率上优化出优值，但优化陷入局部最优值而导致优化效果较差的可能性更大。三相逆变系统适应值大于 0.1、三相整流系统适应值大于 0.1 时优化效果为较差情况，其原因是：①在大区间寻优时，适应值相差不大的区间多，粒子群更容易受到错误历史经验的影响；②两种粒子群速度更新方式单一，粒子趋向于个体和全局最优值这一特性将会导致粒子群在优化后期失去多样性；③一旦优化陷入局部最优值，因其本身缺少跳出局部最优值状态的能力，所以优化便会停滞。

为证明改进 PSO 的有效性，将改进 PSO 针对不同变流器分别优化 30 次（最大更新速度为 150）。

针对电压型三相逆变系统（静止坐标系），表 5.12 为经改进 PSO 优化 30 次的统计结果。

表 5.12 改进 PSO 的 30 次优化统计结果

项目	最差粒子	最好粒子	平均	方差
适应值	0.059	0.049	0.0529	6.46×10^{-6}

从表 5.12 可以看出，30 次优化的数据较为稳定，优化均能达标。表 5.13 为随机抽取的 5 个优化结果。

表 5.13 随机抽取的 5 次优化结果

序号	K_P'	K_R	K_P	w_c
1	0.17	23.7	4.96	1.57
2	0.1	39.3	7.5	1.8
3	0.177	69	5.94	1.572
4	0.13	46.88	8.18	1.56
5	0.1	66.94	6.36	1

表 5.13 中 5 次优化参数的适应值大小、负载端电压(因三相对称,只考虑单个线电压 U_{oab})的 THD 及其基波幅值,如表 5.14 所示。

表 5.14 5 次优化结果分析

序号	适应值	THD/%	基波幅值/V
1	0.059	0.73	537.3
2	0.058	0.68	536.8
3	0.057	0.68	537.0
4	0.053	0.96	535.0
5	0.059	0.73	534.7

表 5.14 中,5 次优化结果的直流侧电压稳压精度小于 2%,负载端电压总谐波畸变率能保证在 5%以下。图 5.7 分别为表 5.14 中的第 2 组和第 3 组控制参数在三相逆变系统中总的开环传递函数伯德图(Bode 图)。

图 5.7(a)中,增益裕量为无穷大,相位裕量为 103.6°,相位交界频率为无穷小,增益交界频率为 1140.5rad/s。图 5.7(b)中,增益裕量为无穷大,相位裕量为 112.3°,相位交界频率为无穷小,增益交界频率为 1705.4rad/s。从两组数据的 Bode 图可知,优化的控制参数能保证三相逆变系统稳定。

图 5.8 为表 5.12 中 30 次优化的某一次优化适应值变化曲线。

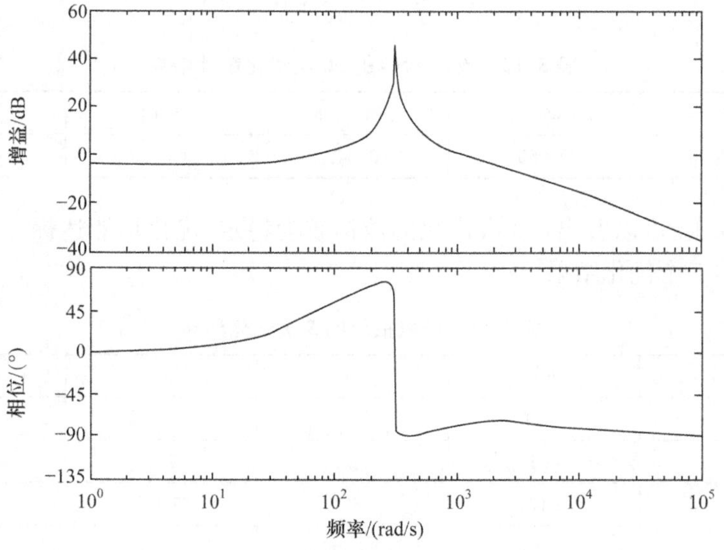

(a) 第2组参数Bode图

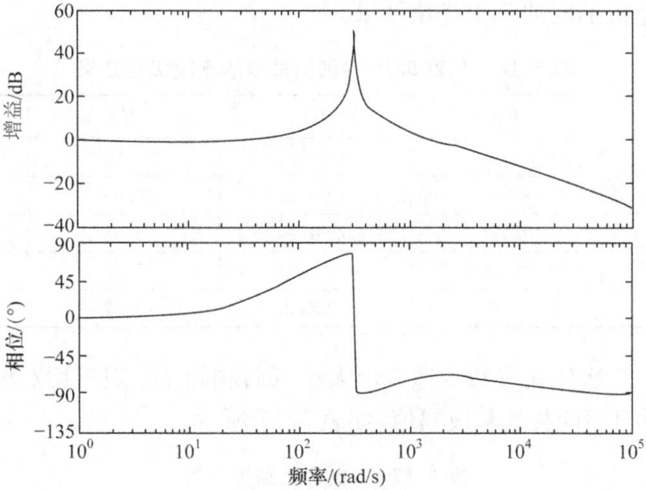

(b) 第3组参数Bode图

图 5.7　三相逆变系统开环传递函数 Bode 图

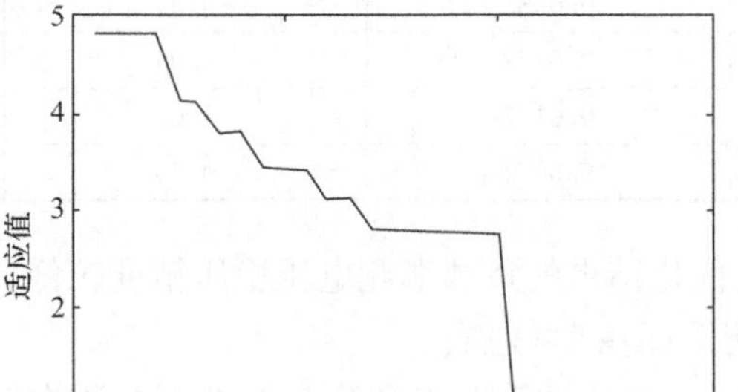

图 5.8　适应值变化曲线图

优化迭代初期，适应值有一个快速下降过程；迭代中期，优化开始陷入停滞状态；迭代后期，全局辅助粒子群帮助主粒子群跳出了优化停滞状态，适应值继续下降至全局优值区域；局部辅助粒子群在迭代末期尝试扩大局部优化范围以期寻找更优值。

针对电压型三相逆变系统(旋转坐标系)，表 5.15 为经改进 PSO 优化 30 次的统计结果。

表 5.15　改进 PSO 的 30 次优化统计结果

项目	最差粒子	最好粒子	平均	方差
适应值	0.0045	0.0167	0.0069	9.61×10^{-6}

从表 5.15 可以看出，30 次优化的数据较为稳定，优化效果较好。表 5.16 为

从表 5.15 中随机抽取的 5 次优化结果。

表 5.16　从表 5.15 中随机抽取的 5 次优化结果

序号	K'_P	K'_I	K_P	K_I
1	0.09	0.00129	7.16	0.00546
2	0.09	0.00211	6.06	0.00994
3	0.137	0.00716	6.98	0.019
4	0.13	0.00307	7.52	0.0011
5	0.09	0.02459	9.67	0.0106

表 5.16 中 5 次优化参数的适应值大小、负载端电压(因三相对称,只考虑单个线电压 U_{oab})的 THD 及其基波幅值,如表 5.17 所示。

表 5.17　5 次优化结果分析

序号	适应值	THD/%	基波幅值/V
1	0.0138	0.73	544.0
2	0.0085	0.54	547.4
3	0.0128	1.05	540.6
4	0.0167	1.03	538.9
5	0.0074	0.55	541.5

表 5.17 中,5 次优化结果的负载端侧电压稳压精度较低(小于 5%),网侧谐波电流总谐波畸变率能保证在 1%左右。

图 5.9 分别为表 5.17 中的第 1 组和第 3 组控制参数在三相逆变系统中总的开环传递函数 Bode 图。

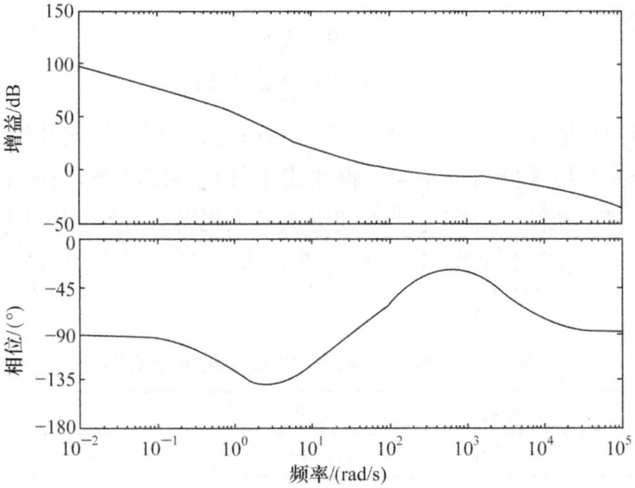

(a) 第1组参数Bode图

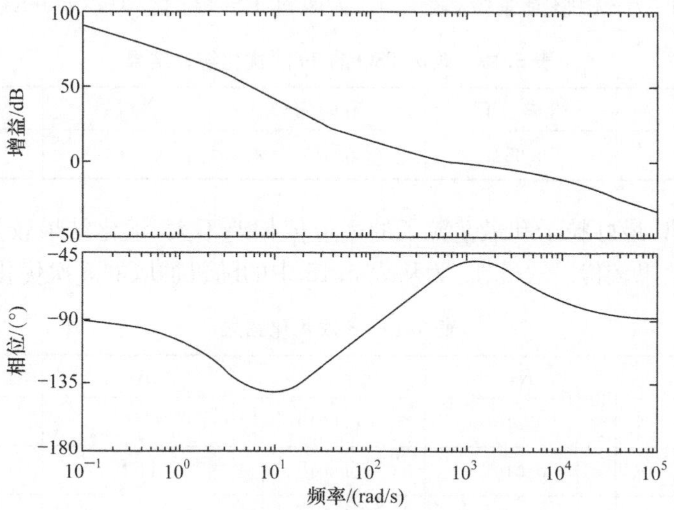

(b) 第3组参数Bode图

图 5.9　开环传递函数 Bode 图

图 5.9(a)中,增益裕量为无穷大,相位裕量为 118.2°,相位交界频率为无穷小,增益交界频率为 97.3rad/s。图 5.10(b)中,增益裕量为无穷大,相位裕量为 127.1°,相位交界频率为无穷小,增益交界频率为 711.6rad/s。从两组数据的 Bode 图可知,优化的控制参数能保证三相逆变系统稳定。

图 5.10 为表 5.15 中 30 次优化的某一次优化适应值变化曲线。

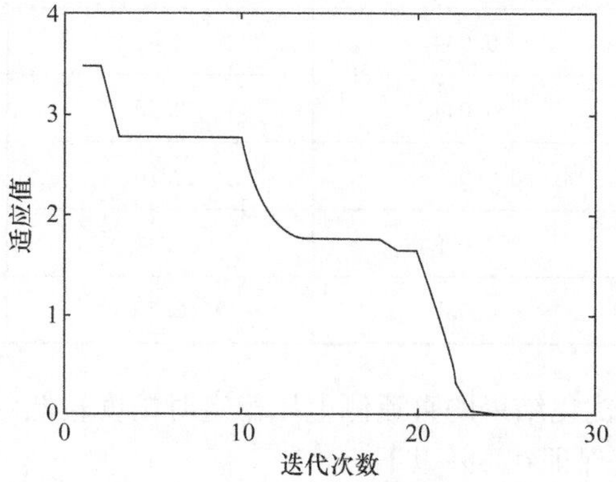

图 5.10　适应值变化曲线图

优化迭代初期至后期适应值一直下降至全局优值区域,迭代后期全局辅助粒子群加速了下降过程;局部辅助粒子群只在迭代末期尝试增强局部优化能力,搜索更优值。

针对电压型三相整流系统，表 5.18 为改进 PSO 优化 30 次后的统计结果。

表 5.18　改进 PSO 的 30 次优化统计结果

项目	最差粒子	最好粒子	平均	方差
适应值	0.054	0.025	0.0318	4×10^{-5}

可以看出，最好粒子和最差粒子的适应值相差不大，优化结果较为平稳，能保证每次优化效果较优。表 5.19 为从表 5.18 中的随机抽取的 5 次优化结果。

表 5.19　5 次优化结果

序号	K'_{P}	K'_{I}	K_{P}	K_{I}
1	0.010	0.0010	7.5	0.0130
2	0.010	0.0010	11.0	0.0040
3	0.010	0.0016	11.3	0.0285
4	0.018	0.0010	7.2	0.0246
5	0.010	0.0028	7.7	0.0300

表 5.19 中 5 次优化参数的适应值大小、网侧电流（因三相对称，只考虑一相数据）的 THD 及直流侧稳定时的峰峰值大小，如表 5.20 所示。

表 5.20　5 次优化结果分析

序号	适应值	THD/%	峰峰值/V
1	0.044	2.58	0.27
2	0.044	2.75	0.22
3	0.037	2.70	0.20
4	0.039	2.40	0.30
5	0.037	2.55	0.25

表 5.20 中，5 次优化结果的直流侧电压稳定时精度较低（小于 2%），网侧谐波电流总谐波畸变率能保证在 5%以下。

第 3 组和第 4 组总的开环传递函数 Bode 图如图 5.11 所示。

图 5.11(a)中，增益裕量为无穷大，相位裕量为 6.5°，相位交界频率为无穷小，增益交界频率为 104.5rad/s；图 5.11(b)中，增益裕量为无穷大，相位裕量为 11.9°，相位交界频率为无穷小，增益交界频率为 83.0rad/s。从两组 Bode 图可以看出，优化的控制参数能够保证三组整流系统稳定。

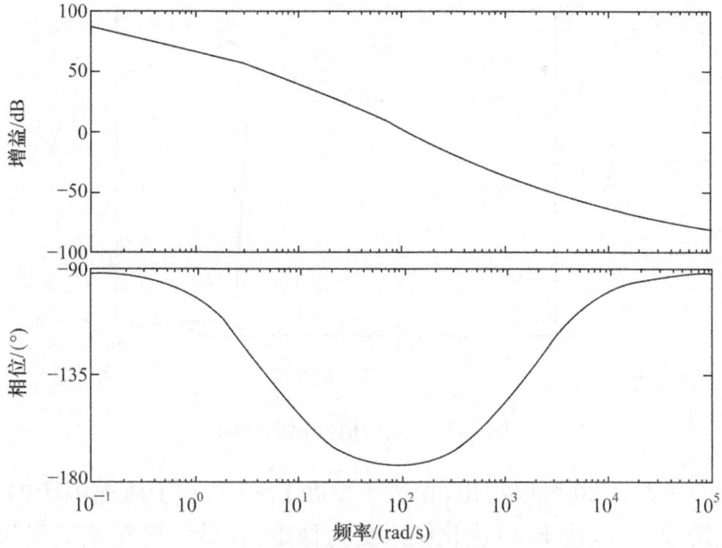

(a) 第3组参数Bode图

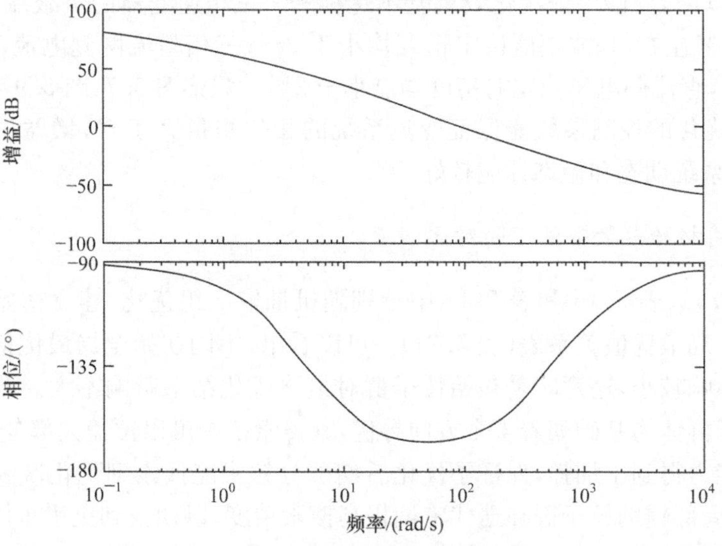

(b) 第4组参数Bode图

图 5.11　三相整流系统开环传递函数 Bode 图

图 5.12 为表 5.18 中 30 次优化的某一次优化适应值变化曲线。

优化迭代初期，适应值有一个较缓的下降过程；迭代中期，优化开始陷入停滞状态；迭代后期，全局辅助粒子群帮助主粒子群跳出了优化停滞状态，适应值有个快速下降过程；迭代末期，粒子群已进入全局优值区域，局部辅助粒子群值作为局部寻优群体，为主粒子群提供可能存在的更优个体粒子。

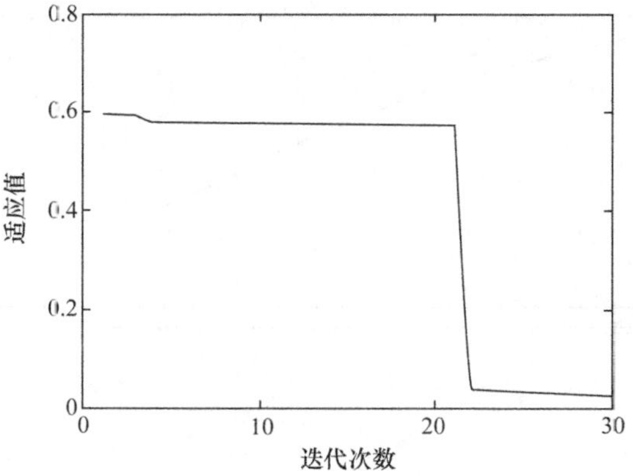

图 5.12　适应值变化曲线图

从表 5.1～表 5.20 可以看出，相比于标准 PSO 和基于压缩因子的 PSO，针对不同变流系统模型，改进 PSO 优化结果更为稳定，在最大更新速度仅为 150、粒子规模仅为 25 时，就能保证优化效果基本达标——三相逆变器的负载端电压 THD 基本处于 1%左右，基波幅值稳定精度均小于 2%；三相整流网侧电流 THD 都能在 5%以下，直流侧电压稳定时精度均能小于 2%。观察图 5.7、图 5.9 和图 5.11，改进 PSO 优化的控制参数能保证变流系统的相位裕量大于 0°，增益裕量为无穷大，保证了系统动态和稳态性能较好。

2. 不同初始参数条件下的对比

从表 5.12、表 5.15 和表 5.18 中分别随机抽取 5 组优化，建立初始全局最优值与最终全局最优值关系表(表 5.21)。可以看出，不同初始全局最优值对最终全局最优值影响较小，这意味着初始粒子群对最终优化结果影响不大。改进粒子群以初始粒子群体为基础朝着多个方向寻优，其搜索范围可以覆盖大部分给定区域，全局优化能力得到了加强，保证了优化后期部分粒子能搜索到优化区间内的全局最优区域；局部辅助粒子群在迭代末期提高搜索精度，以期找到更优个体值。优化过程存在随机性，每次优化结果可能不完全一致，但优化结果均满足要求。

表 5.21　改进粒子群初始最优值与最终最优值关系表

序号	初始全局最优适应值	最终全局最优适应值
三相逆变优化组(静止坐标系)		
1	5.838	0.0534
2	1.8262	0.0572

续表

序号	初始全局最优适应值	最终全局最优适应值
3	3.3511	0.0590
4	2.4491	0.0550
5	2.2117	0.0534
三相逆变优化组(旋转坐标系)		
1	0.0350	0.0091
2	0.0417	0.0075
3	0.2027	0.0045
4	3.4627	0.0047
5	0.3334	0.0076
三相整流		
1	0.6035	0.0337
2	0.6012	0.0250
3	0.5979	0.0262
4	0.5975	0.0269
5	0.5887	0.0344

5.5 实验验证

为验证参数的正确性，按照仿真参数搭建与之对应的实验平台(三相逆变和三相整流实验平台)，如图 5.13 所示。

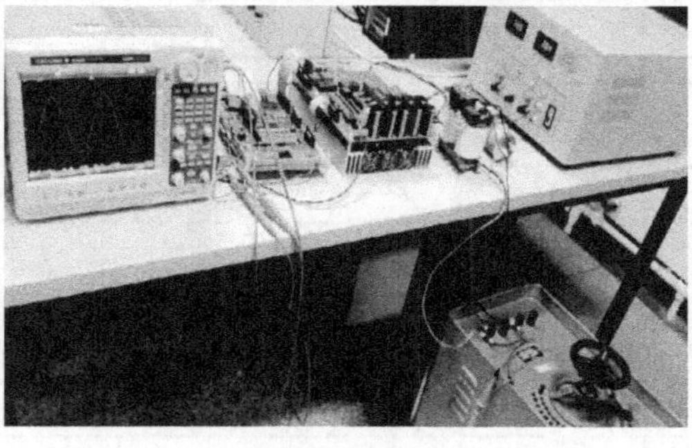

图 5.13　实验样机

1. 三相逆变(旋转坐标系)

表 5.22 为表 5.16 中第 1、2 和 3 组参数实验结果(三相对称，只给出一相数据)。

表 5.22 三组逆变参数实验结果

序号	THD/%	基波幅值/V
1	1.2	541.3
2	1.19	540.6
3	1.1	541.3

图 5.14 为第 2 组输出电压的 FFT 分析，各次谐波中最高谐波含量约为 0.74%，其他次谐波都较低，THD 为 1.19%。

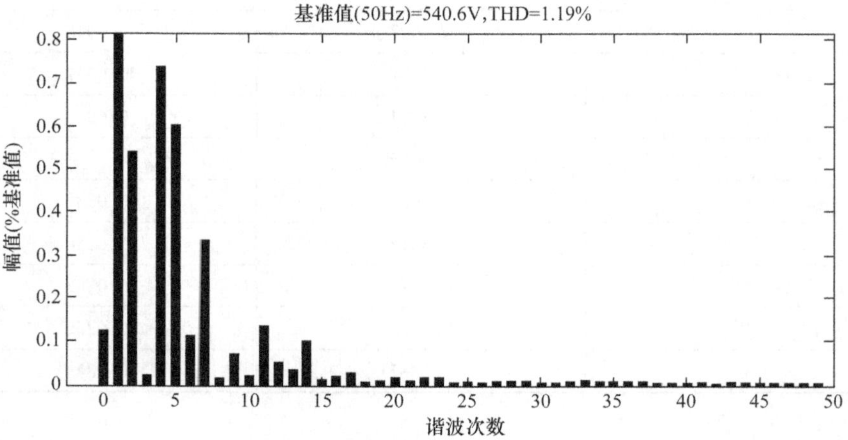

图 5.14 第 2 组输出电压 FFT 分析

图 5.15 为第 2 组带载稳定时的输出波形，其中三相负载电压分别为 CH1、

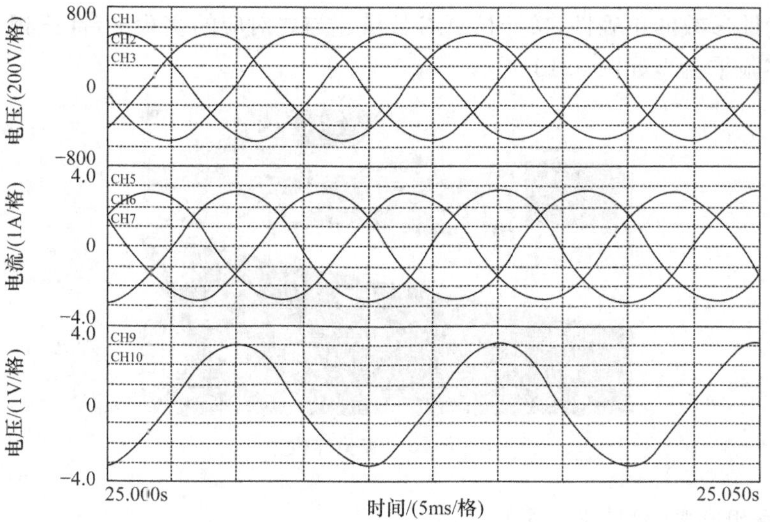

图 5.15 三相逆变输出波形

CH2 和 CH3 通道；三相负载电流分别为 CH5、CH6、CH7 通道；a 相电压指令信号及其反馈信号(DA 输出)分别为 CH9 和 CH10 通道。

当突加负载时(a 相电流从 0 突加到 2.83A)，其波形如图 5.16 所示。

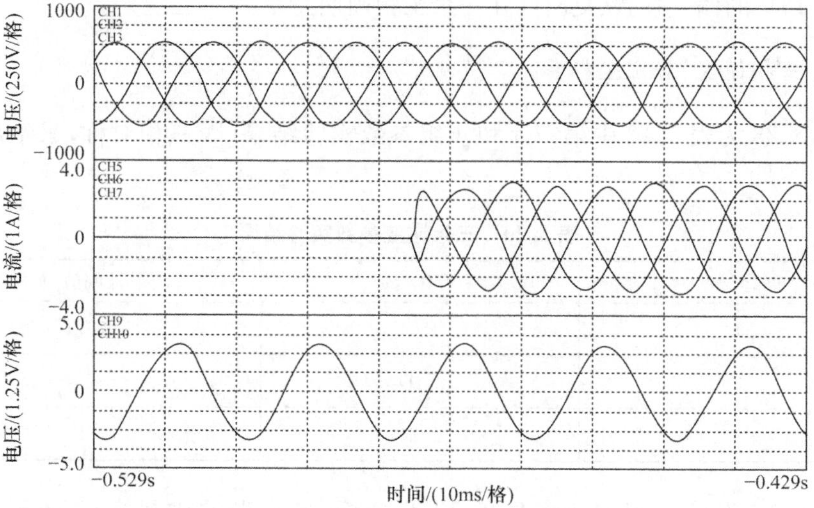

图 5.16 突加负载时波形图

当负载从满载突然卸载时(a 相电流从 2.83A 突降到 0)，其波形如图 5.17 所示。

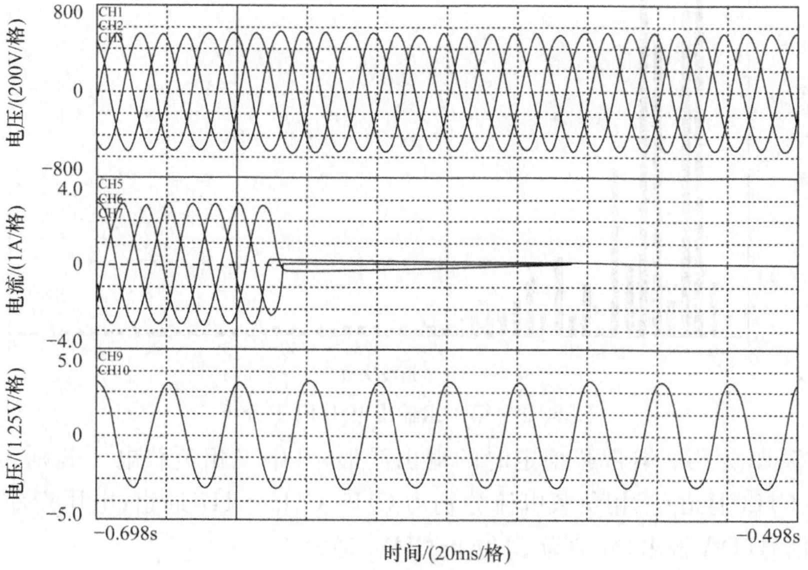

图 5.17 突卸负载时波形图

三相逆变系统带载稳定运行时，其电压与额定电压的偏差较小（稳定精度不大于 5%），电压波形质量较好（THD<5%）；突加负载时电压未出现振荡，只有大约几伏的电压偏差，且能快速恢复；突卸负载时，电压也没出现振荡，电压改变后（产生了约 18V 的偏差）的恢复时间在一个工频周期左右。

2. 三相逆变（静止坐标系）

表 5.23 为表 5.13 中第 1、3 和 4 组参数实验结果（因三相对称，只给出一相数据）。

表 5.23　三组逆变参数实验结果

序号	THD/%	基波幅值/V
1	1.01	536.1
2	0.99	537.4
3	1.24	536.3

图 5.18 为第 1 组输出电压的 FFT 分析，各次谐波中最高谐波含量约为 0.6%，THD 为 1.01%。

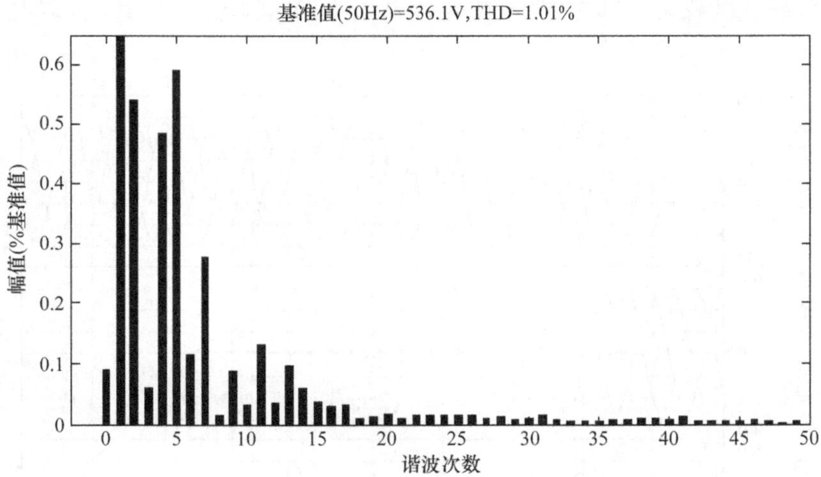

图 5.18　第 1 组输出电压 FFT 分析

图 5.19 为第 2 组带载稳定时的输出波形，其中三相负载电压分别为 CH1、CH2 和 CH3 通道；三相负载电流分别为 CH5、CH6、CH7 通道；电压指令信号及其反馈信号（DA 输出）分别为 CH9 和 CH10 通道。

当突加负载时（a 相电流从 0 突加到 2.76A），其波形如图 5.20 所示。

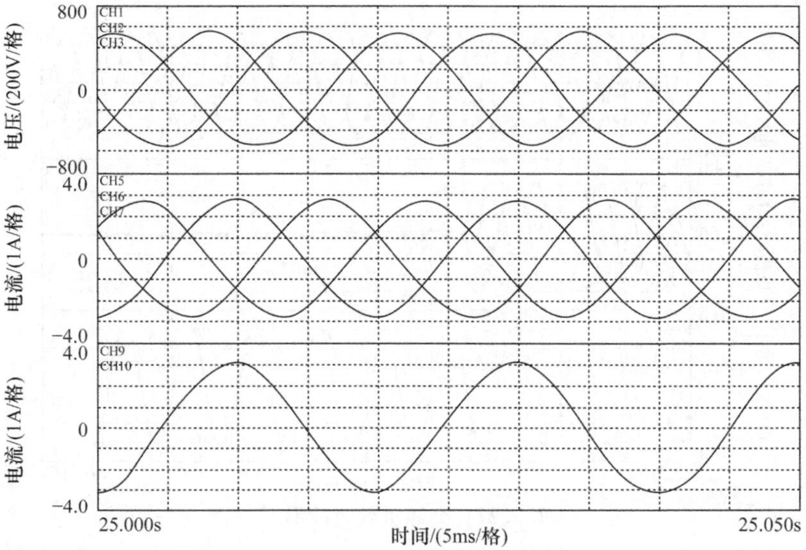

图 5.19　三相逆变输出波形

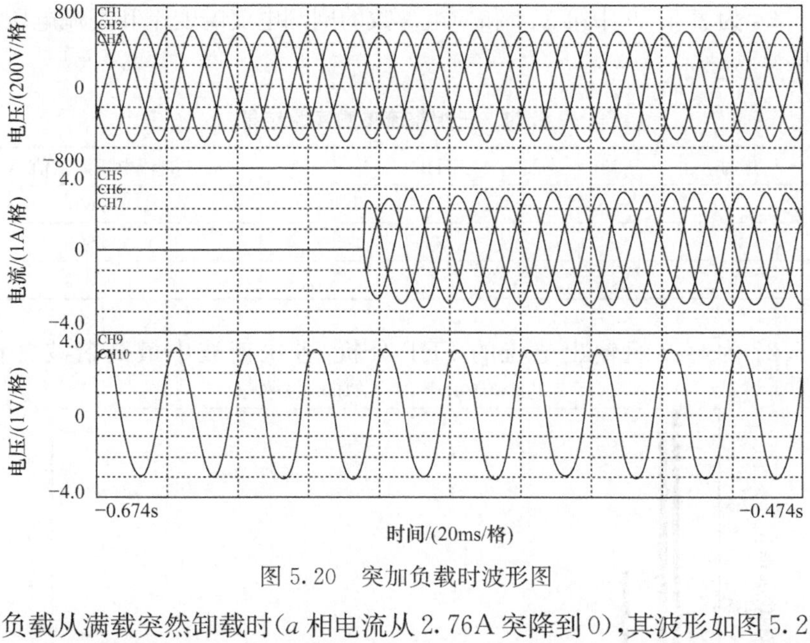

图 5.20　突加负载时波形图

当负载从满载突然卸载时(a 相电流从 2.76A 突降到 0)，其波形如图 5.21 所示。

三相逆变系统带载稳定运行时，其电压与额定电压的偏差较小(稳定精度不大于 5%)，电压波形质量较好(THD$<$5%)；突加负载时电压偏差较小，且能快速恢复，电压没有出现振荡；突卸负载时，电压改变后(产生了约 16V 的偏差)的恢复时间在一个工频周期左右。

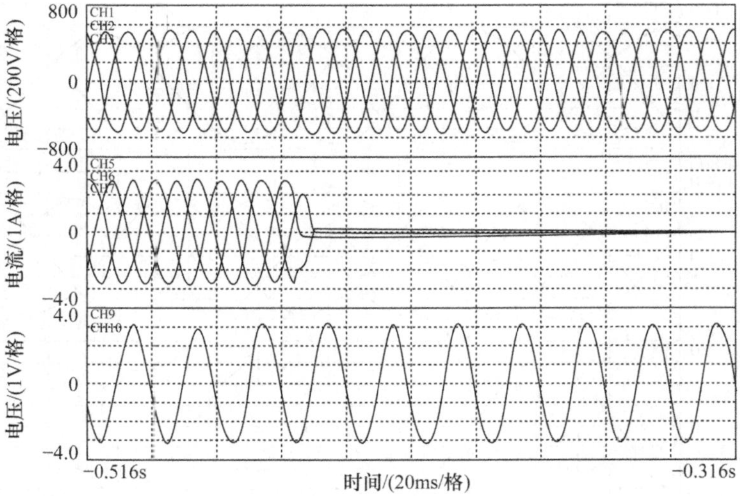

图 5.21　突卸负载时波形图

3. 三相整流

表 5.24 为表 5.19 中第 1、4 和 5 组参数的网侧电流畸变率和直流电压波动值实验结果。

表 5.24　三组整流参数实验结果

序号	THD/%	直流电压波动值/V
1	3.91	4.667
2	3.92	6.666
3	3.89	5.333

图 5.22 为第 2 组输出电流的 FFT 分析，各次谐波中最高谐波含量约为

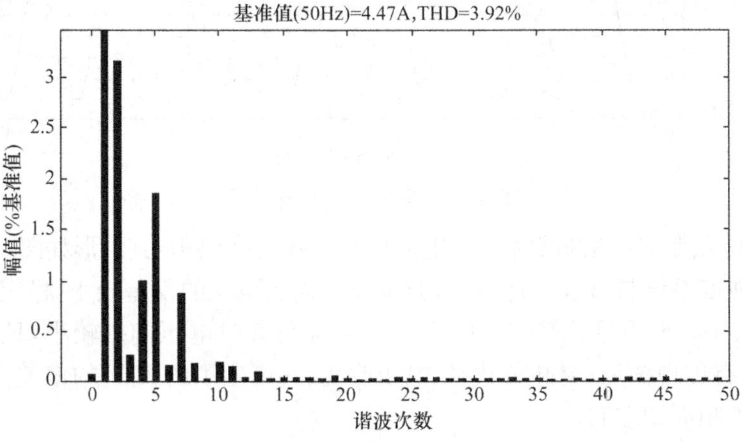

图 5.22　第 2 组输出电流 FFT 分析

3.2%,THD 为 3.92%。

图 5.23 为第 2 组输出波形,其中直流侧电压为 CH1 通道、a 相电压为 CH2 通道(DA 输出)、a 相电流为 CH4 通道(DA 输出)。

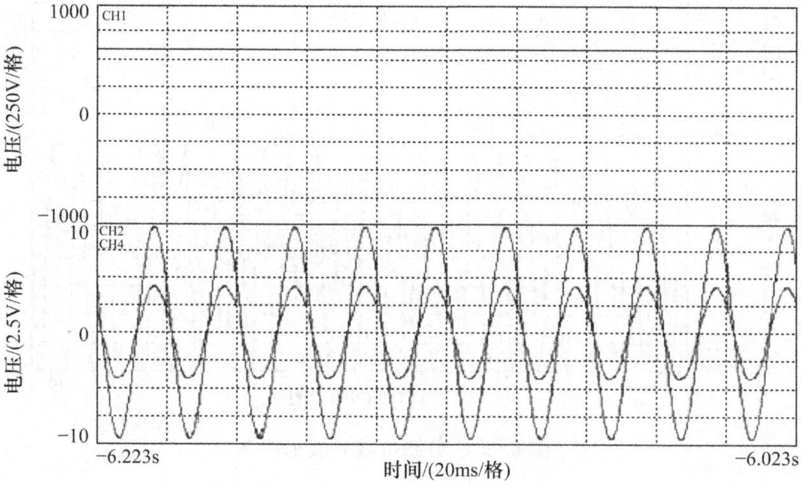

图 5.23　三相整流波形

当负载从空载突然加载时(电流从 0.2A 突加到 4.47A),其波形如图 5.24 所示。

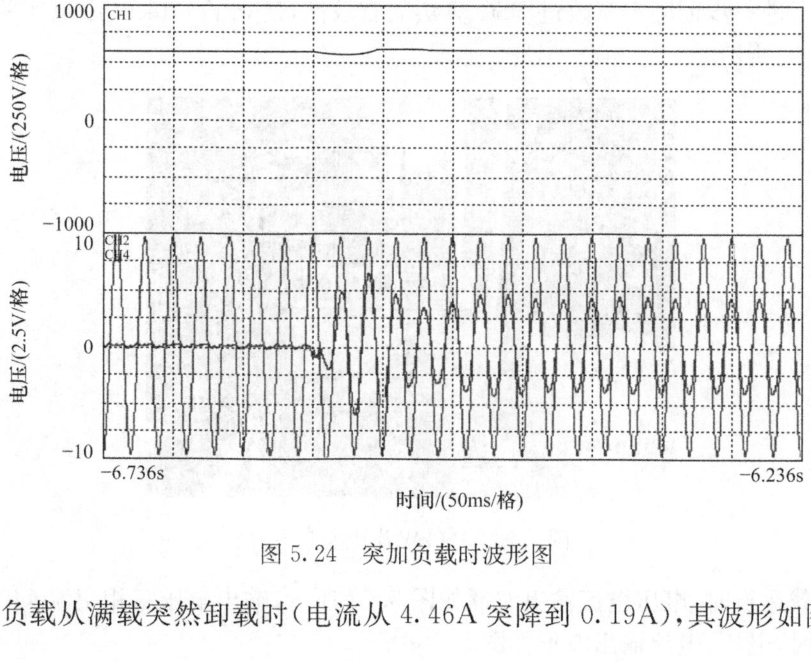

图 5.24　突加负载时波形图

当负载从满载突然卸载时(电流从 4.46A 突降到 0.19A),其波形如图 5.25

所示。

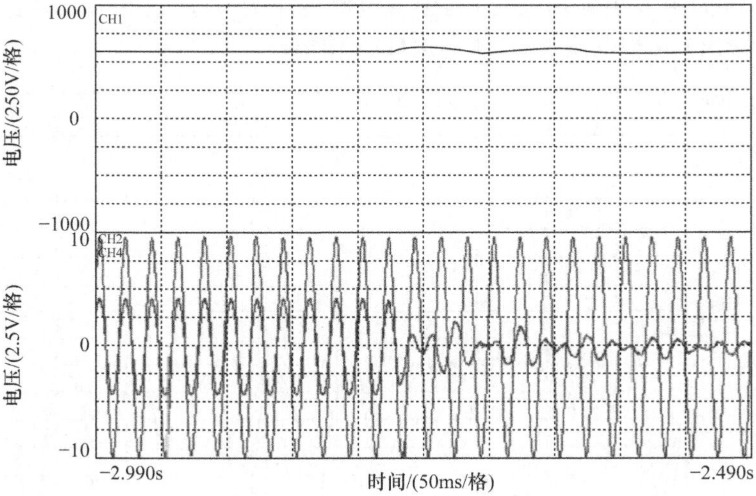

图 5.25　突卸负载时波形图

带载情况下，系统稳定时的直流电压纹波较小(约 1.1%)，电流波形质量能够达标(THD<5%)，且与电压相位相差不大；突加负载时，直流侧电压波动最大处约为 33V，恢复时间约为 0.2s；突卸负载时，直流侧电压波动最大处约为 30V，恢复时间约为 0.3s。

为了进一步证明本章改进 PSO 算法的有效性，建立了 120kW 岸电实验平台，如图 5.26 所示。

图 5.26　120kW 岸电实验平台

空载运行时，电压电流输出波形如图 5.27 所示，输出电压三相交流 440V。突加负载时，电压、电流输出波形如图 5.28 所示。

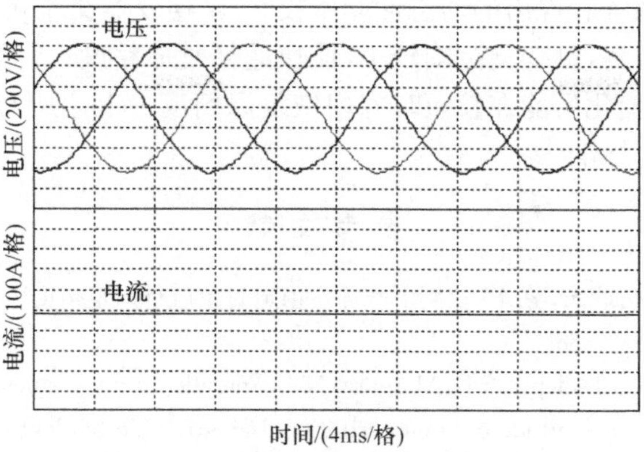

图 5.27　空载运行时波形图

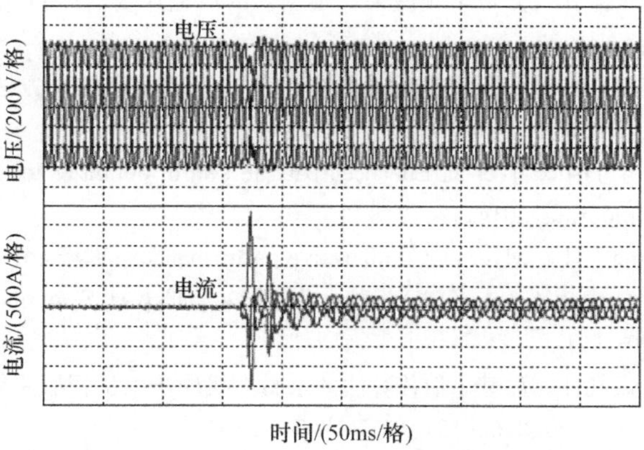

图 5.28　突加负载时波形图

空载情况下，系统稳定时的电压幅值偏差较小(约 0.2%)。为了验证强冲击性负载时工作情况，负载为具有阻感特性的水负载和可调电抗器并联运行，其值一直处于变化状态。功率突加 120kW 时，电流冲击非常大，瞬时峰值达 1700A，岸电电压快速调整，恢复时间约为 1 个周期。稳定后电压幅值偏差仍为 0.2%左右。

本章提出的改进 PSO 参数优化由一个主粒子群、两个辅助粒子群和三种不同的速度更新方式组成，相对于标准 PSO 和基于压缩因子的 PSO，具有更多优势：①粒子群和速度更新方式具有多样性；②当主粒子群优化陷入局部最优值时，辅助粒子群能帮助其跳出局部最优区域；③优化的稳定性较好(每次优化的适应值相差不大)。改进粒子群能直接在基于数字控制器的变流器模型中进行优化，为数字控制器的参数整定提供了便利，同时也便于研究不同控制参数对变流系统的影响。从实验可知，变流系统稳定运行时，逆变的交流输出电压和整流的直流侧电压稳态精度较高。变流系统表现出的动态性能也较好：①逆变器交流侧负载突变，交流输出电压没有出现振荡，且变化范围较小，能快速恢复原精度；②整流器直流侧负载突变，直流侧电压变化后能在较短时间内恢复原精度。上述所有变流系统的电能指标均能达到用电标准。

参考文献

[1] 孙明玮，焦纲领，杨瑞光，等. PI控制下开环不稳定对象可行稳定裕度范围的研究. 自动化学报，2011，37(3)：385-388

[2] Papadopoulos K G，Tselepis N D，Margaris N I. Analytical tuning rules for digital PID type controllers via the magnitude optimum criterion. Industrial Technology，Athens，2012：1-6

[3] 王亚刚，许晓鸣，邵惠鹤. 基于 Ziegler-Nichols 频率响应方法的自适应 PID 控制. 控制工程，2012，19(4)：607-609，613

[4] 闫士杰，纪茂新，黄丽萍，等. 带多频段采样观测器的单相逆变器控制. 中国电机工程学报，2012，33(12)：81-89

[5] 姚玮，陈敏，牟善科，等. 基于反馈线性化的高性能逆变器数字控制方法. 中国电机工程学报，2010，30(12)：14-19

[6] Li N J，Wang W J，Hsu C J，et al. Enhanced particle swarm optimizer incorporating a weighted particle. Neurocomputing，2014，124：218-227

[7] Menhas M I，Wang L，Fei M，et al. Comparative performance analysis of various binary coded PSO algorithms in multivariable PID controller design. Expert Systems with Applications，2012，39(4)：4390-4401

[8] 刘成颖，刘龙飞，孟凡伟，等. 基于遗传算法的永磁直线同步电机伺服系统参数设计. 清华大学学报(自然科学版)，2012，52(12)：1751-1757

[9] 王智冬，刘连光，刘自发，等. 基于量子粒子群算法的风火打捆容量及直流落点优化配置. 中国电机工程学报，2014，34(13)：2055-2062

[10] 刘建华，杨荣华，孙水华. 离散二进制粒子群算法分析. 南京大学学报(自然科学版)，2011，47(5)：504-514

[11] 辛斌，陈杰彭，志红. 智能优化控制：概述与展望. 自动化学报，2013，39(11)：1831-1848

[12] Ray R N，Chatterjee D，Goswami S K. An application of PSO technique for harmonic elimination in a PWM inverter. Applied Soft Computing，2009，9(4)：1315-1320

[13] 宫萍萍，卢子广，卢泉，等. 双约束 PSO 的光伏并网控制器 PI 参数实时寻优. 电力电子技术，2013，47(9)：101-103

[14] 朱艳伟，石新春，但扬清，等. 粒子群优化算法在光伏阵列多峰最大功率点跟踪中的应用. 中国电机工程学报，2012，32(4)：42-48

[15] 善寿，张兴，张鸿恺，等. 基于功率闭环控制与 PSO 算法的全局 MPPT 方法. 中国电机工程学报，2014，34(28)：4809-4816

[16] 周新宇，吴志健，王晖，等. 一种精英反向学习的粒子群优化算法. 电子学报，2013，41(8)：1647-1652

[17] Martínez J L, Gonzalo E G. Stochastic stability analysis of the linear continuous and discrete PSO models. IEEE Transactions on Evolutionary Computation, 2011, 15(3): 405-123

[18] 张玮,王华奎. 粒子群算法稳定性的参数选择策略分析. 系统仿真学报,2009,21(14):4339-4344,4350

[19] 金欣磊,马龙华,吴铁军,等. 基于随机过程的 PSO 收敛性分析. 自动化学报,2007,33(12):1263-1268

[20] 王维博. 粒子群优化算法研究及其应用. 成都:西南交通大学博士学位论文,2012

第 6 章　低压岸电兆瓦级变流系统并联技术

岸电电站容量高达数兆瓦，单个变流器因器件、工艺、散热、冗余性等多方面原因，无法满足功率要求，解决这个问题的办法就是采用变流器并联技术，变流器并联运行易于扩容，可靠性高而且维护方便。因此，在要求大容量、高可靠性的场合，必须使用变流器并联技术。

6.1　变流器器件级并联设计

当单个主开关器件 IGBT 的容量不能满足功率要求时，常用的方法有两种：一是选用更大功率等级的 IGBT 模块，但功率等级越大，IGBT 模块驱动越复杂，目前 1200V 等级 IGBT 模块中，最大电流 900A，不能满足兆瓦级岸电功率要求；二是选用多个 IGBT 功率器件并联，因为 IGBT 并联具有更高的电流密度、更均匀的热分布等优点，所以在一定功率范围内 IGBT 并联是变流器扩容的有效方案。

6.1.1　IGBT 功率器件基本特性分析

为了可靠并联，分析 IGBT 开关过程十分必要。IGBT 的开通和关断过程曲线见图 6.1。

开通过程由 4 部分时间组成[1,2]：

(1) 从外加驱动脉冲到栅-射极电压充电到 10%U_{GEM}(U_{GEM}为额定驱动电压)，称为开通延迟时间 $t_{d(on)}$；

(2) 集电极电流从 0 到 90%稳态值称为电流上升时间 t_{ri}，在 $t_{d(on)}$、t_{ri}时间内，栅-射极间电容在外施正电压作用下充电，且按指数规律上升；

(3) MOSFET 工作时漏-源电压下降时间称为 t_{fv1}；

(4) MOSFET 和 GTR 晶体管同时工作时漏-源电压下降时间称为 t_{fv2}，在 t_{fv1}、t_{fv2}这一时间段内 MOSFET 开通，流过对 GTR 的驱动电流，栅-射极电压基本维持到 IGBT 完全导通后驱动过程结束，栅-射极电压再次按指数规律上升到外施栅极电压值。

从开通过程来看，IGBT 可看成 MOSFET 驱动的 GTR，其开通过程大部分时间是作为 MOSFET 来运行的，其余时间作为 MOSFET 和 GTR 共同运行。

相应地，IGBT 关断过程也可分为四个阶段：

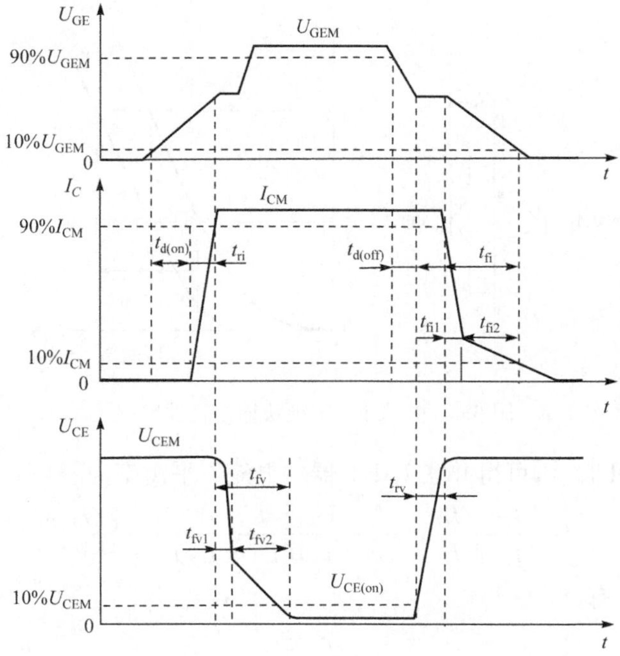

图 6.1　IGBT 的开关特性

(1) 向栅极施加负压，MOSFET 输入电容放电，内部 PNP 晶体管仍然导通，在最初阶段，关断的延迟时间 $t_{d(off)}$ 和电压 U_{CE} 的上升时间 t_{rv}；

(2) 集电极电流下降到 10%稳态值称为电流下降时间 t_{fi}；

(3) MOSFET 的关断过程用 t_{fi1} 表示；

(4) t_{fi2} 由 PNP 晶体管中存储电荷所决定，此时已建立了漏-源电压，下降时间越短越好。

6.1.2　IGBT 器件并联影响因素

如果两个 IGBT 的输出特性不一致，则并联运行时的电流 I_{C1} 和 I_{C2} 会如图 6.2 所示有所不同。定义 U_{O1}、U_{O2} 分别为 VQ_1、VQ_2 没有集电极电流时的集射极电压，ΔU_1、ΔU_2 分别为两器件通态电压变化量，U_{CEsat1}、U_{CEsat2} 分别为两器件集电极发射极饱和电压，r_1、r_2 分别为两器件通态电阻。

两器件并联时，有

$$U_{CEsat1}=U_{O1}+r_1 I_{C1} \tag{6.1}$$

$$U_{CEsat2}=U_{O2}+r_2 I_{C2} \tag{6.2}$$

式中

$$r_1=\frac{\Delta U_1}{I_{C1}-I_{C2}}, \quad r_2=\frac{\Delta U_2}{I_{C1}-I_{C2}}$$

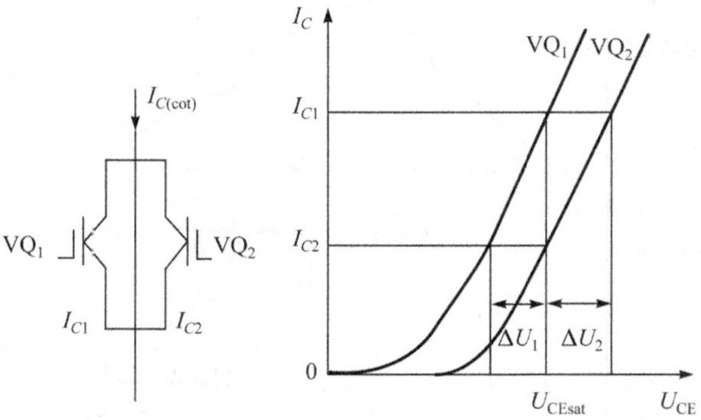

图 6.2 并联 IGBT 模块输出特性比较

由 $U_{CEsat1}=U_{CEsat2}$，可得并联 IGBT 器件电流不平衡率为

$$\varepsilon=\frac{I_{C1}-I_{C2}}{I_{C1}+I_{C2}}=\frac{2(U_{O2}-U_{O1})}{(r_1+r_2)(I_{C1}+I_{C2})}+\frac{r_2-r_1}{r_1+r_2} \tag{6.3}$$

当 $U_{O1}=U_{O2}$ 时，有

$$\varepsilon=\frac{r_2-r_1}{r_1+r_2} \tag{6.4}$$

当 $U_{O1}=U_{O2}$ 时，器件的通态电阻不同造成电流不均衡。显然，只有 U_{CEsat} 完全匹配的器件才能并联。另外，转移特性是影响 IGBT 器件并联时开关时刻的主要因素，其中转移特性陡峭的 IGBT 模块将流过大部分电流，开关损耗较大。此外，栅极驱动电路的布局以及并联模块的温度等因素也会影响开关时刻的动态均流[3,4]。

6.1.3 IGBT 器件并联原则

总结前述 IGBT 器件并联的各种影响因素，可以得到 IGBT 器件并联的基本原则：

(1) 选取同一批次中特性一致的 NPT 型 IGBT 器件进行并联；

(2) 每个 IGBT 器件选用同样的驱动电路，且使用独立的栅极电阻；

(3) 尽可能使驱动电路和驱动双绞线布局对称且采用尽可能短的引线；

(4) 并联模块均匀布置在同一块散热器上，以获得最优化的热耦合。

结合以上原则，设计了并联性能良好的驱动电路原理，见图 6.3。其中，R_{Gon} 和 R_{Goff} 为驱动末级中共同的栅极前置电阻；附加驱动电阻 R_{Gonx} 和 R_{Goffx} 起着阻尼栅极-发射极或栅源回路内寄生振荡的作用，且可以中和因不同的转移特性所引起的负面影响，R_{Gonx} 和 R_{Goffx} 取值应在 0.5～2Ω；R_{ex} 的作用是抑制经过辅助发射极的平衡电流，其数值大约为 0.5Ω。采用 U_{CEsat} 实现过流和短路保护是最有效的保护方法，电阻 R_{cx} 用来确定 U_{CE} 实际平均值，数值约为 47Ω。

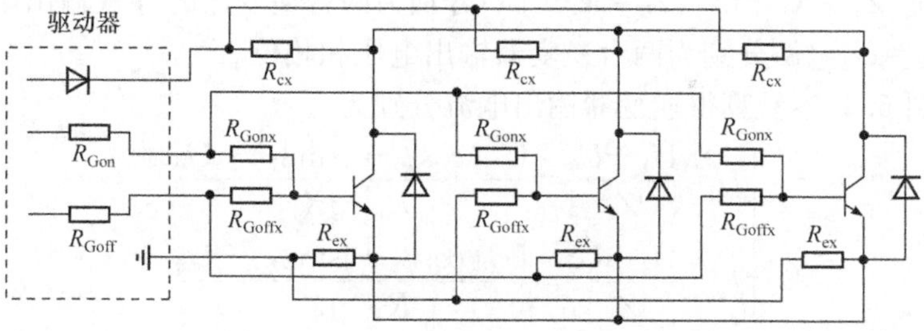

图 6.3 优化的 IGBT 器件并联原理图

即使模块选择、驱动电路和线路布置都已经达到了最优化，但其静态和动态仍然不可能达到理想的均衡。因此，总的开关电流相对于额定负载电流必须有一个适度的降额。从多种不同应用的实际经验出发，推荐使用 15%～20%的降额幅度。

6.2 基于无功功率和锁相同步的变流器模块并联控制

由于受到驱动板容量限制，并联 IGBT 数量不能太多。此外，随着并联 IGBT 器件数量的增加，完全依赖于结构对称性的主电路寄生参数一致性难以得到保证，影响器件间均流。而器件布置过于密集，会使得发热集中，影响散热效果。在保证器件利用率和可靠性的基础上，为了进一步扩大单变流器容量，需采用输出正弦波直接并联的变流器模块并联技术[5-7]。

由于逆变器的输出是时刻都在变化的正弦波，如果并联系统中各逆变器的输出正弦波的幅值、相位或者频率不同，必然导致并联逆变器间存在环流，环流会造成能量损耗，甚至导致整个并联系统崩溃。因此，对于并联的逆变器，必须控制输出电压的幅值和相位，使各台逆变器输出同频、同相、同幅值电压，承担相同的负载电流，使输出静态功率和瞬时功率分布平衡，达到限制甚至消除环流的目的。

6.2.1 变流器模块并联环流数学模型分析

为了分析输出电压差异导致的环流特性，建立基于等效输出阻抗的两台逆变器并联系统数学模型，见图 6.4，其中 $\dot{U}_0=U_0\angle 0$ 为负载侧电压，$Z_0=R+\mathrm{j}X$ 为负

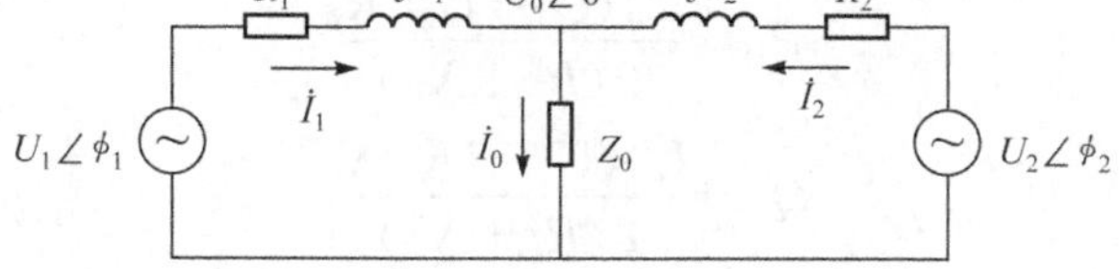

图 6.4 逆变器并联模型

载等效阻抗，$Z_1=R_1+jX_1$、$Z_2=R_2+jX_2$分别为两台逆变器的等效输出阻抗，$\dot{U}_1=U_1\angle\phi_1$、$\dot{U}_2=U_2\angle\phi_2$分别为两台逆变器输出电压和相位。

根据图 6.4，容易算得逆变器输出电流分别为

$$\begin{cases}\dot{I}_1=\dfrac{\dot{U}_1-\dot{U}_0}{Z_1}=\dfrac{U_1(\cos\phi_1+j\sin\phi_1)-U_0}{R_1+jX_1}\\[2ex]\dot{I}_2=\dfrac{\dot{U}_2-\dot{U}_0}{Z_2}=\dfrac{U_2(\cos\phi_2+j\sin\phi_2)-U_0}{R_2+jX_2}\end{cases}\tag{6.5}$$

对于同容量的逆变器可忽略制造引起的参数微小差异，则 ϕ_1 和 ϕ_2 接近 0，取 $R_1=R_2=R_i$，$X_1=X_2=X_i$，则有

$$\begin{cases}\dot{I}_1=\dfrac{\dot{U}_1-\dot{U}_0}{Z_1}\approx\dfrac{U_1(1+j\phi_1)-U_0}{R_1+jX_1}\\[2ex]\dot{I}_2=\dfrac{\dot{U}_2-\dot{U}_0}{Z_2}\approx\dfrac{U_2(1+j\phi_2)-U_0}{R_2+jX_2}\end{cases}\tag{6.6}$$

定义两台逆变器之间的环流为两者输出电流差的平均值

$$\dot{I}_H=\frac{\dot{I}_1-\dot{I}_2}{2}=\frac{1}{2}\left(\frac{\dot{U}_1-\dot{U}_0}{Z_1}-\frac{\dot{U}_2-\dot{U}_0}{Z_2}\right)\tag{6.7}$$

则有

$$\begin{aligned}\dot{I}_H&=\frac{\dot{I}_1-\dot{I}_2}{2}=\frac{1}{2}\left[\frac{U_1(\cos\phi_1+j\sin\phi_1)-U_0}{R_1+jX_1}-\frac{U_2(\cos\phi_2+j\sin\phi_2)-U_0}{R_2+jX_2}\right]\\&\approx\frac{1}{2}\left\{\frac{U_1(1+j\phi_1)-U_2(1+j\phi_2)}{R_i+jX_i}\right\}\end{aligned}\tag{6.8}$$

定义两台逆变器之间的因环流损失的视在功率为 S_H，因环流损失的有功功率为 P_H，因环流损失的无功功率为 Q_H，则有

$$S_H=\frac{S_1-S_2}{2}=P_H+jQ_H=\dot{U}_0\dot{I}_H\tag{6.9}$$

下面分三种情况来分析环流成因。

(1) 两台逆变器输出电压只存在幅值差而不存在相位差时，有

$$\dot{I}_H=\frac{1}{2}\left\{\frac{U_1-U_2}{R_i+jX_i}\right\}\tag{6.10}$$

$$S_H=\frac{U_0(U_1-U_2)(R_i+jX_i)}{2(R_i^2+X_i^2)}\tag{6.11}$$

$$P_H=\frac{U_0(U_1-U_2)R_i}{2(R_i^2+X_i^2)}\tag{6.12}$$

$$Q_H=\frac{U_0(U_1-U_2)X_i}{2(R_i^2+X_i^2)}\tag{6.13}$$

式(6.10)～式(6.13)表明，假设第一台逆变器输出幅值大于第二台逆变器输

出幅值，则第一台逆变器输出的电流幅值也大，且其输出电流相位滞后于第二台逆变器，两台逆变器都产生有功功率，但前者承担更多的有功功率，且无论阻性负载还是感性负载都产生有功环流。其中有功环流和无功环流与电压幅值差成正比，与等效输出阻抗的模值成反比。

(2) 两台逆变器输出电压只存在相位差而不存在幅值差时，有

$$\dot{I}_{\mathrm{H}}=\frac{\mathrm{j}U_0}{2}\left\{\frac{\phi_1-\phi_2}{R_i+\mathrm{j}X_i}\right\} \tag{6.14}$$

$$S_{\mathrm{H}}=\frac{U_0^2(\phi_1-\phi_2)(X_i-\mathrm{j}R_i)}{2(R_i^2+X_i^2)} \tag{6.15}$$

$$P_{\mathrm{H}}=\frac{U_0^2X_i(\phi_1-\phi_2)}{2(R_i^2+X_i^2)} \tag{6.16}$$

$$Q_{\mathrm{H}}=-\frac{U_0^2R_i(\phi_1-\phi_2)}{2(R_i^2+X_i^2)} \tag{6.17}$$

式(6.14)～式(6.17)表明，并联系统两台逆变器之间输出电压只存在相位差时，假设第一台逆变器相位超前于第二台逆变器，则第一台逆变器输出电流相位超前于第二台逆变器，且其分担大于 50% 的有功功率和容性无功功率；相比较而言，第二台逆变器分担小于 50% 的有功功率和感性无功功率。有功环流和无功环流的大小与电压相位差成正比，与等效输出阻抗的模值成反比。

(3) 两台逆变器输出电压既存在相位差又存在幅值差时，有

$$P_{\mathrm{H}}=\frac{U_0(U_1-U_2)R_i}{2(R_i^2+X_i^2)}+\frac{U_0^2X_i(\phi_1-\phi_2)}{2(R_i^2+X_i^2)}=\frac{U_0R_i}{2(R_i^2+X_i^2)}\Delta U+\frac{U_0^2X_i}{2(R_i^2+X_i^2)}\Delta\phi \tag{6.18}$$

$$Q_{\mathrm{H}}=\frac{U_0(U_1-U_2)X_i}{2(R_i^2+X_i^2)}-\frac{U_0^2R_i(\phi_1-\phi_2)}{2(R_i^2+X_i^2)}=\frac{U_0X_i}{2(R_i^2+X_i^2)}\Delta U-\frac{U_0^2R_i}{2(R_i^2+X_i^2)}\Delta\phi \tag{6.19}$$

可求得采用有功功率和无功功率表示的相位差为

$$\Delta\phi=\frac{2(X_iP_{\mathrm{H}}-R_iQ_{\mathrm{H}})}{U_0^2} \tag{6.20}$$

幅值差为

$$\Delta U=\frac{2(R_iP_{\mathrm{H}}+X_iQ_{\mathrm{H}})}{U_0} \tag{6.21}$$

通过式(6.20)和式(6.21)可知，两台逆变器并联时，输出的有功环流和无功环流源于各逆变器输出电压幅值和初相位差值，且环流大小与输出电压差值成正比。进一步地，因为逆变器输出阻抗中电阻 R_i 远小于感抗 X_i，式(6.20)和式(6.21)可简化为

$$\Delta\phi \approx \frac{2X_i P_{\mathrm{H}}}{U_0^2} \tag{6.22}$$

$$\Delta U \approx \frac{2X_i Q_{\mathrm{H}}}{U_0} \tag{6.23}$$

综上所述，无论逆变器输出之间存在幅值差还是相位差，都会在逆变器之间产生环流。若并联系统逆变器输出电压的幅值完全相等，只是相位不同，将主要产生有功环流；若并联系统逆变器输出电压的相位完全相等，只是幅值不同，将主要产生无功环流；若并联系统逆变器输出电压的相位和幅值都有差别，则在逆变器之间既存在有功环流又存在无功环流。

6.2.2　变流器模块并联的无功功率调节幅值差算法

通过式(6.22)和式(6.23)可知，检测到两台逆变器无功功率后算出无功环流，就可求得此时的幅值差，从而调节输出电压幅值，幅值调节量为

$$\Delta U \approx -\frac{X_i Q_{\mathrm{H}}}{U_0} \tag{6.24}$$

采用 PI 调节来保证系统动态和静态特性，加入 PI 调节后的第 i 台逆变器输出电压调节策略为

$$\Delta U_i = \frac{(-X_i Q_{\mathrm{H}i})(K_{\mathrm{P}} + K_{\mathrm{I}}/s)}{U_0} \tag{6.25}$$

对于正弦波输出的逆变器，设电压电流有效值分别为 U_1 和 I_1，初相位分别为 ϕ_u 和 ϕ_i，有

$$u_1 = \sqrt{2}U_1 \sin(\omega t + \phi_u),\ i_1 = \sqrt{2} I_1 \sin(\omega t + \phi_i) \tag{6.26}$$

忽略谐波分量，容易求得有功功率和无功功率表达式为

$$\begin{cases} P = 2U_1 I_1 \cos(\phi_u - \phi_i) = U_1 \cos\phi_u I_1 \cos\phi_i + U_1 \sin\phi_u I_1 \sin\phi_i \\ Q = 2U_1 I_1 \sin(\phi_u - \phi_i) = U_1 \sin\phi_u I_1 \cos\phi_i + U_1 \cos\phi_u I_1 \sin\phi_i \end{cases} \tag{6.27}$$

离散后得

$$\begin{cases} P = \dfrac{2}{N^2}\left[\sum\limits_{n=0}^{N-1} u(n)\cos n \sum\limits_{n=0}^{N-1} i(n)\cos n + \sum\limits_{n=0}^{N-1} u(n)\sin n \sum\limits_{n=0}^{N-1} i(n)\sin n\right] \\ Q = \dfrac{2}{N^2}\left[\sum\limits_{n=0}^{N-1} u(n)\cos n \sum\limits_{n=0}^{N-1} i(n)\sin n - \sum\limits_{n=0}^{N-1} u(n)\sin n \sum\limits_{n=0}^{N-1} i(n)\cos n\right] \end{cases} \tag{6.28}$$

式中，N 为采样率。按照式(6.28)即可计算得出每个周期的有功功率和无功功率。

并联系统中各台逆变器将算得的无功信号进行综合，得到无功误差信号，从而根据式(6.25)调节每台逆变器的输出电压幅值。

6.2.3　变流器模块并联的两级异步型锁相算法

由于逆变模块参数不可能完全一致，并联运行后必然存在有功环流。要使逆变模块并联安全稳定工作，必须要考虑消除或抑制并联系统中各个逆变模块之间的有功环流。如果采用计算有功功率的方法，算法相对复杂，本章提出了采用两级异步变频调制的软件锁相算法，以达到消除环流的目的。

在锁相调制过程中，保持载波频率不变，仅通过调制信号的微调实现锁相同步的方式为异步锁相。异步锁相控制算法的基本思想是根据逆变器输出频率锁相过程中变化范围很小的特点，将每个电压周期均分为 2^n 份，n 值决定了锁相精度，显然指针的相位分辨率为 $2\pi/2^n$。在每个输出电压周期过零时，根据两台逆变器相位差调整步进值，通过不断调整，达到锁相的目的，这是本系统所采用的第一级锁相同步方法。

具体做法是：在本系统中因保持载波频率 f_c 固定不变，令输出电压采样频率 f_0 等于载波频率 f_c，设定一个相位增量值 step，每次发生采样中断时，相位指针 phase增加一个增量值，即

$$\text{phase}+=\text{step} \tag{6.29}$$

显然，本采样中断中的 phase 值代表了当前输出电压的相位值，第一台逆变器启动后，同步线无信号，自动输出系统所需频率，第二台逆变器启动后，取第一台启动的逆变器输出电压经转换后的方波信号作为锁相基准信号，当基准信号过零时，记录此时的 phase 值，则可计算出两台逆变器的相位差，根据相位差，通过对增量值 step 的调整，可实现逆变输出电压频率值的调节；如果在一个逆变周期之后对相位指针 phase 增减一个值，则可实现对逆变输出相位的移相控制，当基准过零时，phase 也过零或与基准信号差值小于锁相要求精度值，暂不调整 step 值，当相位差为正时，需增大 step 值，调整输出频率，反之减小 step 值。

设第一台逆变器输出电压为 $u_m=U_m\sin[\phi(k)]$，U_m 为幅值，根据载波频率 f_c 对该信号进行离散化得

$$u_m=U_m\sin\left(2\pi\frac{f_0}{f_c}k\right) \tag{6.30}$$

则第 k 步调制信号的相位指针 phase 值为

$$\text{phase}(k)=k\cdot\text{step}\Rightarrow u_m=U_m\sin\left[\frac{2\pi}{2^n}\text{phase}(k)\right]=U_m\sin\left(\frac{2\pi}{2^n}\right)\cdot k\cdot\text{step} \tag{6.31}$$

为了实现多台逆变器无主从自动同步自动退出，还需要第二级锁相。具体做法是：后进入并联系统的逆变器在同步线上得到基准信号后，将该信号发还给同步信号线，采用或逻辑得到新的综合同步信号，通过这种方式，发出同步信号最快的

逆变器产生第一个过零点，其对应的方波上升沿作为公共同步信号，各台逆变器均以此作为基准信号，进行同步跟踪。这一过程称为第二级锁相。

当第一台逆变器退出并联系统时，最早出现上升沿的逆变器作为新的基准，从而每台逆变器的进入或退出系统，都不会影响系统同步运行，且不存在主从之分，大大提高了系统的可靠性。图 6.5 为锁相稳定后两台逆变器逆变输出电压波形图。由图可知，采用所设计的两级锁相后，两者相位差在±0.6°范围内波动，能够满足并联系统要求。

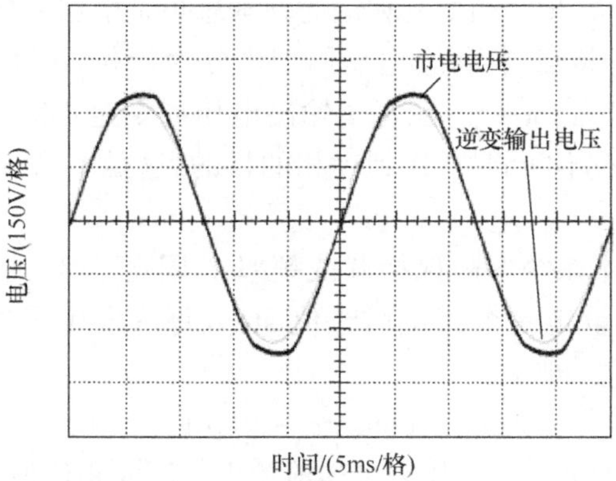

图 6.5　逆变输出电压与市电电压波形图

对于两台逆变器并联的情况，环流只能在两台逆变器之间流动，所以两台逆变器的环流大小相同。但是对于多台变频器并联的情况，环流在各台逆变器之间相互流动，每台逆变器的环流均不相同，所以多台逆变器并联时环流比较复杂，一般可以采用叠加定理，当求其中一台逆变器的环流时，可以分别求出这台逆变器和其他各台逆变器之间的环流，然后相加，便得到该逆变器的环流。采用逆变器锁相同步技术进行并联，可将逆变器容量提高至一个兆瓦数量级。但如果变流器容量继续增加，采用多个模块锁相同步，由于相位差加大，环流难以控制，在这种情况下，同步技术并联模式可靠性无法保证。

6.3　基于串电感技术的变流器模块级并联设计

无论集中式控制、主从式控制还是无连线式控制都属于功率级并联，主要应用于交流正弦波输出的逆变并联。这些并联方式把控制器一并集成到各并联单元中，消除了控制器的单点故障。并且系统的灵活性大大提高，可以进行简单组合满足各种容量要求。但实际上，在变流器系统中主功率模块是易损部件，数字控制器可靠性反而很高；另外，把各并联模块控制器分散以后对并联系统的协调控制会存在问题，并联系统中功率模块越多，可靠性越差。因此，当岸电系统超过 1MVA 或并联功率模块超过 4 个时，功率级并联方式可靠性无法得到保证。值得注意的是，以上各种并联方式的目的是控制正弦电压并联，不能应用于电流正弦化控制的整流系统。而采用串电感并联方式既可适用于整流模块并联，又可应用于逆变模块并联。

串电感并联是指各并联桥臂中点串联电感后再进行并联。这种并联方式属于模块级并联，串联的电感有两个作用：①当桥臂串入电感后，由于感抗一般都要比 IGBT 的等效电阻大很多，所以模块间的均流效果主要由电感的一致性决定，受模块自身特性影响很小，降低了并联对 IGBT 器件的苛刻要求；②因为线路的等效电感比串联电感小很多，对主功率布线一致性要求也可以降低，而在制造过程中电感量的一致性很容易得到保证，所以串联电感的并联可靠性很高[8]。

综合比较，功率级并联在控制的一致性方面难以保证，且控制器冗余的意义不大。串电感并联虽然结构比器件级并联复杂，但比功率级并联简单，且均流可靠性高，因此串电感并联是大功率模块可靠并联的有效方式。其基本做法是：①将 IGBT功率器件并联，形成一个具有完善的检测、控制、驱动和保护功能的变流器模块，该模块既可独立工作，也可作为并联系统中的一个功率单元，接受并联系统主控制器控制，功率模块并联示意图见图 6.6；②将功率单元直流侧直接并联，输出侧通过均流电感后并联，主控制器检测总负载电流、输出电压等信息，发出 PWM 信号，经光纤通信将 PWM 信号传送到从机中每个 IGBT，主控制器和从机控制器通过高速现场总线进行通信，从机故障时，从机控制器封锁主控制器传送到从机驱动板的 PWM 信号，并通知主控制器，因系统功率冗余，任一个从机发生一般故障，可不停机自动退出，而不会影响系统正常运行。

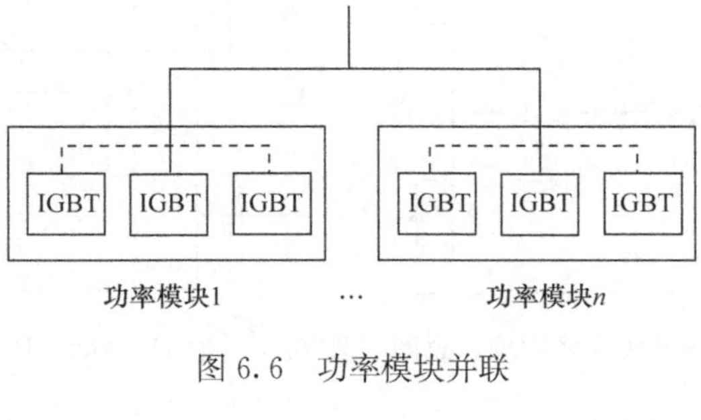

图 6.6　功率模块并联

由于每个功率模块拥有独立的工作电源和 IGBT 驱动电路，即使主驱动信号完全同步，也会因为独立驱动电路中驱动信号的延迟和驱动电源的不同，引起各功率模块实际的开关动作时刻存在差异，从而引发并联环流的产生。假设功率模块为不存在制造差异的理想器件，即功率模块实际动作与驱动脉冲完全一致。下面分析环流形成机理，以及可行的解决方案。

6.3.1 串电感并联方案环流来源分析及抑制

为简化分析，取两个并联功率模块中任意一相，见图 6.7，首先进行以下定义。

(1) 定义功率模块交流输出到并联点 a 的线路寄生电感分别为 L_{s1}、L_{s2}，环路总电感为 $L_s=L_{s1}+L_{s2}$。因为两个并联的功率模块电路布局相同，且采用同样的母线排，所以有 $L_{s1}=L_{s2}$。

(2) 忽略直流母线寄生参数影响，假设器件管压降和等效内阻都为零，两个模块交流输出差模电压 $u_d=\pm U_{dc}$。

(3) 定义 i_1、i_2 分别为两个功率模块输出电流瞬时值，则差模电流也就是环流为 $i_d=i_1-i_2$。

如果两个功率模块中对应的 IGBT 开关时刻不一致，脉冲存在时间差异(图 6.8)，则两个功率模块输出之间存在一个差模电压，导致产生差模环流 i_d，且有

$$u_d=L_s\frac{di_d}{dt}=L_s\frac{\Delta i_d}{\Delta t} \tag{6.32}$$

又可写为

$$\Delta i_d=\frac{u_d\Delta t}{L_s} \tag{6.33}$$

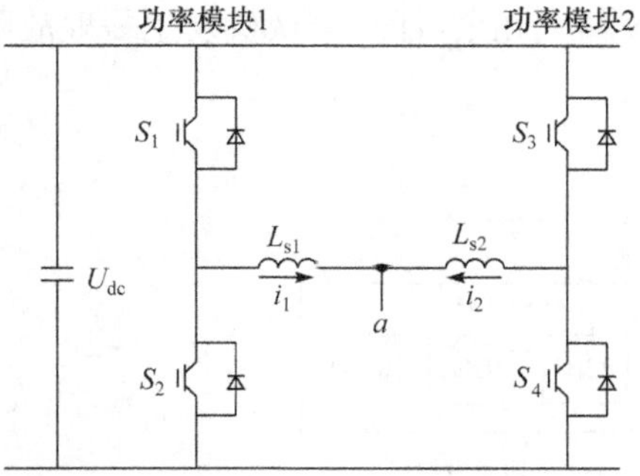

图 6.7 串电感功率模块并联原理示意图

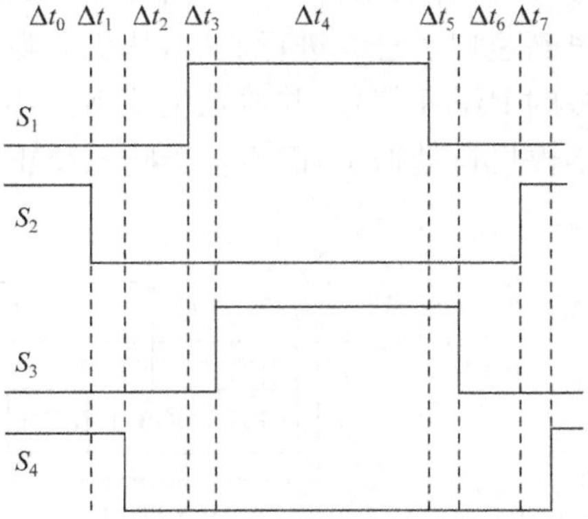

图 6.8 同一驱动信号送至不同模块脉冲波形

忽略器件等效内阻和线路寄生电阻，在图 6.8 中，如果 Δt_3 和 Δt_5 相等，则环流总是在零轴上下波动，环流处于可控状态[9,10]，如图 6.9(a)所示；如果 $\Delta t_3>\Delta t_5$，一个调制周期内环流正负增量发生单向偏移，导致严重不均流发生，如图 6.9(b)所示。

为限制环流，在母线电压不能改变的条件下，只能采取增大环路电感的方法。

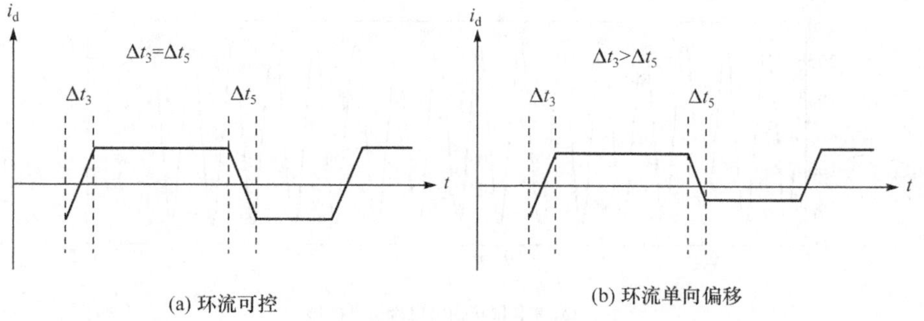

图 6.9 环流示意图

由式(6.33)可知，环流增量 Δi_d 与环路总电感成反比。因为线路寄生电感 L_s 都比较小，所以必须采用在并联的功率输出侧串联三相电感 L_h 的方法来增大环路电感，达到限制环流的目的。定义 U_{dc} 为母线电压，Δt_d 为两功率模块对应 IGBT 开关动作时刻的最大差异，Δi_d 为并联允许的最小环流，则并联均流电感取值为

$$L_h \approx \frac{U_{dc}\Delta t_d}{\Delta i_d} \tag{6.34}$$

6.3.2 串电感并联仿真及实验验证

为了验证环流形成机理，采用 MATLAB 中的 Simulink 建立了仿真电路，主要仿真参数见表 6.1。

表 6.1 串电感并联仿真参数

参数名称	参数取值
并联支路寄生电感 L_s	6μH
脉冲延迟差异 Δt_{delay}	4μs
死区时间 t_{dead}	3μs

由图 6.10 所示的仿真结果可知，因为脉冲延迟的存在，造成两个功率模块输出电流发生畸变，如图 6.10(a)所示，该畸变由图 6.10(b)所示环流引起，会造成并联的功率模块发热，影响系统稳定运行，但总输出电流波形如图 6.10(c)没有畸变，环流对总输出无影响。

采用两台 250kVA 功率模块并联做实际测试，两个功率模块采用同一控制器发出 PWM 信号，因两台功率模块驱动电路参数不完全相同所造成的两个模块的开关时刻差异很小，限制环流不能超过功率模块额定值的 10%，若模块功率为 250kVA，可计算出串联的电抗器为 34μH。实验中，对两个并联功率模块各相中输出电流有效值 I_1、I_2 进行了实测，若定义电流有效值不均衡度为

$$\delta = \frac{|I_1 - I_2|}{I_1 + I_2} \times 100\% \tag{6.35}$$

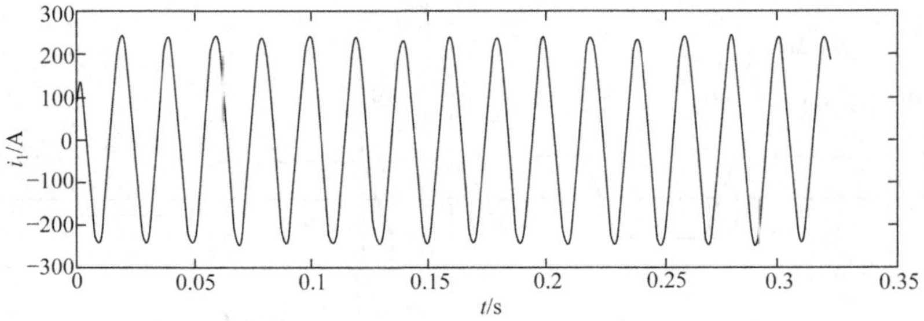

(a) 并联模块输出电流仿真波形

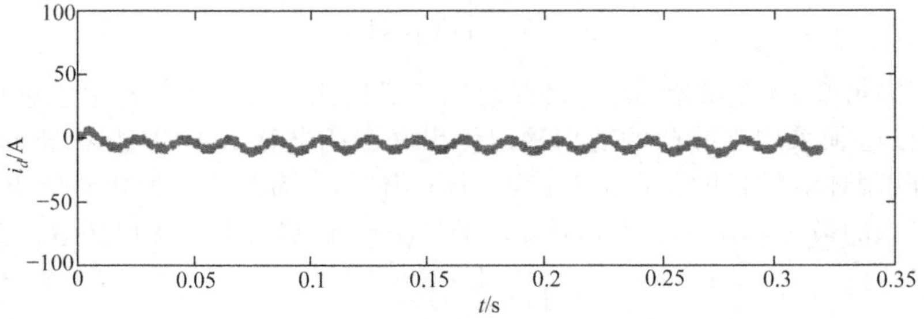

(b) 环流仿真波形

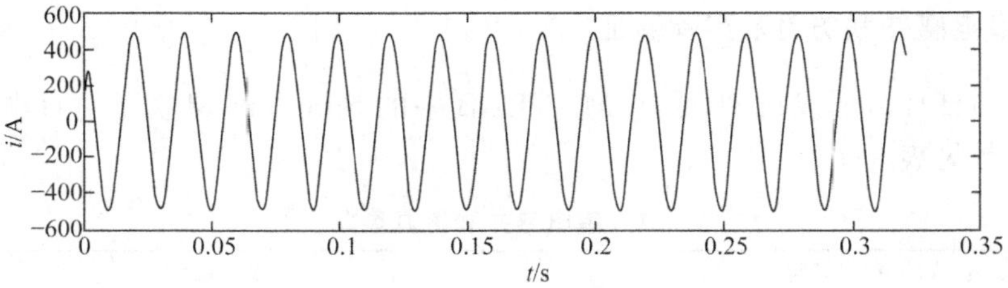

(c) 并联模块总电流仿真波形

图 6.10　因时延造成的环流仿真波形图

则可得到表 6.2 所示数据，各相并联功率模块输出电流有效值不均衡度最大值不超过 9.3%，且负载越大，电流不均衡度越小，达到了实际要求。

表 6.2　并联功率模块输出电流有效值

容量	a 相			b 相			c 相		
/kVA	模块 1/A	模块 2/A	不均衡度/%	模块 1/A	模块 2/A	不均衡度/%	模块 1/A	模块 2/A	不均衡度/%
50	90	80	5.8	89	79	5.9	85	74	6.3
100	130	114	6.6	129	107	9.3	119	102	7.7
150	186	166	5.6	191	162	8.2	179	157	6.5
200	246	237	1.8	248	231	3.5	223	208	3.5
250	304	305	0.2	297	299	0.3	264	273	1.6

参考文献

[1] 汪波，胡安，唐勇，等. IGBT 电压击穿特性分析. 电工技术学报，2011，26(8)：145-150

[2] 卫三民，李发海. 一种大功率 IGBT 实用驱动及保护电路. 清华大学学报，2001，41(9)：55-58

[3] Letor R. Static and dynamic behavior of paralleled IGBTs. IEEE Transactions on Industry Applications，1992，28(2)：395-402

[4] Nelson J J，Venkataramanan G，Beihoff B C. Investigation of parallel operation of IGBTs. Proceedings of the 37th Annual Meeting of the Industry Applications，2002：2585-2591

[5] Tabisz W A，Jovanovic M M，Lee F C. Present and future of distributed power systems. IEEE Applied Power Electronics Conference，1992：11-18

[6] Chen J F，Chu C L. Combination voltage controlled and current-controlled PWM inverter for UPS parallel operation. IEEE Transactions on Power Electronics，1995，10(5)：547-558

[7] Tuladhar A，Jin H，Unger T，et al. Parallel operation of single phase inverter modules with no control interconnections. IEEE Applied Power Electronics Conference，1997：94-100

[8] 陈良亮，肖岚，胡文斌，等. 一种基于耦合电感的逆变器并联系统环流抑制方法. 南京航空航天大学学报，2004，36(2)：205-209

[9] Xiao L，Yan Y G. Rugged resonant pole and its applications in soft-switching converter. Journal of Southeast University (English Edition)，2002，18(3)：225-232

[10] Xiao L，Huang L. A simplified control for inverters in parallel operation. Transactions of China Electrotechnical Society，2006，21(8)：19-24

第 7 章 低压岸电兆瓦级变流系统散热与冷却

目前兆瓦级变流器研究重点一般都放在主电路的设计和实现方面，对其散热系统的研究较少。而兆瓦级变流器散热系统设计的好坏，直接关系到兆瓦级变流器能否安全稳定地工作。兆瓦级变流器的散热系统，主要是针对功率开关器件设计的。其原因在于功率开关器件本身对温度比较敏感。温度的变化会影响器件的开通和关断过程，从而影响变流器的工作性能。当温度过高时，会导致功率开关器件永久损坏，使得变流器无法工作。因此，必须从采用优化控制技术以尽量减少发热量和采用有效散热方法以提高散热效率两方面进行热设计。

7.1 功率模块 IGBT 损耗计算模型及分析

在同一 IGBT 模块内封装的 IGBT 器件和续流二极管主要工作在开关状态，在每个开关状态中，都会产生一部分热损耗。这些损耗相加，即开关器件的总损耗。IGBT 和二极管损耗包括通态损耗和开关损耗。由于变流器结构是对称的，各相 IGBT 模块的电流和电压曲线的形状是相同的，两者相互间仅存在一个固定的相位差。所以，只要对一个 IGBT 和一个二极管进行分析，再将结果乘以变流器中相应的 IGBT 和二极管数量就可以得到变流器的总功耗[1-3]。

在兆瓦级变流器中，为了降低功耗，常采用不高于 5kHz 的开关频率，且随着功率增加，开关频率进一步降低，据此在功耗计算时，可以忽略开关时间和为保护模块而额外增加的死区时间。为了保证输出波形质量，IGBT 模块通常工作在线性调制区间，且系统稳定后结温不随时间变化[4,5]。

在此前提下，IGBT 饱和电压 u_{CEsat} 随时间变化的表达式为

$$u_{CEsat}(t)=U_{CE0}+r_{CE}\times i_C(t)=U_{CE0}+r_{CE}\times I_0\sin(\omega t) \tag{7.1}$$

式中，U_{CE0} 为输出电压在 $i_C=0$ 时的开启电压；r_{CE} 为 IGBT 的通态电阻（输出特性的斜率）；I_0 为流过器件的电流。

二极管正向通态电压 u_F 随时间变化的表达式为

$$u_F(t)=U_{F0}+r_F\times i_F(t)=U_{F0}+r_F\times I_0\sin(\omega t) \tag{7.2}$$

式中，U_{F0} 为输出电压在 $i_F=0$ 时的开启电压；r_F 为二极管的通态电阻（输出特性的斜率）。

考虑到占空比与时间之间的正弦关系，可计算出 IGBT 的通态损耗为

$$P_{\mathrm{cond\_Tr}}=0.5\left(\frac{U_{\mathrm{CE0}}}{\pi}\times I_0+\frac{r_{\mathrm{CE}}}{4}\times I_0^2\right)+0.64\left(\frac{U_{\mathrm{CE0}}}{8}\times I_0+\frac{r_{\mathrm{CE}}}{3\pi}\times I_0^2\right) \tag{7.3}$$

二极管的通态损耗为

$$P_{\mathrm{cond\_D}}=0.5\left(\frac{U_{\mathrm{F0}}}{\pi}\times I_0+\frac{r_{\mathrm{F}}}{4}\times I_0^2\right)+0.64\left(\frac{U_{\mathrm{F0}}}{8}\times I_0+\frac{r_{\mathrm{F}}}{3\pi}\times I_0^2\right) \tag{7.4}$$

IGBT 的开关损耗是指其在开通和关断过渡过程中的功率损耗。得到开关损耗最精确的方法是测量在开关过程中 i_0 和 u_{CE} 的波形，对其进行时间积分。

$$P_{\mathrm{sw(on)}}=\frac{1}{t_{\mathrm{on}}}\int_0^{t_{\mathrm{on}}} i_0(t)\times u_{\mathrm{CE}}(t)\,\mathrm{d}t \tag{7.5}$$

因为开关能耗和集电极电流之间存在着线性关系，且在一个电流周期的正弦半波内，IGBT 的开关损耗可以用一个相应的直流电流所产生的开关损耗来等效，这个直流电流实质上是该正弦半波的平均值[6,7]，所以 IGBT 的总开关损耗可以根据这一简化计算出，即

$$P_{\mathrm{on+off\_Tr}}=\frac{1}{\pi}\times f_{\mathrm{s}}\times\left[E_{\mathrm{on\_Tr}}+E_{\mathrm{off\_Tr}}\right]\times I_0 \tag{7.6}$$

式中，f_{s} 为开关频率；$E_{\mathrm{on\_Tr}}$ 为 IGBT 额定状态下的单脉冲开通损耗；$E_{\mathrm{off\_Tr}}$ 为 IGBT 额定状态下的单脉冲关断损耗。相应地，二极管的总开关损耗可表示为

$$P_{\mathrm{on+off\_D}}=\frac{1}{\pi}\times f_{\mathrm{s}}\times E_{\mathrm{off\_D}}\times I_0 \tag{7.7}$$

式中，$E_{\mathrm{off\_D}}$ 为二极管额定状态下的单脉冲关断损耗。

三相半桥变流器 IGBT 模块总损耗为

$$P_{\mathrm{total}}=6n(P_{\mathrm{on+off\_Tr}}+P_{\mathrm{on+off\_D}}+P_{\mathrm{cond\_Tr}}+P_{\mathrm{cond\_D}}) \tag{7.8}$$

式中，n 为每相并联的 IGBT 模块数量。该方法的最大优点是计算所需参数除开关频率和输出电流都可从相应模块参数表中找到。由式(7.8)可知，IGBT 损耗影响因素除了器件本身参数，在变流器系统功率一定的情况下，主要取决于 IGBT 器件开关频率，为了减少损耗，需要采用优化的开关方式以减少开关次数。该计算方法和变流器工作状态是整流或逆变无关。

7.2　优化的 SVPWM 调制方法

7.2.1　SVPWM 基本原理

正弦脉宽调制(sinusoidal pulse width modulation，SPWM)技术应用于数字化变流器控制时因调制度不高、电压利用率低，已逐步被空间矢量脉宽调制(space vector pulse width modulation，SVPWM)技术替代。

对于电网提供的三相电压，令 U 表示相电压有效值，f 表示电网频率，则有

$$\begin{cases} u_a(t)=\sqrt{2}U\cos(2\pi ft) \\ u_b(t)=\sqrt{2}U\cos(2\pi ft-2\pi/3) \\ u_c(t)=\sqrt{2}U\cos(2\pi ft+2\pi/3) \end{cases} \tag{7.9}$$

则三相网电电压的合成空间矢量 $u(t)$ 可表示为

$$u(t)=\frac{2}{3}\left[u_a(t)+u_b(t)\mathrm{e}^{\frac{\mathrm{j}2\pi}{3}}+u_c(t)\mathrm{e}^{\frac{\mathrm{j}4\pi}{3}}\right]=\sqrt{2}U^{\mathrm{j}2\pi ft} \tag{7.10}$$

由式(7.10)可知，$u(t)$ 是一个幅值恒定且以 $2\pi f$ 角频率旋转的空间矢量，而该矢量在三相静止坐标系(a,b,c)上的投影就是对称的三相网电。

三相变流器的开关信号(S_a、S_b、S_c)可以产生 8 种基本工作状态，即 000、001、010、011、100、101、110、111，对应 8 个基本矢量，分别是零矢量 U_0(000) 和 U_7(111)，以及非零矢量 U_1(001)、U_2(010)、U_3(011)、U_4(100)、U_5(101)、U_6(110)[8]。这 8 个矢量的分布位置见图 7.1，任意两个相邻的矢量夹角为 60°，对于平面内任一矢量 U_r，可用两个非零矢量 U_x、U_y 和一个零矢量 U_0 组合表示，即

$$\int_0^T U_r T\,\mathrm{d}t=\int_0^{T_x} U_x T_x\,\mathrm{d}t+\int_{T_x}^{T_y} U_y T_y\,\mathrm{d}t+\int_{T_x+T_y}^{T} U_0 T_0\,\mathrm{d}t \tag{7.11}$$

式中，T 表示采样周期；T_x 表示矢量 U_x 作用时间，T_y 表示矢量 U_y 作用时间，T_0 表示矢量 U_0(也可以是 U_7)作用时间。对图 7.1 采用三相静止坐标系(a,b,c)到两相垂直坐标系(α,β)的坐标变换，转换结果见图 7.2。

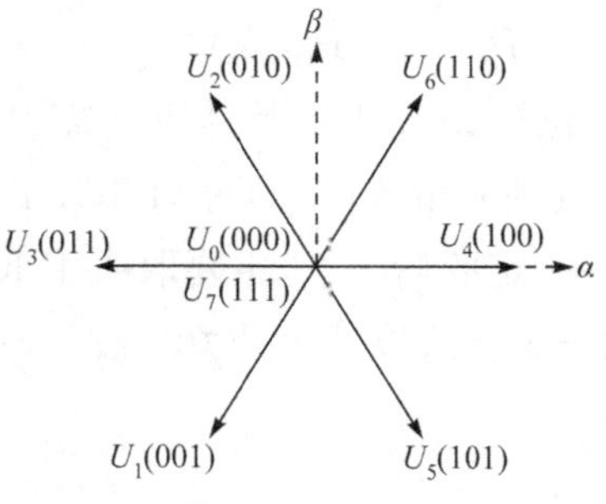

图 7.1　基本电压矢量分布图

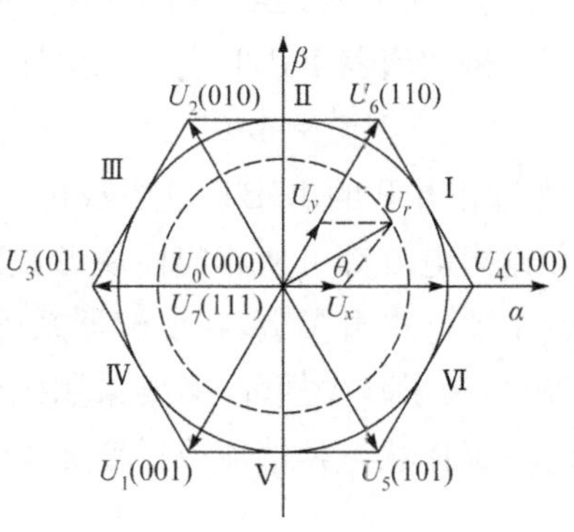

图 7.2　电压空间矢量图

定义 T_1 及 T_2 分别为同一扇区两相邻非零矢量 U_x 及 U_y 在同一个采样周期中对应的作用时间，T_0 为零矢量作用时间，T_s 为采样周期，θ 为旋转矢量 U_r 的位置角，依据平行四边形法可得

$$T_sU_r=T_1U_x+T_2U_y+T_0U_0(\text{或 }T_0U_7) \tag{7.12}$$

由图 7.2 和式(7.12)可求得

$$\begin{cases}T_1=MT_s\sin(\pi/3-\theta)\\T_2=MT_s\sin\theta\\T_0=T_s-T_1-T_2\end{cases} \tag{7.13}$$

以第一扇区为例，控制矢量调制算法在一个采样周期内的开关触发波形见图 7.3。由图可见，常规 SVPWM 矢量调制策略在一个采样周期内有 6 次开关动作，开关动作次数与 SPWM 策略相同。

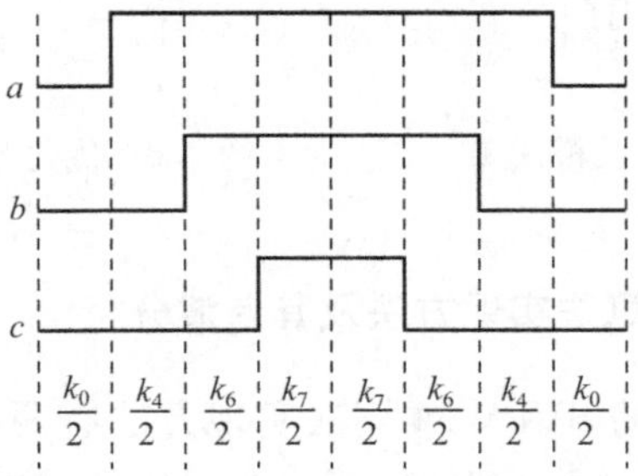

图7.3　普通 SVPWM 算法 PWM 波形图

7.2.2　优化的 SVPWM 算法

由式(7.13)可知，为了实现 SVPWM 技术，各矢量的开关时间只要满足式(7.13)对于 T_1、T_2和 T_0之间的约束关系，并不限制各个开关状态的变化顺序及起点时间。借助这一特点，通过采用一定的措施调整各矢量作用顺序就能减少开关动作次数，达到降低功率模块开关损耗的目的，这就是优化 SVPWM 的基本思想。列出空间矢量的 8 种开关状态变化图，见图 7.4，从 S_1到 S_4最少需要 3 次开关动作，而从开关状态 S_0变到 S_1只需要 1 次开关动作，采用优化的开关模式就可以减少每个 PWM 周期内的开关动作次数。

通过对图 7.4 的分析可知，有效利用零矢量可以使任意两个相邻状态转变只用 1 次开关动作，达到降低开关次数的目的。

如果运算过程中使用 T_7，即参考矢量由 U_1、U_2、U_7合成，零矢量的分配关系为 $T_0=0$、$T_7=T_s-T_1-T_2$，矢量作用顺序为 U_1、U_2、U_7、U_7、U_2、U_1。如果运算过程中使用 T_0，即参考矢量由 U_1、U_2、U_0合成，零矢量的分配关系为 $T_7=0$，$T_0=T_s-T_1-T_2$，矢量作用顺序为 U_1、U_2、U_0、U_0、U_2、U_1。其 PWM 波形如图 7.5 所示，开关次数由 6 次减少为 4 次，开关损耗降低 1/3。

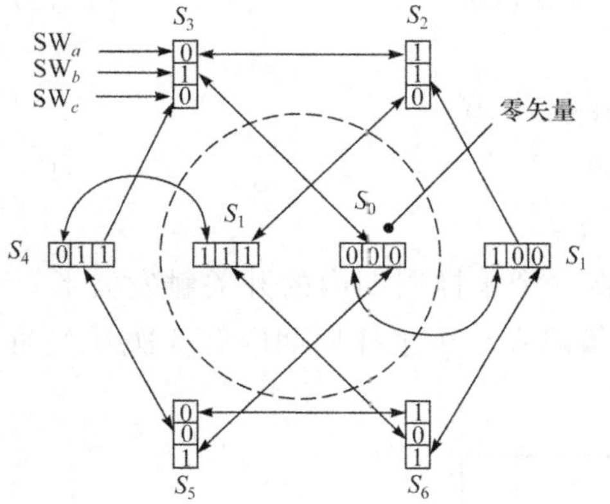

图 7.4　电压空间矢量开关模式图

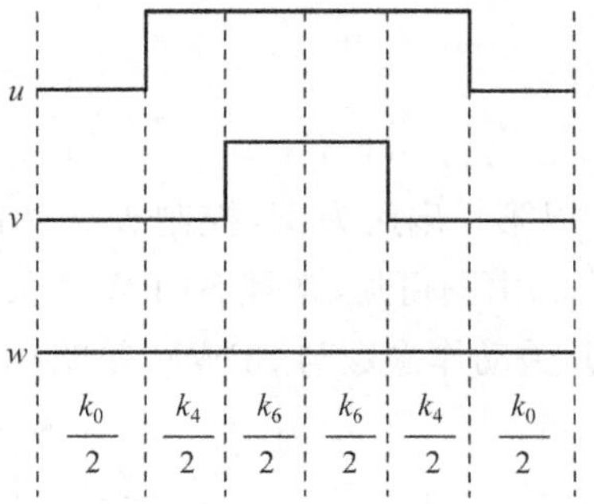

图 7.5　优化 SVPWM 算法 PWM 波形图

7.2.3　优化的 SVPWM 算法实现方法及其谐波分析

通过前述分析，优化的 SVPWM 算法实现方法有两种：一是单一零矢量调制方式，即在矢量图的所有区域中都使用同一个零矢量（单独使用 U_0 或者 U_7）；二是交替零矢量调制方式（交替使用 U_0 和 U_7），见图 7.6，将矢量平面由 6 个扇区扩展均分为 12 个扇区，在扇区 1、4、5、8、9、12 零矢量采用 U_7，而在 2、3、6、7、10、11 零矢量采用 U_0。

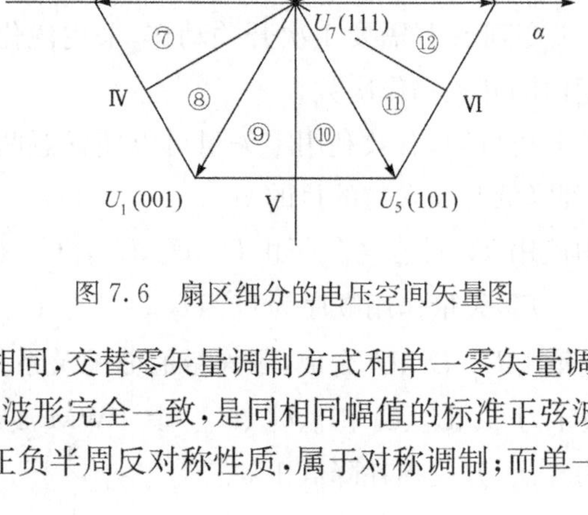

图 7.6　扇区细分的电压空间矢量图

因调制算法不相同，交替零矢量调制方式和单一零矢量调制方式相电压波形也不相同，但线电压波形完全一致，是同相同幅值的标准正弦波。交替零矢量调制方式的调制波具有正负半周反对称性质，属于对称调制；而单一零矢量调制方式的调制波没有正负半周反对称性质，属于非对称调制[9-11]。

为了定量分析前述两种优化空间矢量调制方法的谐波特性，根据相电压调制波函数，采用自然采样法 SPWM 数学模型的原理构造优化的空间矢量调制数学模型。下面分别推导单一零矢量调制、交替零矢量调制的频域数学模型，并对其频谱进行定量分析。

1. 单一零矢量调制的频域数学模型

定义幅度调制比为 M，调制波角频率为 ω，推导得到单一零矢量调制的 b 相相电压调制波函数为

$$u_b(t)=\begin{cases}2M\sin(\omega t)-1, & 0\leqslant\omega t<2\pi/3\\ 2M\sin(\omega t-\pi/3)-1, & 2\pi/3\leqslant\omega t<4\pi/3\\ -1, & 4\pi/3\leqslant\omega t<2\pi\end{cases}\tag{7.14}$$

令 $x=\omega_c t$、$y=\omega t$，z 方向正交于 xy 平面，ω_c 为采样角频率，构造单一零矢量调制的数学模型如图 7.7 所示，调制模型可表示为 $Z=F(x,y)$，在阴影范围内 $Z=0$，其余 $Z=U_{dc}$，U_{dc} 为变流器直流侧电压。

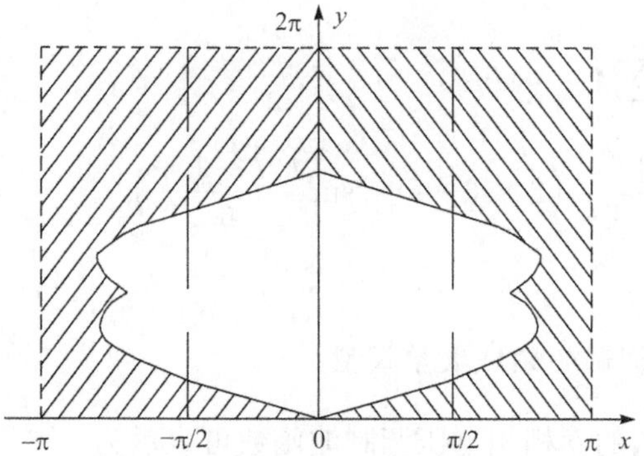

图 7.7　单一零矢量调制法的数学模型

空白部分边缘线的表达式为

$$x=\pm\frac{\pi}{2}[1+u_b(t)]=\begin{cases}\pm\pi M\sin(\omega t), & 0\leqslant\omega t<2\pi/3\\ \pm\pi M\sin(\omega t-\pi/3), & 2\pi/3\leqslant\omega t<4\pi/3\\ 0, & 4\pi/3\leqslant\omega t<2\pi\end{cases}\tag{7.15}$$

根据双重傅里叶变换

$$F(x,y)=\sum_{k=0}^{\pm\infty}\sum_{n=0}^{\pm\infty}K_{kn}\,\mathrm{e}^{\mathrm{j}(k\omega+n\omega_c)t}\tag{7.16}$$

可得到 b 相调制波形的复数傅里叶级数系数为

$$K_{kn}=\frac{1}{4\pi}\int_0^{2\pi}\int_0^{2\pi}F(x,y)\mathrm{e}^{-\mathrm{j}(nx+ny)}\mathrm{d}x\mathrm{d}y$$

$$=\frac{U_{dc}}{2\pi^2}\int_0^{2\pi/3}\int_{-\pi M\sin(\omega t)}^{\pi M\sin(\omega t)}\mathrm{e}^{-\mathrm{j}(n\omega_c+k\omega)t}\mathrm{d}(\omega_c t)\mathrm{d}(\omega t)+\int_{2\pi/3}^{4\pi/3}\int_{-\pi M\sin(\omega t-\frac{\pi}{3})}^{\pi M\sin(\omega t-\frac{\pi}{3})}\mathrm{e}^{-\mathrm{j}(n\omega_c+k\omega)t}\mathrm{d}(\omega_c t)\mathrm{d}(\omega t)\tag{7.17}$$

则线电压双重傅里叶级数为

$$F_{bc}=\sum_{k=0}^{\pm\infty}\sum_{k=0}^{\pm\infty}K_{kn}\{\mathrm{e}^{\mathrm{j}(k\omega+n\omega_c)t}-\mathrm{e}^{-\mathrm{j}[(\omega t-2\pi/3)+n\omega_c]t}\}=\sum_{k=0}^{\pm\infty}\sum_{k=0}^{\pm\infty}K_{kn}(1-\mathrm{e}^{-\mathrm{j}2k\pi/3})\mathrm{e}^{\mathrm{j}(k\omega+n\omega_c)t}\tag{7.18}$$

根据贝叶斯公式[12,13]

$$\sin(x\sin\theta)=2\sum_{l=1}^{\infty}\mathrm{J}_{2l-1}(x)\sin(2l-1)\theta\tag{7.19}$$

采用式(7.17)和式(7.19)简化式(7.18)可得

$$F_{bc}(x,y)=MU_{dc}\sin(\omega t)+U_{dc}\sum_{k=\pm1}^{\infty}\sum_{n=1}^{\infty}A_{kn}\sin(k\omega+n\omega_c)t\tag{7.20}$$

式中

$$A_{kn}=\frac{4}{n\pi^2}\sin\frac{2k\pi}{3}\left\{\sum_{l=1}^{\infty}\mathrm{J}_{2l-1}(Mn\pi)\times\left[\frac{2l-1}{(2l-1)^2-k^2}\left(2\times(-1)^{l-1}\sin\frac{(2l-1)\pi}{6}\right)\Big|_{2l-1\neq\pm k}+\frac{2\pi}{3}\sin\frac{k\pi}{3}\Big|_{2l-1\neq\pm k}\right]\right\}\tag{7.21}$$

2. 交替零矢量调制的频域数学模型

交替零矢量调制的 b 相相电压调制波函数可表示为

$$u_b(t)=\begin{cases}1, & -\pi/6\leqslant\omega t<\pi/6\\ 2M\sin(\omega t+\pi/3)-1, & \pi/6\leqslant\omega t<\pi/2\\ 2M\sin(\omega t+2\pi/3)+1, & \pi/2\leqslant\omega t<5\pi/6\\ -1, & 5\pi/6\leqslant\omega t<7\pi/6\\ 2M\sin(\omega t+\pi/3)+1, & 7\pi/6\leqslant\omega t<3\pi/2\\ 2M\sin(\omega t+2\pi/3)-1, & 3\pi/2\leqslant\omega t<11\pi/6\end{cases}\tag{7.22}$$

采用同样的方法可以得到交替零矢量调制方法的频域数学模型，其线电压的双重傅里叶级数为

$$F'_{bc}(x,y)=MU_{dc}\sin(\omega t)+U_{dc}\sum_{k=\pm1}^{\infty}\sum_{n=1}^{\infty}A'_{kn}\sin(k\omega+n\omega_c)t\tag{7.23}$$

式中

$$A'_{kn}=\frac{4}{n\pi^2}\sin\frac{2k\pi}{3}\sin^2\left(\frac{n+k}{2}\pi\right)\left\{\sum_{l=1}^{\infty}\mathrm{J}_{2l-1}(Mn\pi)\left[\frac{\pi}{3}\sin\frac{k\pi}{2}\cos\frac{(2l-1)\pi}{3}\bigg|_{2l-1\neq\pm k}\right.\right.$$
$$+\frac{2l-1}{k^2-(2l-1)^2}\left((2l-1)\cos\frac{k\pi}{2}\cos\frac{(2l-1)\pi}{6}\right.$$
$$\left.\left.\left.+k\sin\frac{k\pi}{6}\sin\frac{(2l-1)\pi}{2}-k\sin\frac{k\pi}{2}\sin\frac{(2l-1)\pi}{6}\right)\bigg|_{2l-1\neq\pm k}\right]\right\} \tag{7.24}$$

对比式(7.20)、式(7.21)和式(7.23)、式(7.24)，可以得到表 7.1，通过对单一零矢量和交替零矢量调制方法的对比，可知交替零矢量调制方法谐波中不含部分偶次谐波，因而总谐波含量更低。

表 7.1　单一/交替零矢量调制方法对比

单一零矢量调制方法	交替零矢量调制方法	结论
输出线电压基波幅值为 MU_{dc}	输出线电压基波幅值为 MU_{dc}	输出线电压基波幅值一致，即直流母线利用率相同
输出线电压谐波特性： 1) 不含采样频率整数倍次谐波，即不含载波谐波 2) 不含 3 次及 3 的倍数次谐波 3) 次数最低的谐波群出现在采样频率 ω_c 附近	输出线电压谐波特性： 1) 不含采样频率整数倍次谐波，即不含载波谐波 2) 不含 3 次及 3 的倍数次谐波 3) 不含 $n+k$ 为偶数次的谐波 4) 次数最低的谐波群出现在 ω_c 附近	交替零矢量调制方法可以消除更多的谐波

综上所述，采用优化的空间矢量调试方法，使得在一个采样周期内开关动作由 6 次减少为 4 次，从而使得开关损耗理论上降低 1/3，而采用交替零矢量调制方法比单一零矢量调制方法输出线电压谐波含量更低，从而能够降低开关损耗，这对于提高系统效率和系统抗干扰能力有重要的作用。

7.3　变流器散热系统设计

7.3.1　热阻计算和散热器选型方法

热传导过程遵循的规律表达式为

$$\Delta T=P_{\text{total}}R_{\text{th}}=P_{\text{total}}(R_{\text{thjc}}+R_{\text{thos}}+R_{\text{thsa}}) \tag{7.25}$$

式中，ΔT 为温升；P_{total} 为前述的耗散功率；R_{th} 为系统总热阻，由三部分构成，分别是 IGBT 内部芯片到 IGBT 模块表面热阻 R_{thjc}、IGBT 模块表面到散热器表面热阻 R_{thos}，以及散热器与冷却空气之间的热阻 R_{thsa}。R_{thjc} 是 IGBT 模块本身的技术参数，根据所用 IGBT 模块参数表容易查得。因 $R_{\text{thos}}\ll R_{\text{thsa}}$，一般忽略不计，$R_{\text{thsa}}$ 根据选择的散热器参数差别很大。进行散热设计，主要是根据要求选择合适的 R_{thsa}。

散热器的选择可分为五个步骤[14]：

(1) 根据变流器尺寸要求，确定系统能够提供给散热器的最大空间尺寸；

(2) 查询 IGBT 模块参数表，得到器件热阻 R_{thjc} 和器件稳定工作所允许的最高温度，结合变流器允许的最高工作环境温度，计算得出系统最大允许温升；

(3) 计算所有 IGBT 模块总耗散功率；

(4) 计算散热系统总的最大容许热阻：

$$R_{th}=\frac{\Delta T}{P_{total}} \tag{7.26}$$

根据 IGBT 器件参数表得到 R_{thjc}，则可确定散热器所要求的热阻：

$$R_{thsa}\approx R_{th}-R_{thjc}\approx\frac{\Delta T}{P_{total}}-R_{thjc} \tag{7.27}$$

(5) 选择合适的散热器，如采用强制空气冷却，有散热器热阻计算公式为

$$R_{thsa}=\left(\sqrt{\frac{10}{kd}}+\frac{650}{A}\right)\times C \tag{7.28}$$

式中，k 为变流器散热器热导率，考虑散热器体积和质量，常采用铝制散热器，铝材料的热导率取 2.08W/(cm · K)；d 为散热器的厚度(cm)；A 为散热器的面积(cm^2)；C 是一个与散热器表面和安装角度有关的修正因子，在空气温度不超过45℃且散热器竖直安装的情况下，C 可取为 0.025。

根据式(7.28)反推即可选定合适面积和厚度的散热器。在选配散热器时，其底板厚度必须满足热传导要求，不能太厚，散热器翼片的数目不能对风道产生太大阻碍，且散热器高度和厚度之比要合理[15]。选择插片式铝制散热器，外形如图 7.8 所示。

图 7.8 散热器及 IGBT 功率模块安装图

值得注意的是，IGBT 功率模块均布于散热器，为了尽可能减小 R_{thos}，在散热器和功率模块的安装面均涂散热绝缘混合剂，并施加合适的紧固力矩。由于热量

主要通过对流而散发，所以对于强制风冷散热方式，散热器表面黑化不起作用。

7.3.2　温升时间计算方法

因为变流器 IGBT 模块在散热器上均匀排布，可将所有 IGBT 模块看成单一热源；因 IGBT 工作所产生的热量能够及时通过散热器排出系统，可认为该散热器是个均质热源。IGBT 产生的总热量主要通过散热器自身吸收一部分，散热器散发一部分[3]，根据能量守恒定律有

$$P_{\text{total}}\mathrm{d}t=c_{\text{th}}\mathrm{d}\theta+\alpha_{\text{th}}\theta S\mathrm{d}t \tag{7.29}$$

式中，$c_{\text{th}}=mc_{\text{m}}$ 表示系统散热器的热容(J/K)，m 表示系统散热器质量(kg)，c_{m} 表示系统散热器比热容(J/(kg·K))；α_{th} 表示系统散热器传热系数(W/(cm^2·K))；θ 表示系统散热器温升(K)；S 表示系统散热器表面积(cm^2)。

令 $\tau_{\text{r}}=c_{\text{th}}/\alpha_{\text{th}}S$，则式(7.29)可改写为

$$\frac{\mathrm{d}\theta}{\mathrm{d}t}+\frac{\theta}{\tau_{\text{r}}}=\frac{P_{\text{total}}}{c_{\text{th}}} \tag{7.30}$$

利用系统初始条件 $t=0$、$\theta=0$，可得到变流器散热器温升公式为

$$\theta=\theta_{\infty}(1-\mathrm{e}^{-t/\tau_{\text{r}}}) \tag{7.31}$$

式中，$\theta_{\infty}=P_{\text{total}}/\alpha_{\text{th}}S$，表示散热器温升平衡后的温度。

设散热器与冷却空气的温差为 t_0，由式(7.31)可得到模块的温度上升过程公式为

$$t_{\text{s}}=t_0+\theta_{\infty}(1-\mathrm{e}^{-t/\tau_{\text{r}}}) \tag{7.32}$$

当变流器停止工作时，散热器逐步冷却，在式(7.30)中，令 $P_{\text{total}}=0$，定义 τ_{f} 为冷却过程时间常数，则温度下降时散热器遵循的公式为

$$\frac{\mathrm{d}\theta}{\mathrm{d}t}+\frac{\theta}{\tau_{\text{f}}}=0 \tag{7.33}$$

本系统中起始条件为 $t=0$、$\theta=\theta_{\infty}$，由式(7.33)可得散热器温度下降公式为

$$\theta=\theta_{\infty}\mathrm{e}^{-t/\tau_{\text{f}}} \tag{7.34}$$

设散热器与冷却空气的温差为 t_0，由式(7.34)可得到模块的温度下降过程公式为

$$t_{\text{s}}=t_0+\theta_{\infty}\mathrm{e}^{-t/\tau_{\text{f}}} \tag{7.35}$$

从上述表达式可知，不同功耗下的 IGBT 模块和散热器温度变化动态过程利用式(7.32)和式(7.35)可以很方便地得到，有利于分析 IGBT 模块和散热器温度动态变化过程。

7.3.3　风机选择和散热风道设计

采用强迫风冷方式散热时，风机选择取决于两个因素[16,17]。

(1) 风压：明确系统散热器所需热阻后，查找热阻风压曲线，可确定所需风压。

(2) 风量:风机的风量 Q 表达式为[7]

$$Q=\frac{P_{\mathrm{total}}\times 10^{-3}}{\rho c\Delta T} \tag{7.36}$$

式中,Q 为风量或流量(m^3/s);ρ 为空气密度(kg/m^3);c 为空气的比热容(kJ/(kg·K))。由风压和风量基本上可确定风机数量和型号。

风机散热效果和风道设计关系密切,风道设计时,首先应注意进风口要尽可能大,使得冷空气有效进入风道;第二要使得气流有效流过散热器表面,促进热交换;第三要减小风道的风阻;第四要保证出口的热气流尽快排出。散热风道的设计应在充分考虑功率单元散热的要求下尽量优化。

目前常用的散热风道主要有两种[18,19]:一是串联风道,如图 7.9(a)所示,这种风道是由每个 IGBT 模块在散热器上下相对排列,形成自下而上的风道,因空气从下到上存在依次加热的问题,会造成上面的 IGBT 功率单元环境温差小,散热效果差;二是并联风道,如图 7.9(b)所示,这种风道设计是从每个功率单元的前面进风,对应的进风口并联排列,在后面的风仓中汇总后由风机抽出,但因需要形成风仓,增大了设备的体积,同时由于各个功率单元后端到风机的距离不同,使得每个功率单元的风流量不一致。结合串并联风道的优点,本章设计了串并联混合式风道,见图 7.10,这种风道模块一端进风口并联排列,且风道自下而上,散热均匀,设备体积小。

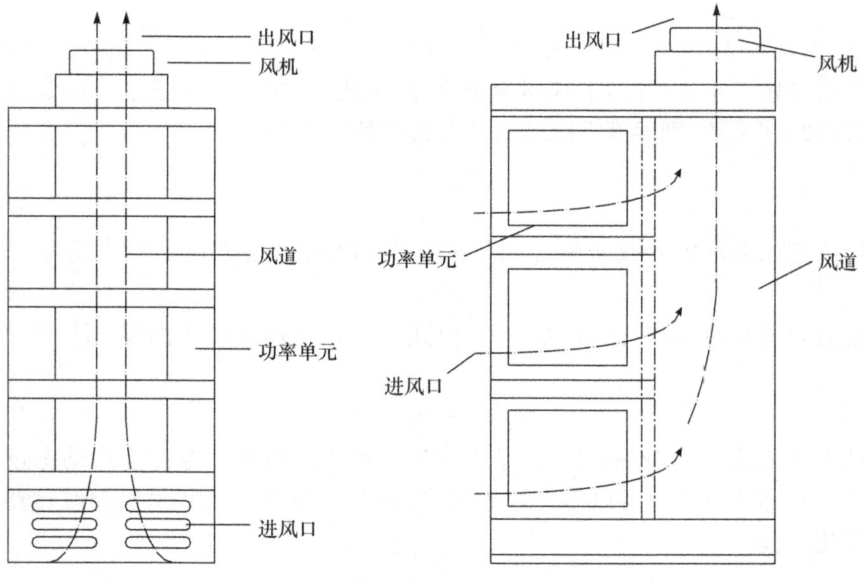

图 7.9　串联、并联风道示意图

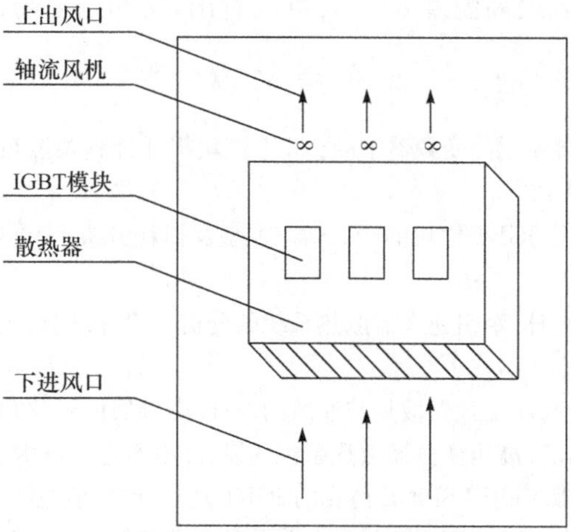

图 7.10　混合风道示意图

7.3.4　计算结果与实验结果比较

设计的单台变流器容量为 250kVA，相关参数为：桥臂电压 600V，开关频率 2.5kHz。根据以上的要求，选用 Infineon 公司的 IGBT(FF450R120KT3)作为系统主电路的功率开关器件，其额定电压 1200V，两组并联额定电流可达 900A，开关频率 10kHz 以下均可，相关技术参数见表 7.2，符合系统设计的要求，且有一定的裕度。

表 7.2　FF450R120KT3 的相关参数

IGBT		FWD 二极管	
U_{CE0}	1.0V	U_{F0}	1.0V
r_{CE}	2.3mΩ	r_F	2.0mΩ
E_{on_Tr}	28mJ	E_{on_D}	0
E_{off_Tr}	44mJ	E_{off_D}	38mJ
f_s	3kHz	f_s	3kHz

利用前述推导并参考器件手册提供的数据计算单个 IGBT 模块总损耗为 421W，系统共计 12 个模块，由理论计算得到系统总的损耗 P_{total} 为 5052W，根据前面设计的散热器，散热器表面温度 80℃。

实际实验中，环境温度 37℃。逆变器实际带载 250kVA，额定输出电压 380V，额定输出电流 378A。带载系统约 70min 后，散热器温度基本不再升高，进入平衡状态，采用 FLUKE 数字点温计测得散热器表面温度 82℃，IGBT 外表最高温度 87℃；而采用优化的 SVPWM 算法后，采用 FLUKE 数字点温计测得散热器表面温度 77℃,IGBT 外表最高温度 81℃。可以看出,实测结果与计算结果基本吻合。

参考文献

[1] 胡建辉,李锦庚,邹继斌,等. 变频器中的 IGBT 模块损耗计算及散热系统设计. 电工技术学报,2009,24(3):159-163

[2] 毛鹏,谢少军,许泽刚. IGBT 模块的开关暂态模型及损耗分析. 中国电机工程学报,2010,30(15):40-47

[3] 张舟云,徐国卿,沈祥林. 牵引逆变器散热系统的分析与设计. 同济大学学报(自然科学版),2004,32(6):775-778

[4] 续明进,张皓,董武. 高压变频器散热与通风的设计. 变频器世界,2005,9(5):68-71

[5] 王丹,毛承雄,范澎,等. 高压变频器散热系统的设计. 电力电子技术,2005,39(2):115-117

[6] 曹永娟,李强,林明耀. 基于 PSPICE 仿真的 IGBT 功耗计算. 微电机,2004,37(6):40-42

[7] 刘卫,解金芳,莫易敏. 600A IGBT 开关电路及其散热系统设计. 武汉理工大学学报,2003,25(9):63-68

[8] 周卫平,吴正国,唐劲松,等. SVPWM 的等效算法及 SVPWM 与 SPWM 的本质联系. 中国电机工程学报,2006,26(2):133-137

[9] 吴洪洋,何湘宁. 多电平载波 PWM 法与 SVPWM 法之间的本质联系及其应用. 中国电机工程学报,2002,22(5):10-15

[10] 易龙强,戴瑜兴. 基于 DSP 的单相 SVPWM 技术与零序信号分析. 电子学报,2007,35(12):2289-2293

[11] 文小玲,尹项根,张哲. 三相逆变器统一空间矢量 PWM 实现方法. 电工技术学报,2009,24(10):87-93

[12] Li K Y,Dai Y X. Digital control research of sinusoidal wave form inverter. Proceedings of the 6th International Conference on Electronic Measurement and Instruments,Taiyuan,2003:333-337

[13] Yi L Q,Dai Y X. Digital servo control techniques based sine inverter design. The 2nd Power International Conference on Machine Learning and Cybernetics,Xi'an,2003:888-892

[14] 郜克存,戴瑜兴,张海伟. 大功率三相光伏并网逆变器散热系统的设计. 哈尔滨理工大学学报,2012,17(2):27-31

[15] 谢少英,赵停殳,王世萍. 型材散热器的优化设计. 电子机械工程,2001,17(6):28-32

[16] 付桂翠,高泽溪. 影响功率器件散热器散热性能的几何因素分析. 电子器件,2003,26(12):354-357

[17] 杨旭,马静,张新武. 电力电子装置强制风冷散热方式的研究. 电力电子技术,2000,34(8):36-38

[18] 乔尔敏,温旭辉,郭新. 基于 IGBT 并联技术的大功率智能模块研制. 电工技术学报,2006,21(10):90-93

[19] 白保东,陈德志,王鑫博. 逆变器 IGBT 损耗计算及冷却装置设计. 电工技术学报,2013,28(8):97-106

第 8 章 H 桥级联式多电平高压岸电构成与控制

针对 3MVA 以上大功率岸电，采用低压拓扑需要较多的变流器并联，电缆数量多、直径大，造成连接复杂、困难，H 桥级联式多电平高压岸电用相对独立的低压变换单元，通过串联的办法来解决高压问题，因而有很高的推广价值。

8.1 级联式多电平高压岸电的实现方式

级联式多电平高压岸电采用 10kV/50Hz 输入，6.6kV/60Hz 输出，一般采用直接将高压进行变频变压的方式。整体框图如图 8.1 所示，主要包括输入开关、高压逆变器、输出电抗器、输出计量装置、输出开关以及高压大电流电源连接器等。三相高压 10kV/50Hz 进入岸电电源后，经整流逆变，输出三相准正弦波，再经过输出电抗器进一步滤波后，得到三相 6.6kV/60Hz 正弦电压，经高压大电流电源连接器给船舶供电。针对船舶的低压岸电需求，可配置 6.6kV/440V 降压装置。这种高压岸电技术具有很多优点：高压逆变技术交流输入侧采用移相变压器进行整流，功率因数接近 1，对电网污染很小；逆变输出直接为准正弦波，采用电抗器稍加滤波，即可得到近乎完美的正弦波输出；输入输出额定电流小，便于连接使用。

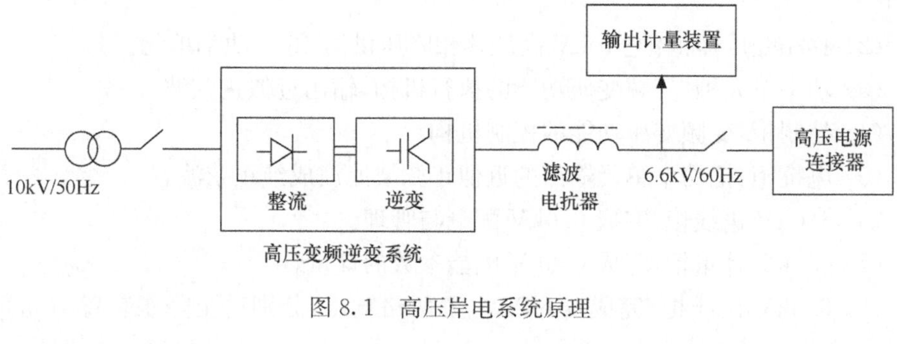

图 8.1 高压岸电系统原理

从电气角度高压岸电电源分为两大部分，第一部分为高压逆变装置，采用三相高压 10kV/50Hz 进入，经整流逆变，输出三相准正弦波，再经过输出电抗器进一步滤波后，得到三相 6.6kV/60Hz 正弦电压，如图 8.2 所示，直接给船舶供电。

也可接入第二部分，经降压装置输出 440V/60Hz 正弦电压供电，如图 8.3 所示。

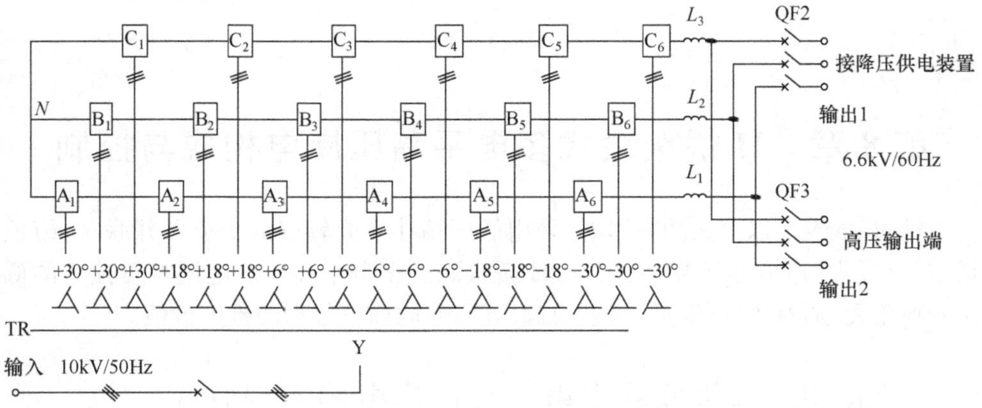

图 8.2　高压岸电电源装置电气原理图

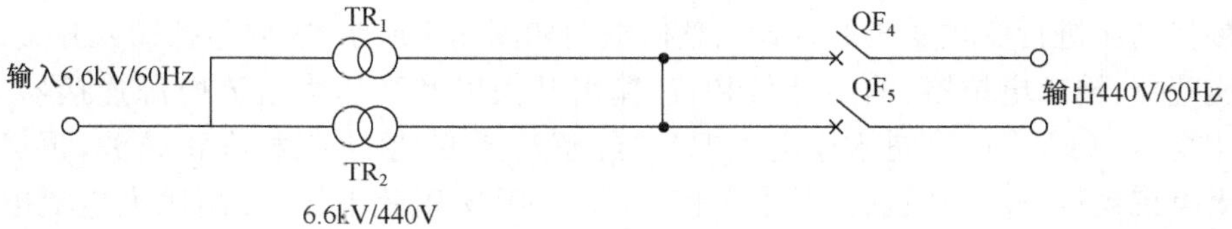

图 8.3　降压装置电气原理图

从系统构成及结构来说，高压岸电由以下几个部分组成。

(1) 10kV 进线柜：10kV 高压进入岸电电源装置的入口，完成 10kV 配电与管理。

(2) 移相变压器柜：把 10kV 高压移相降压供给 18 个功率单元。

(3) 功率单元柜：变频变压功能的执行机构，输出近似正弦波。

(4) 控制柜：变频变压功能的控制机构。

(5) 电抗柜：把功率单元输出的近似正弦波滤波成纯正弦波。

(6) 6.6kV 进线柜：完成 6.6kV 配电与管理。

(7) 6.6kV 计量柜：完成 6.6kV 电能参数的计量。

(8) 6.6kV 出线柜：完成 6.6kV 电源两路输出，分别送至降压装置与 6.6kV 负载。

8.2　H 桥级联式高压岸电系统构成

高压逆变器是高压岸电电源的核心，其原理如图 8.4 所示，它主要由移相变压器、功率单元、控制器组成。输入端由两个多绕组的隔离移相变压器供电，变压器次级有多组副边绕组，采用多脉冲整流[1,2]，输入谐波均能满足国家标准 GB/T 14549—93 对电压和电流畸变的要求。功率单元每相采用低压功率单元串接组成，并采用模块化设计，互换性好、维修简单、噪声低、谐波含量小，控制器部分以高速微处理器实现控制以及与微处理器间进行通信。

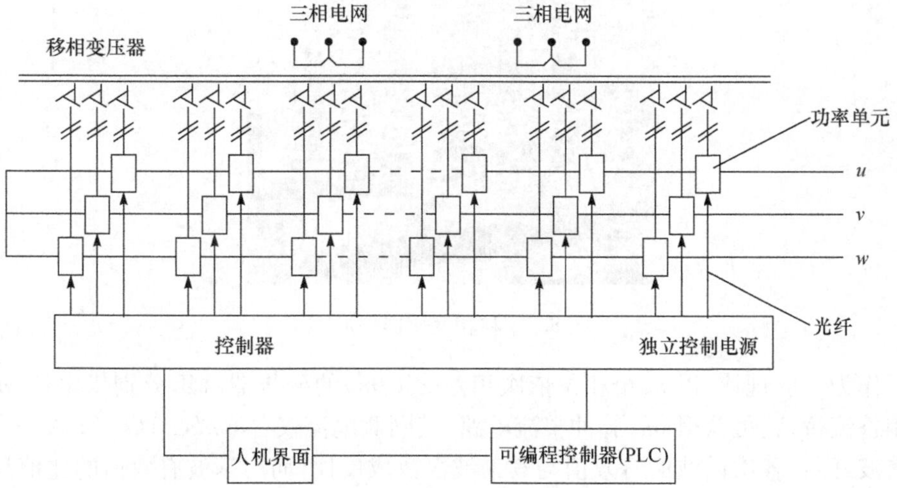

图 8.4　高压逆变器原理框图

8.2.1　输入侧结构

任何高压逆变器均会产生谐波污染，只是程度不同而已[3]。解决谐波污染的方案有两种：一是采取谐波滤波器，对高压逆变器产生的谐波进行治理，以达到供电部门的要求，即“先污染，后治理”的办法[4-7]；二是采用产生谐波电流较小的逆变器，逆变器本身基本上不对电网造成谐波污染，即“绿色”电力电子产品，从本质上解决谐波污染问题。国际上对电网谐波污染控制的标准中，应用较为普遍的是 IEEE 519-1992，我国也有相应的谐波控制标准，应用较为广泛的是国家标准 GB/T 14549—93《电能质量公用电网谐波》。

H 桥级联式高压岸电采用的是第二种方案，很好地解决了对电网的谐波污染问题。输入侧由移相变压器给每个功率单元供电，每个功率单元承受额定电流、1/8 的相电压、1/24 的输出功率。24 个单元在变压器上都有自己独立的三相输入绕组。功率单元之间及变压器二次绕组之间相互绝缘。二次绕组采用延边三角形接法，目的是实现多重化，降低输入电流的谐波成分。移相变压器如图 8.5 所示。

图 8.5　移相变压器外形图

作为一般规律，以 m 个相位依次相差 $\pi/(3m)$ 的变压器绕组分别供电给 m 个三相整流桥，就可获得 $6m$ 脉冲整流电路，其网侧电流仅含 $6mk\pm1(k=1,2,\cdots,n)$ 次谐波，而且各次谐波的有效值与其谐波次数成反比，而与基波有效值的比值是谐波次数的倒数[8-11]。另外，其位移功率因数均为 $\cos\alpha$，不随整流脉冲数的增加而提高，但基波因数随着整流脉冲数的提高而提高，所以总体输入功率因数也跟着提高[12,13]。对于二极管不可控整流电路，相电流相对于相电压的滞后角 α 一般小于 15°，对应的位移功率因数大于 0.966，所以采用多重化（18 脉冲以上）的二极管整流电路，输入功率因数基本上保持在 0.95 以上。

由于采用二极管不可控整流电路结构，逆变器对浪涌电压的承受能力较强，雷击或开关操作引起的浪涌电压可以经过变压器（变压器的阻抗一般为 8%左右）产生浪涌电流，经过功率单元的整流二极管，给滤波电容充电，滤波电容足够吸收进入单元内的浪涌能量。另外，变压器原边应安装压敏电阻浪涌吸收装置，起到进一步保护作用。

8.2.2　功率单元电路

功率模块组由 24 个模块组成，24 个模块分 3 相、每相 8 个模块串联，对应三相电源输出。

每个功率模块由三相整流单元、功率滤波单元、全桥逆变单元、逆变驱动单元、PWM 输出与逻辑判断保护单元以及旁路单元组成。单元模块电路主电路如图 8.6所示。其中，三相整流单元输入为高压移相变压器的三相二次绕组；功率滤波单元作用是进行工频整流滤波、平滑直流；全桥逆变单元实现将母线直流转换为工频交流 PWM 电压输出，每个 IGBT 由电气隔离的逆变驱动单元控制；PWM 输出与逻辑判断保护单元实现接收主控单元下发的 PWM 指令信号并分解为当前模块 PWM 信号输出，另外对整个模块的逻辑保护点进行检测与保护控制；旁路单元为旁路切换开关，其允许当前功率在发生故障时切除当前串联回路，使整个高压电源短时降额使用，为负荷排除供电危险提供时间。电源模块自主控制波形输出，但各单元之间同步由中央控制单元统一协调，同时电源运行过程中相关状态通过光纤以曼彻斯特编码通信方式主动上报中央控制单元。

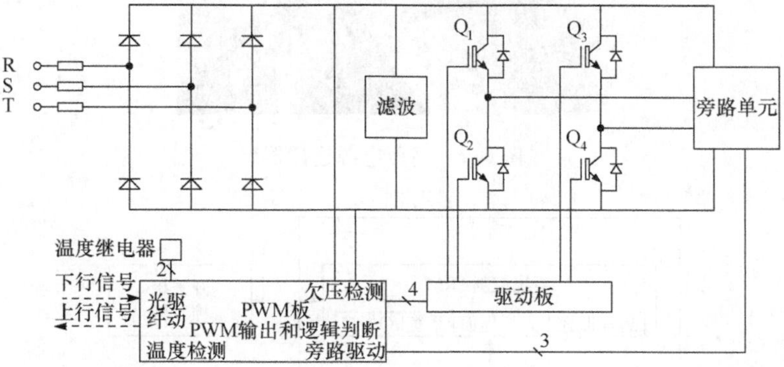

图 8.6　单元模块电路主电路图

旁路侧由可控硅组成，若某一单元发生故障，故障报警信号经由通信电路传输给主控系统，主控系统接到故障信号后，经过故障种类判断，对系统的各种信号协调，在条件满足后，用最短的时间将出现故障的功率单元进行旁路切除。主控系统通过改变算法，重新计算输出波形，保持输出电压波形的完整，同时向用户发出报警信号，使扰动降至最低，保证系统正常运行。每个功率单元完全一样，可以互换，不仅调试、维修方便，而且备份也十分经济。

8.2.3　输出侧结构

输出侧由每个单元的两个输出端子相互串接而成，采用三相星型接法输出给负载供电。通过对每个单元的 PWM 波形进行重组，可得到阶梯 PWM 波形。这种波形正弦度好，du/dt 小，可减少对用电设备的绝缘损坏，再加上输出滤波器就可以使输出电缆长度很长，用电设备不需要降额使用。

岸电电源与船舶连接需要采用高压电源连接器，如图 8.7 所示，以方便插拔。

8.2.4　控制器

中央控制单元包括 ARM 处理器、逆变控制单元、信号检测单元，其中逆变控制单元由 DSP 和 FPGA 连接组成，如图 8.8 所示。

图 8.7　高压电源连接器

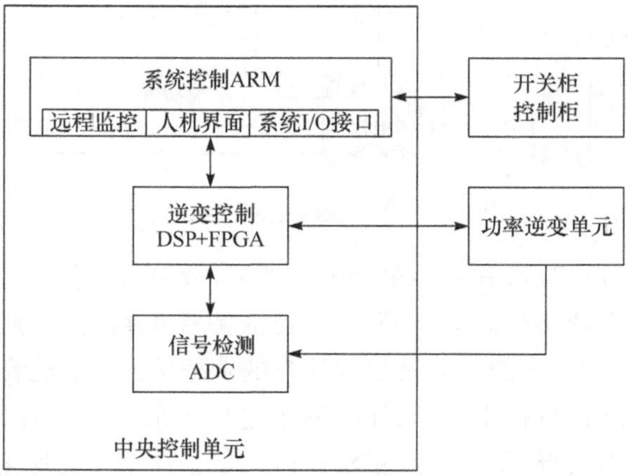

图 8.8　中央控制单元

其中，ARM 处理器不仅与高压开关柜、高压计量控制柜连接，还与 DSP、FPGA 连接，DSP 与信号检测单元连接，FPGA、信号检测单元均与其中岸电模块组连接。ARM 处理器负责系统总体控制，包括人机界面、系统 I/O 接口以及系统远程监控。人机界面由液晶显示屏与按键组成，用于系统运行状态显示、控制与操作。系统 I/O 接口主要由隔离 I/O 口芯片、系统通信芯片等组成，负责对系统相关输入输出开关量进行控制，如高压开关、负荷开关的分合状态检测与控制等。远程监控模块用于系统接入互联网，进行远程监控。DSP 芯片负责参考信号发生、反馈控制计算、设备运行参数计算等，FPGA 芯片负责信号同步、光纤通信编码、状态收集等。信号检测单元由 ADC 芯片与相关信号调整电路组成，完成对系统输入/输出的电压/电流信号、系统移相变压器与逆变变压器温度等相关系统运行信号进行检测。图 8.9 为高压岸电的逆变控制单元功能框图，逆变控制器是中央控制单元的重要组成部分。

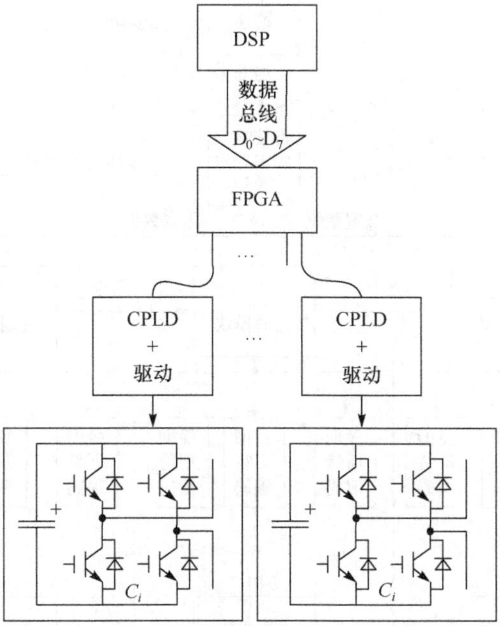

图 8.9　逆变控制单元功能框图

其主要由 DSP、FPGA 等功能芯片组成，主要完成逆变器逆变输出算法。DSP 负责实现逆变电源输出反馈的闭环控制算法，将采集到的电源运行参数进行计算、处理，并将当前系统输出控制参数传至 FPGA 用于实现 PWM 控制波形输出。FPGA 负责将当前 DSP 传入的三相驱动信号进行分解，分配至每相 8 个功率单元并形成 PWM 控制信号，并对 PWM 信号进行编码发送到逆变功率模块。FPGA 控制程序如图 8.10 所示，主要由通信模块、直接数字频率合成模块、曼彻斯特编码模块等程序模块组成。

FPGA 完成直接数字频率合成运算后得到当前逆变输出 PWM 脉宽信息，该信息需要通过光纤传至相应功率单元。通信编码采用曼彻斯特编码主要为了实现以下两方面功能：一是同步功率单元时钟信号；二是实现主控单元与功率单元的通信，将控制（脉宽）数据信号传输至功率单元。曼彻斯特编码又称相位编码，是一个同步时钟编码技术，被物理层使用来编码一个同步位流的时钟和数据。在曼彻斯特编码中，每一位的中间有一跳变，位中间的跳变既作时钟信号，又作数据信号：从低到高跳变表示“0”，从高到低跳变表示“1”。由于跳变都发生在每一个码元的中间，接收端可以方便地利用它作为位同步时钟，所以这种编码也称为自同步编码。

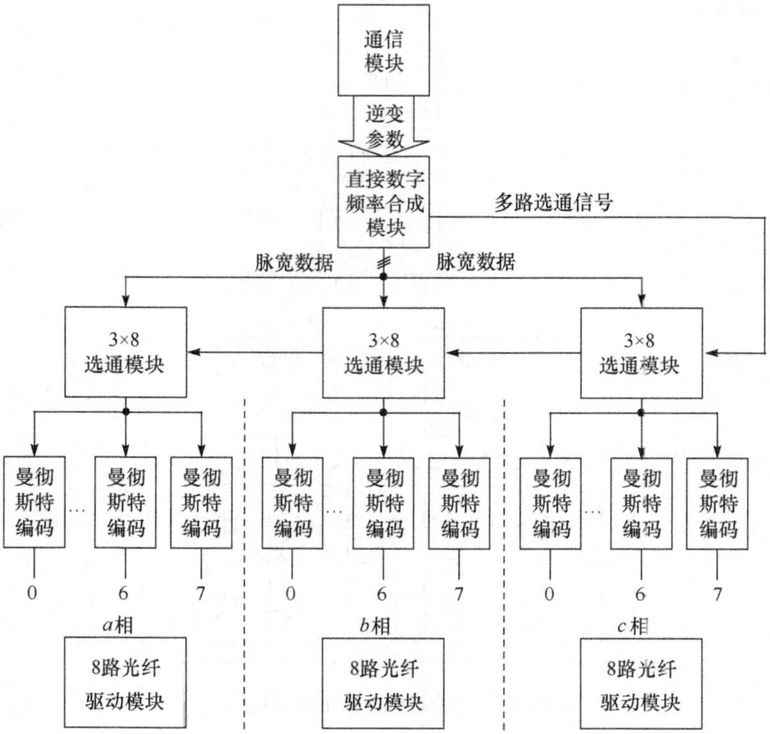

图 8.10　FPGA 控制程序框图

8.3　H 桥级联式高压岸电系统控制

高压岸电控制技术本质上是对低压岸电控制技术的继承和发展。在级联式高压岸电中,由于单元个数较多,线电压和相电压的电平数较多,其相电压每一级电平都由某一功率单元贡献,各个功率单元协调工作才合成了系统实际相电压PWM 输出。因此,级联式高压岸电 PWM 研制重点应放在如何将电压的调制波信号分解到各个单元,即各个单元的调制波信号的获取以及各个功率单元载波信号的获取方法。现在的级联式高压岸电大都采用调制波等比例分配,利用载波和调制波同时移相可使高压岸电实现高性能、低谐波的正弦波输出。

8.3.1　功率单元双极性调制方法

三角载波水平移相 SPWM(triangular carrier-based phase-shifting SPWM)方法是特别适合于级联多电平逆变器的 SPWM 方法。每个模块的 SPWM 脉冲信号由三角载波和正弦调制波比较产生,每相所有模块的正弦调制波都相同,但相邻模块的载波之间存在相移角，这就使得各模块产生的 SPWM 脉冲的基波相位、幅值均相同，但脉冲不重合，所以各模块的最终叠加输出电压的等效开关频率大大提高。因此，可在不提高开关频率的前提下，减少输出谐波。

调制波等比例分配技术就是根据每相的功率单元数目 K，将相电压的调制波信号均匀分配给各个功率单元，每个功率单元承担的电压为总的相电压的 $1/K$。

设逆变输出 u 相的电压为

$$u_u = U_u \sin(\omega t) \tag{8.1}$$

则 u 相中每个功率单元的调制波信号均为

$$u_{ux} = \frac{U_u}{K}\sin(\omega t), \quad x = 1, 2, \cdots, K \tag{8.2}$$

相当于保持调制波的频率和相位不变，将总的相电压调制波的幅值减小为 $1/K$ 分配给各个功率单元，各功率单元经过 PWM 变换后叠加而成的 PWM 波的基波成分仍为 $u_u = U_u\sin(\omega t)$，这样可以保证各个功率单元的功率是均衡的。

设单个功率单元输出的调制波电压为

$$u_{uvr} = U_r \sin(\omega t) \tag{8.3}$$

可以将其分解为两个函数：

$$u_{uor} = \frac{1}{2}U_r \sin(\omega t) \tag{8.4}$$

$$u_{vor} = -\frac{1}{2}U_r \sin(\omega t) \tag{8.5}$$

将以上两式分别用两个桥臂来实现，两个桥臂采用双极性调制方式，如图 8.11 所示。采用双极性控制方式时，两个桥臂共用一个载波信号，两对电力电子器件的开关频率是相同的，均为 f_s，而最后的输出电压是两个桥臂的 PWM 相减的结果。

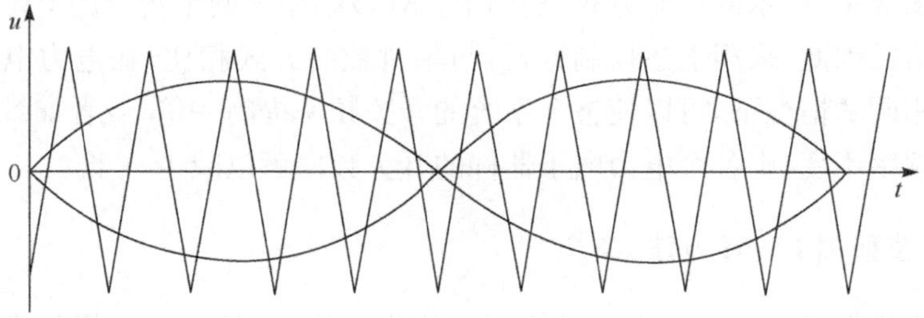

图 8.11　双极性调制波信号

采用同一个载波、两个调制波信号分别控制两个桥臂的方式，在计算中因需要两个调制波信号而较为烦琐，故可以采用图 8.12(a)所示的方式，采用一个调制波信号、两个载波信号，两个载波信号相位上相差 180°，分别控制两个桥臂，即为载波移相控制方式。两个桥臂输出的双极性 PWM 波 u_{uo} 和 u_{vo} 如图 8.12(b)和(c)所示。两桥臂输出的电压相减后得到 u、v 两输出端的 PWM 波，u_{uv} 同样还是单极性 PWM 信号，如图 8.12(d)所示。u_{uo} 的生成方法与常规的双极性 PWM 方法相同，而 u_{vo} 则是按照常规的 PWM 方法生成波形后再经过一次反相后得到的。

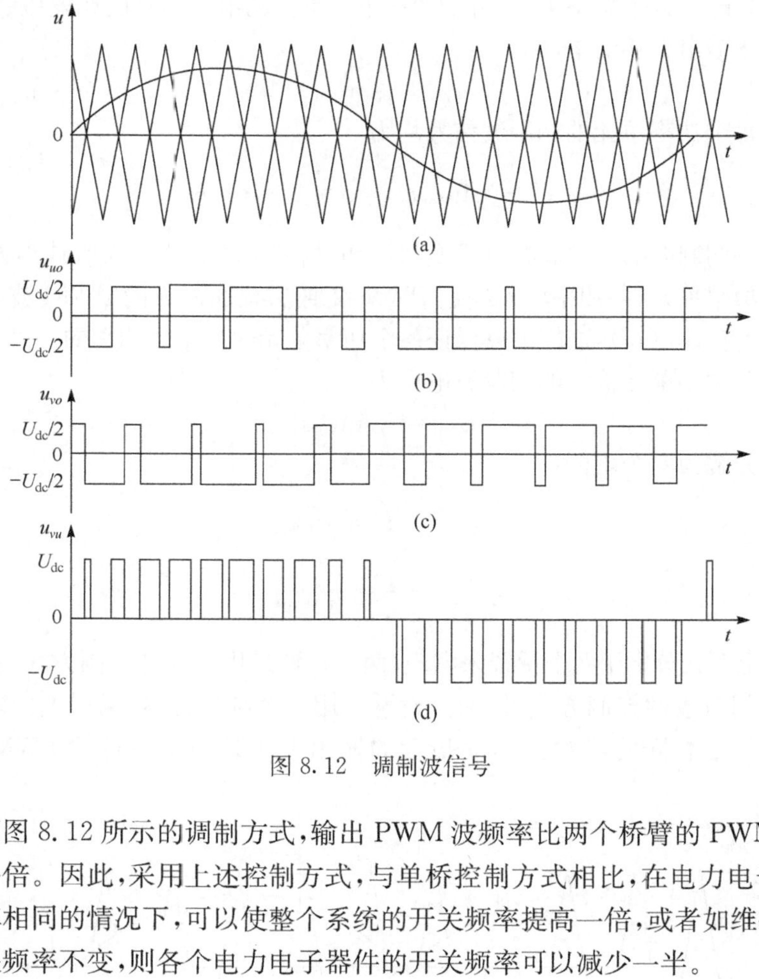

图 8.12　调制波信号

采用图 8.12 所示的调制方式，输出 PWM 波频率比两个桥臂的 PWM 的频率提高了一倍。因此，采用上述控制方式，与单桥控制方式相比，在电力电子器件的开关频率相同的情况下，可以使整个系统的开关频率提高一倍，或者如维持整个系统的开关频率不变，则各个电力电子器件的开关频率可以减少一半。

8.3.2　载波移相 PWM 方法

载波移相就是使各个功率单元的相位角各不相同，各个单元相互错开一个电角度。当每相中功率单元数目为 K 时，各单元的载波的相位依次相差 $2\pi/K$。这样，各功率单元的调制波完全一致，载波的幅值和频率也一致，但载波的相位不同。图 8.13 和图 8.14 分别为两单元级联同相位载波和载波移相的 PWM 示意图。

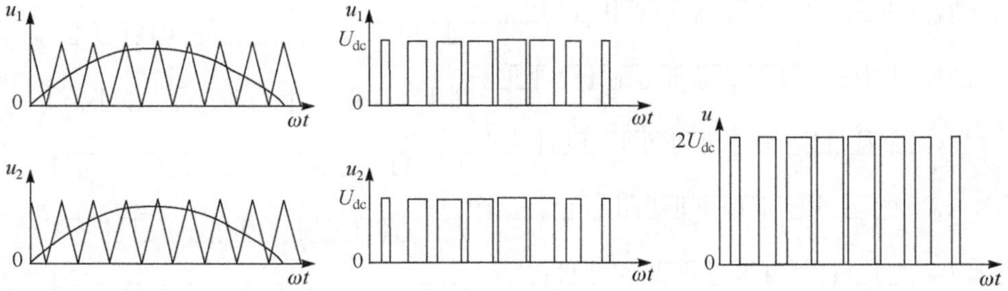

图 8.13　同相位载波 PWM 示意图

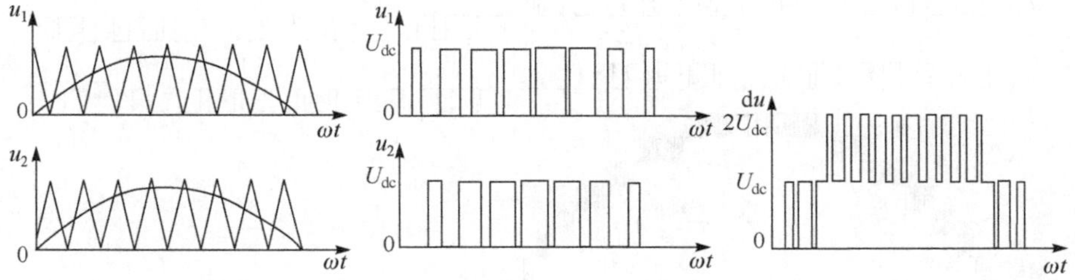

图 8.14　载波移相 PWM 示意图

由图 8.14 可以看出，两个功率单元载波信号相差 180°，经过 PWM 变换后两个功率单元输出的 PWM 波相位和脉冲基本上相互错开一个电角度。从图中两单元叠加后的输出波形可以看出，整个相电压的输出 du 为各功率单元直流母线电压 U_{dc}，如果 K 个单元相叠加，整个相电压的输出 du 同样只有 U_{dc}，即输出相电压每次只变化一个台阶（一个 U_{dc}），而采用同相位载波 PWM 调制 K 单元叠加后的输出为 KU_{dc}，输出相电压每次变化 K 个台阶。

当每个功率单元的载波比为 N 时，整机的载波比为 KN，整机的开关频率为 $f_c=KNf_r$。其最低次谐波的中心频率约为 $KN\omega_r$，使系统的谐波向高频域发展，系统输出的总谐波含量会大大减小。同时，du/dt 减小到原来的 $1/K$，所以在功率单元串联多电平的逆变部分采用载波移相技术与采用同相位载波技术相比，有很大优势。

8 单元逆变模块串联形成如图 8.15 所示的逆变电压波形，基本为正弦波。

8.3.3　载波移相 SPWM 方法的优越性

载波移相 SPWM 方法已成为 H 桥级联式多电平电路的标准 PWM 控制方法，与其他 PWM 控制方法相比，有以下优点。

在任何调制比 M 下，即任何频率下保证各单元具有相同的输出电压、功率和开关频率；而其他的载波方式在 M 降低时，会出现部分单元没有 PWM 电压输出，

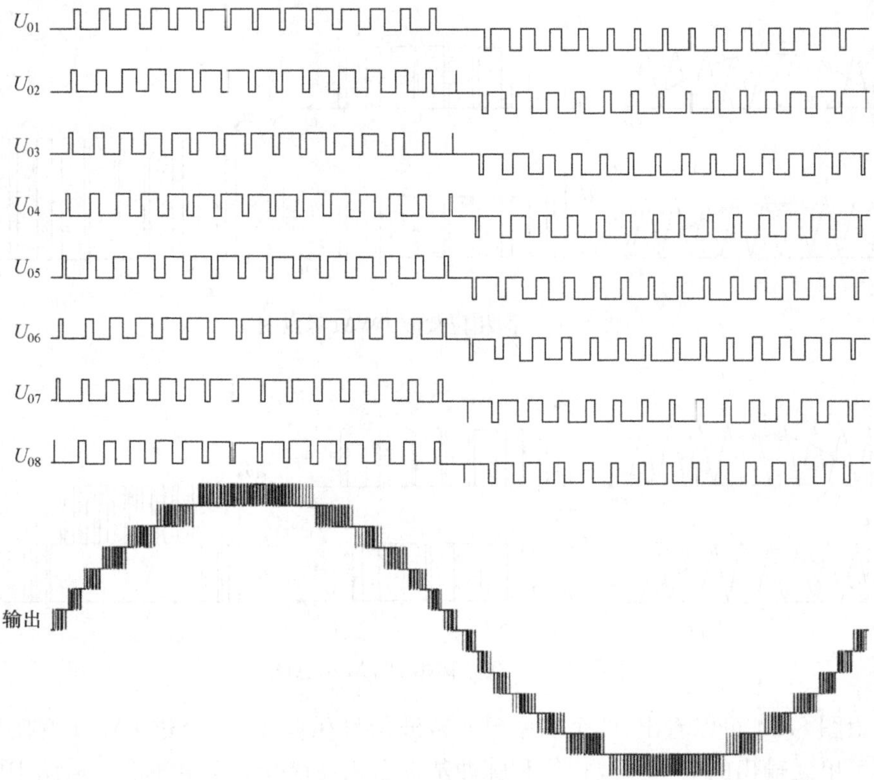

图 8.15　单元串联载波移相 PWM 示意图

造成单元之间的输出功率不同,输出电压的等效开关频率下降,使得输出电压的谐波含量增加。

功率单元之间没有输出功率不平衡的问题。在载波移相方式下各级之间输出电压的 PWM 波形基本一致;而其他方式则会出现不一致,使得不同级层的单元桥的功率不同。

与主电路的模块化结构相一致,载波移相 SPWM 方法中针对各个单元的载波和调制波也呈现模块化的结构。

8.4　H 桥级联式高压岸电系统优点与主要技术指标

8.4.1　H 桥级联式高压岸电电源技术优点

(1) 输入端采用隔离移相变压器进行 48 脉冲整流,输入功率因数接近 1,符合 GB/T 14549—2002 及 IEEE 519-1992 标准对电压、电流谐波畸变严格的要求,不需要增加功率因数补偿设备。

(2) 逆变控制采用了载波移相、中性点漂移、空间矢量等一系列数字化控制技术，使得系统运行稳定可靠。

(3) 逆变单元模块化冗余设计，若某一单元发生故障，在该单元输出端并联的可控硅旁路模块闭合，不影响整机的连续运行，维护简单，互换性好。

(4) 逆变单元控制电源采用独立于高压之外的低压不间断供电技术，增强了系统的可靠性。

(5) 高压主回路与控制器光纤通信，抗干扰能力强，安全可靠。

高压岸电电源技术指标(以 3000kVA 为例)，其参数如表 8.1 所示。

表 8.1　高压岸电电源的主要参数

输入参数	额定输入电压	10kV(±10%)
	额定输入电流	182A
	输入频率	50Hz
	电源相数	三相三线
	输入功率因数	≥0.95
输出参数	系统效率	≥95%
	输出额定电压	6600V
	输出额定电流	263A
	输出电压正定范围	±5%
	输出额定容量	3000kVA
	输出电压稳态调整率	±2%
	输出电压瞬态调整率	±10%
	输出电压热冷态变化率	±2%
	输出频率	60Hz±0.01Hz
	输出波形畸变率	≤4%
	输出相数	三相三线
	过载能力	1.1 倍 1h；1.5 倍 1min；1.8 倍瞬时保护
其他参数	状态参数显示	输出计量表，触摸屏
	通信	具备故障自诊断、自记录功能，支持对故障的查询功能，与上位机联机后可以打印故障，支持 DCS、Profibus、Modbus 等通信控制方式，支持远端操作以及远端显示
	输入/输出保护	输入缺相、欠压、过压，输出过流、缺相、短路、自动旁路故障单元等

8.4.2　高压岸电电源输出电压波形

高压岸电电源系统采用先进的载波移相技术，单元输出的基波相叠加、谐波彼此相抵消，串联后的总输出波形畸变很小。多个单元叠加后输出的阶梯波形如图 8.16所示，逆变器输出经输出电抗器滤波后的相电压正弦波形如图 8.17 所示，输出电压为 6600V，波形畸变率(THD)约为 3%。

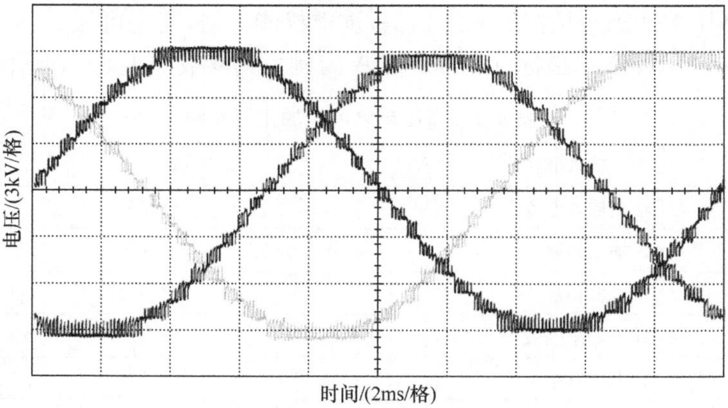

图 8.16　高压岸电输出的相电压阶梯波

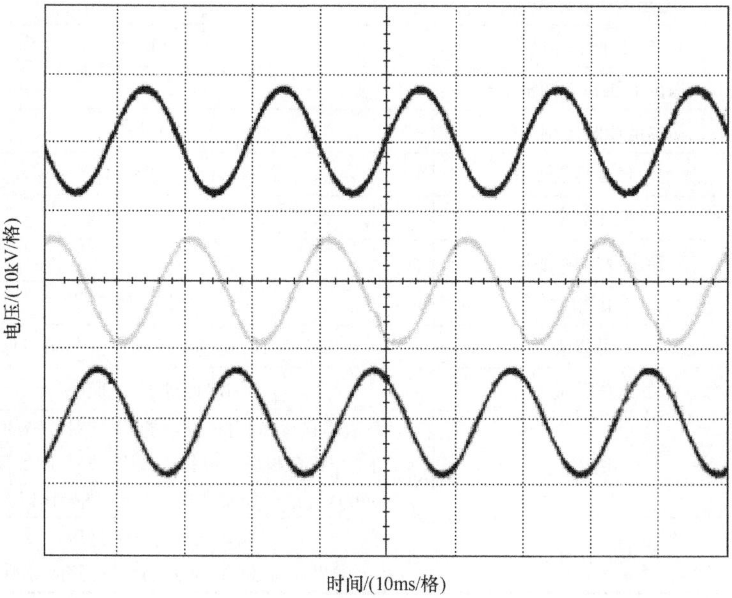

图 8.17　高压岸电输出的相电压正弦波

参考文献

[1] 王兆安,张明勋. 电力电子设备设计和应用手册. 北京:机械工业出版社,2002

[2] Bendre A, Venkataramanan G, Srinivasan V. Modeling and design of a neutral point voltage regulator for a three level diode clamped inverter using multiple carrier modulation. European Conference on Power Electronic and Application, 2003:565-569

[3] 宋强. 大容量多电平逆变器的控制方法及其系统设计. 北京:清华大学出版社,2003

[4] Steinke J K. Switching frequency optional PWM control of a three level inverter. IEEE Transactions on Power Electronics, 1992, 7(3):487-496

[5] McGrath B P, Holmes D G. A comparison of multi carrier PWM strategies for cascaded and neutral point clamped multilevel inverters. IEEE Industry Applications Society Annual Meeting, 1999:781-788

[6] 宋文祥,陈国呈,武慧,等. 一种具有中点电位平衡功能的三电平空间矢量调制方法及其实现. 中国电机工程报,2006,26(12):95-100

[7] 宋文祥,陈国呈,束满堂,等. 中点箝位式三电平逆变器空间矢量调制及其中点控制研究. 中国电机工程学报,2006,26(5):105-110

[8] 周京华,杨振,苏彦民. 多电平逆变器多载波 PWM 调制策略的研究. 电气传动,2005,(1):23-27

[9] Dodson R C, Evans P D, Yazdi H T. Compensation for dead time degradation of PWM inverter waveforms. IEE Proceedings, 1990, 137(2):73-81

[10] 陈伯时. 电力拖动自动控制系统. 北京:机械工业出版社,2003

[11] 任博涛. 中高压变频技术的基础研究. 天津:河北工业大学硕士学位论文,2007

[12] McGrath B P, Homes D G. Sinusoidal PWM of multilever inverters in the overmodulation region. IEEE Transactions on Industry Applications, 2002, (37):574-582

[13] Lai J S. Multilever inverter: A surver of topologies, controls, and applications. IEEE Transactions on Industrial Electronics, 2002, 49(4):724-738

第9章　岸电与船舶电站切换技术

为了把陆地电网的50Hz转换为船舶电站可接受的60Hz电源，岸电电源均采用电力电子变换器。电力电子变换器与无穷大电网并联时，可以认为其输出不会对电网电压产生影响，通过控制逆变环节的输出电流即可控制输出功率。同陆地大电网相比，船舶电网容量有限而且是独立电网，逆变环节若按常规电流源控制的方法并入船舶电网，则会对船舶电力系统产生不良影响，甚至造成断电。所以，岸电接入船电时，必须采取切换措施：一是先断船电，再接入岸电的间断式切换接入[1-4]；二是采用固态切换开关的微间断式切换接入；三是采用数字化控制算法的无缝式切换。前两种切换均属于不带电切换，切换时先停止船舶发电机向配电板主汇流排供电，再合闸岸电供电断路器，由岸电供电系统向船舶供电；或者先断开岸电供电断路器，再启动船舶发电机工作，由船舶发电机直接向船舶供电。第三种切换属于带电切换，切换前仅保留一台船舶发电机向汇流排供电，运用船舶岸电控制系统控制岸电断路器合闸，岸电和发电机并网供电，负荷转移，然后切断发电机供电，实现由岸电单独供电。

9.1　岸电与船电的间断式切换供电

船舶接岸电时，陆上电源通过电缆接到通常位于主甲板层的岸电箱，岸电箱一般都有岸电电源指示灯、断路器或开关加熔断器、岸电接线柱、相序指示灯（或负序继电器）、表明船电电压与频率的电能表。换接岸电的操作一般是在主配电板上进行，在主配电板上除岸电开关外，还设有岸电指示灯，以指示岸电电缆已经通电。岸电系统连接示意如图9.1所示。

船舶电网和岸电切换的整个操作过程必须有两名以上专业人员参加，最好是由轮机长现场指挥，电机员具体操作，一名轮机员协助；现场人员配备对讲机，保持船舶内部指挥协调以及与岸上人员的沟通联络，确保操作安全顺利进行。这项操作共分六个步骤。

（1）船舶岸电系统接地放电：接岸电前，要求船舶岸电系统进行接地放电。在岸电专业人员见证下，船员在岸电连接屏上完成接地放电程序。

（2）电缆的送岸连接：电缆绞车有自动张紧功能（类似自动绞缆机），能够保持电缆在设定张力下的一定伸出长度，间隔一定时间自动收绞一次，可有效保护电缆不受外力损坏。必要时可适当调节电缆绞车自动力矩和设定的绞缆时间。调定后

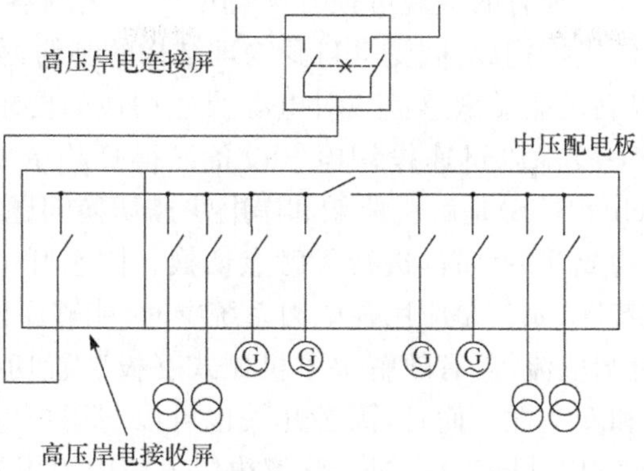

图 9.1　岸电系统连接示意图

电缆应该是不吃紧也不松弛外溜，10min 左右自动绞缆 3s。若原设定的自动力矩偏大和(或)时间偏长等，均有必要调小和(或)调短。

(3) 连接并实验岸电应急停止控制线路：将连接电缆中的应急停止控制回路接入岸电开关合闸线圈(串联，110V)，当船上按下任何一个应急按钮或船上电缆绞车送出到仅存最后一圈电缆时，自动断开岸上岸电开关，起到应急保护作用。岸上人员接妥电缆接口后，连接应急断电线路。船员配合，在船尾岸电箱、岸电连接屏、中压配电板上的岸电控制屏等三处，按照岸上人员指挥操作应急断电按钮，做应急断电实验。岸上人员确认实验成功，就完成了岸电的全部供电准备工作，随时可通知岸上供电部门合闸供电。

(4) 同步检验：船员在岸电连接屏上检验相序，确认后合闸，向配电板送电。

(5) 中压配电板合闸送电：船舶断电合闸，需在检测相序后，按下正在供电的主发电机分闸按钮，使全船失电；接着在配电盘上按下岸电的合闸开关，恢复船舶供电。为了安全，岸方一般会要求船舶断电合闸；然后记下电表的读数，以便结算。

(6) 岸电供电结束的恢复程序：先启动一台辅机，选定并电方法和模式。船舶断电合闸，则是启动船舶发电机后，先岸电分闸，使全船失电；接着按下发电机的合闸开关，恢复船舶供电。记下电表的读数，以便结算。然后，在岸电接收屏上分闸，依次通知岸上人员停止供电(此时船舶也可按下应急断电按钮，遥控岸上分闸断电)；配合岸上人员脱开电缆连接，逐步收起电缆；操纵收起液压导缆托架，关上舷门。

9.2　采用固态开关的岸电与船电微间断式切换供电

随着船舶对供电质量要求的不断提高，如何将船舶用电负荷不间断切换到岸电电源显得非常重要。现有的常规可控开关都由交流接触器、真空开关或油开关与继电器或电源操作机构构成,因受其自身物理结构的制约,影响了开关的动作时间和速度,使之难以满足船舶敏感负载对电源快速切换的要求,所以研制大容量、调整切换的新型开关技术以迅速投切电气设备显得日趋重要。固态开关(solid-state transfer switch,SSTS)是解决船舶和岸电快速切换问题的有效途径,即采用电力电子功率器件构成开关装置,进行无触点切换。固态开关具有瞬时、高频、低损耗和高安全性的特性,尤其是应用在电力系统中时,能够保证重要用户供电电源的迅速投切、限制合闸电流等,有效解决了机械式互投装置切换速度慢的问题,提高了电源的可靠性和安全性。而且,固态开关也可以与用户电力的其他技术结合使用,通过协调控制它们共同工作,进一步解决岸电使用的相关电能质量问题。

9.2.1 固态开关技术原理

固态开关利用大功率电力电子技术和基于微处理器的数字处理技术来实现负载的不间断供电,采用晶闸管作为开关装置,晶闸管具有成本低、过载能力强、可靠性高等特点,是解决敏感负荷和关键负荷电力供应最经济有效的手段之一。其结构如图 9.2 所示,当其中一路供电电源出现供电异常(电压暂降、波动等)时,固态开关可在 1/4 周波内(最短时间可小于 1ms)快速将重要负荷切换至备用电源,从而保证负荷供电的连续性和可靠性。

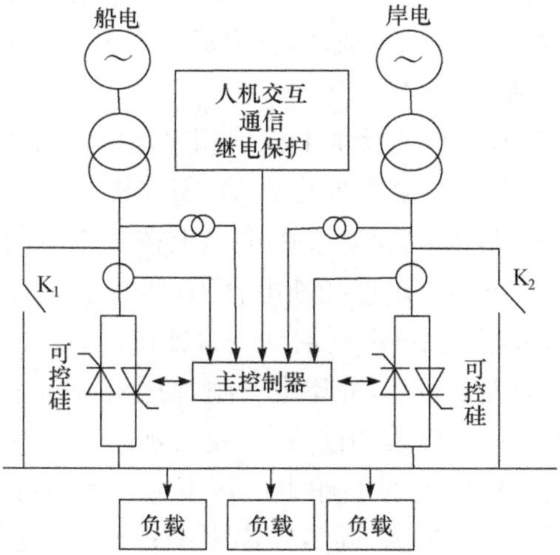

图 9.2 固态开关结构图

主、备用电源分别为船电和岸电,在同相和不同相情况下均可实现快速切换;人机交互界面根据工作需要提供系统参数设置、自动和手动选择设置以及其他相关参数设置;系统的通信功能将系统运行情况传送到远程控制中心,可以进行远程控制和维护；K_1、K_2 为旁路开关，当系统停机时可由旁路对负荷供电，方便系统的检修、维护和测试；主控制器为数字信号处理器，当主电源发生电压暂降并且幅值超过负荷的承受限值时，系统自动将负载切换到备用电源继续供电，整个切换时间在 1/4 个周波之内，不影响负荷的正常运行。

9.2.2 固态开关切换控制策略

固态开关必须采用可靠的电压检测方法和晶闸管检测方法，才能有效防止环流发生，保证电网安全以及系统和其他负荷的正常运行。三相双电源供电固态开关原理图如图 9.3 所示，由检测单元、控制单元、驱动单元和执行单元四部分组成。正常运行时，负载由晶闸管模块 T_1 向负荷供电，当检测到切换指令时，由控制单元发出切换指令，将负载迅速切换至 T_2 进行供电。

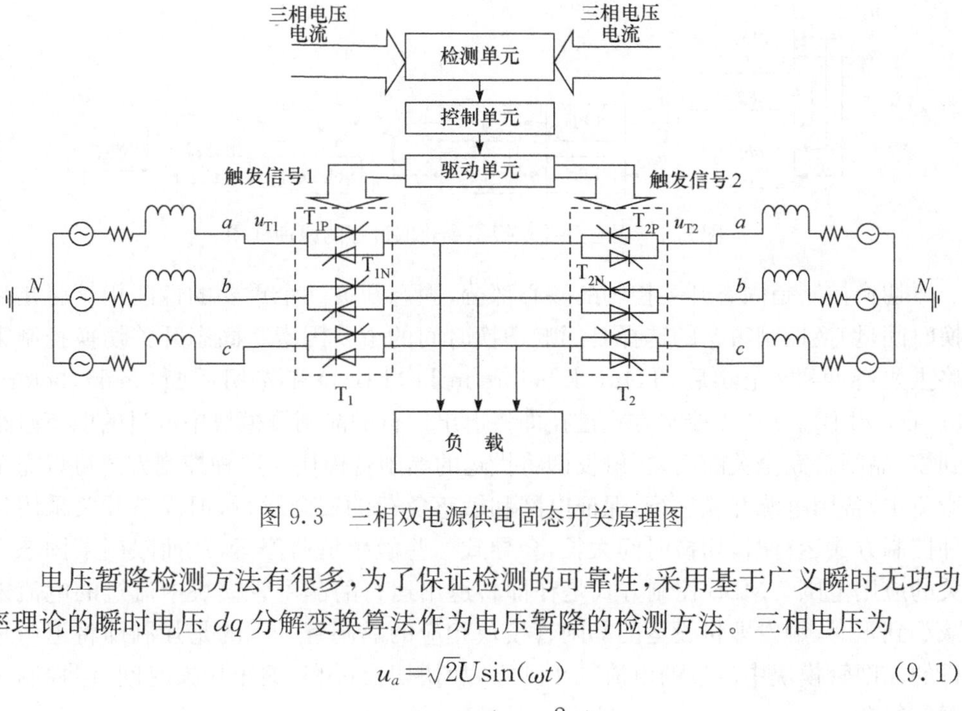

图 9.3 三相双电源供电固态开关原理图

电压暂降检测方法有很多，为了保证检测的可靠性，采用基于广义瞬时无功功率理论的瞬时电压 dq 分解变换算法作为电压暂降的检测方法。三相电压为

$$u_a=\sqrt{2}U\sin(\omega t) \tag{9.1}$$

$$u_b=\sqrt{2}U\sin\left(\omega t-\frac{2\pi}{3}\right) \tag{9.2}$$

$$u_c=\sqrt{2}U\sin\left(\omega t+\frac{2\pi}{3}\right) \tag{9.3}$$

将 abc 三相电压变换到 dq 轴的关系式为

$$[u_d, u_q]^{\mathrm{T}}=C[u_a, u_b, u_c]^{\mathrm{T}} \tag{9.4}$$

式中，变换因子矢量为

$$C=\sqrt{\frac{2}{3}}\begin{bmatrix}\sin(\omega t) & \sin\left(\omega t-\frac{2\pi}{3}\right) & \sin\left(\omega t+\frac{2\pi}{3}\right)\\ -\cos(\omega t) & -\cos\left(\omega t-\frac{2\pi}{3}\right) & -\cos\left(\omega t+\frac{2\pi}{3}\right)\end{bmatrix} \tag{9.5}$$

用低通滤波器滤除变换后的非直流分量可得到基波的变换结果，其为直流量

$$u_d=\sqrt{3}U,\quad u_q=0 \tag{9.6}$$

可得基波有效值为

$$U_{\mathrm{rms}}=\frac{\sqrt{3}}{3}\sqrt{u_d^2+u_q^2} \tag{9.7}$$

只要将 U_{rms} 与设定的电压最低门限值进行比较就可判断电压是否跌落，从而决定是否切换电源。切换指令获取过程框图如图 9.4 所示。

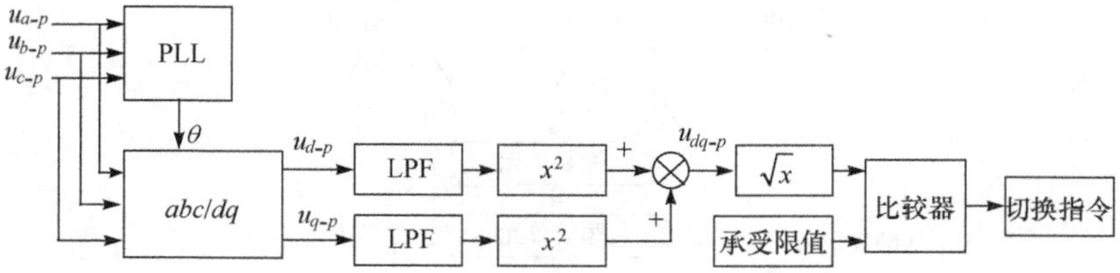

图 9.4　固态开关切换指令获取过程的原理框图

切换控制是固态开关控制的核心部分，固态开关一个重要的性能指标就是切换时间，切换控制策略的选择是影响切换时间的重要因素。固态开关切换控制策略主要有两种：先断后切（break-before-make，BBM）和先切后断（make-before-break，MBB）。BBM 控制方式是在即将退出运行的晶闸管模块中流过的电流减小到零，晶闸管完全关断后，再触发即将投运的晶闸管模块。这种控制方式可以完全避免主、备用电源并联运行，保证电网和敏感负荷的安全运行；但固态开关采用这种控制方式运行时，切换时间太长，会导致一些敏感负荷停运，从而限制了固态开关的应用范围。MBB 控制方式是在即将退出运行的晶闸管模块中流过的电流未减小到零时，触发即将投运的晶闸管模块相应的晶闸管。目的是强制即将退出运行的晶闸管模块中流过的电流减小到零，加快切换过程，缩短切换时间，但控制过程较复杂。

为了缩短切换时间，保证可靠性，固态开关采用了一种新的快速 MBB 切换方式，该策略通过监测晶闸管模块中各晶闸管的端电压（T_{1P}/T_{1N} 的端电压 u_{T1}，如图 9.3 所示）判断晶闸管中电流的极性，然后根据电流极性触发另外一个晶闸管模块中对应的晶闸管（T_{2P} 或 T_{2N}）。切换控制是对各相分别控制，以 a 相为例说明，b、c 相控制方式相同。当控制单元收到电压检测单元发来的切换指令后，控制单元先判断备用电源是否正常，当备用电源正常时，控制单元封锁 T_1 的所有触发脉

冲信号，再判断 T_{1P}/T_{1N} 的端电压极性，如果 $u_{T1}>0$，说明电流是由电源流向负荷，流经晶闸管 T_{1P}，此时触发晶闸管 T_{2P}。触发晶闸管 T_{2P} 以后，若备用电源电压高于主电源，那么晶闸管 T_{1P} 将会因两端加上了反向电压而截止，当检测到晶闸管 T_{1P} 的电流减小到零时，继而可以触发晶闸管 T_{2N}，此时完成整个切换过程。

整个切换过程用时不到 1/4 周波，可以保证负载的不间断供电。当主电源恢复正常时，固态开关经过 2～3 个周波的延时，封锁 T_2 的脉冲信号，在各电流过零点处切换到主电源供电。

使用时，只需要在船舶加装固态开关，船电作为主电，岸电接入备电，既可采用手动切换，也可采用备电切换。由船电到岸电的负荷电压切换波形如图 9.5 所示，船电和岸电切换时间为 3ms，切换完成后输出电压平稳。

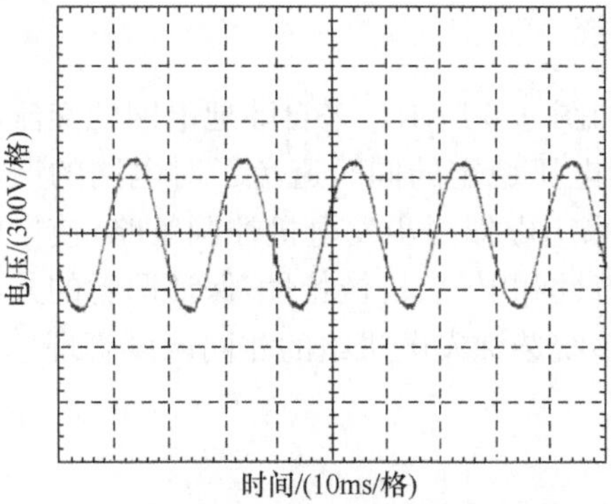

(a) 负荷电压切换波形(船电→岸电)

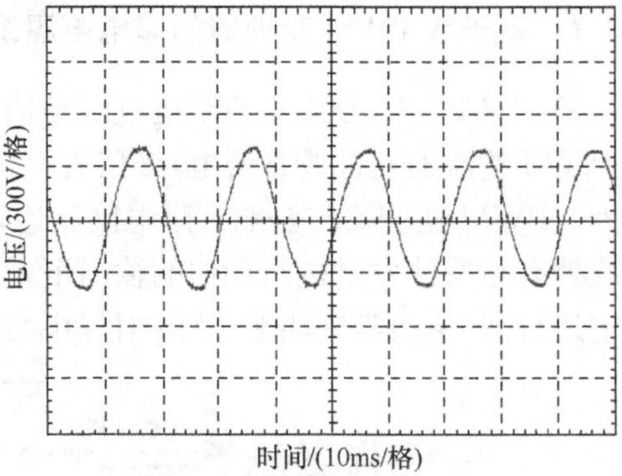

(b) 负荷电压切换波形(岸电→船电)

图 9.5　船电与岸电切换波形

9.3　岸电与船舶电站无间断式切换供电

船舶电网一般通过船舶能量管理系统(power management system，PMS)对船舶电站进行调节操作，实现功率分配与相关运行参数的调节。显然，采用传统电压源逆变控制方式的岸电电源，因其输出特性和调节操作与传统柴油发电机组不同，难以直接并入船舶电网，且不能整合到船舶能量管理系统中。为了使电力电子逆变式岸电电源在功能上模拟发电机外特性，无扰动并入船舶电网，且能接受船舶能量管理系统的调度，必须设计全新的逆变环节控制策略。

下垂控制方法虽然在离网运行的逆变器运行控制及功率分配中取得了不错的效果，但是对于并网运行的逆变器，可能会带来较大的暂态电流冲击[5]，且这种基于发电机下垂外特性的模拟方法，下垂系数设计不当可能直接导致并网逆变器系统不稳定[6]，因此采用下垂控制方法的逆变器性能不能和传统发电机相比拟。在常规的电力系统中，系统频率、电压的动态特性与发电机转动惯量及系统调频调压控制有关。在基于电力电子逆变器并网的发电系统中，借鉴电力系统调频调压控制算法，使基于逆变器的电源从外特性上模拟或部分模拟出同步发电机的频率及电压控制特性，从而改善系统的稳定性，这就是虚拟同步发电机[7]。针对传统岸电电源难以准确模拟发电机特性的问题，提出了新型的基于虚拟同步发电机的岸电逆变器控制策略，在岸电逆变器的控制环路中人为地引入发电机的机械运动方程，采用发电机的二阶机电暂态模型，通过模型中转动惯量的引入，使得逆变器具有与柴油发电机相似的电气和机械特性；并且将实现系统下垂特性的功频控制器模块和励磁控制器模块引入该控制策略中，使岸电电源的逆变器侧具有与柴油发电机相似的输出下垂特性。

9.3.1 基于双 PWM 变换器的岸电电源系统

基于双 PWM 变换器的岸电电源结构如图 9.6 所示。来自陆地电网的交流电经 PWM 整流器变换成直流电，维持直流侧电压稳定的同时避免了对电网的谐波污染。PWM 逆变器与船舶有限电网相连，采用虚拟同步发电机控制策略，使岸电系统拥有与柴油发电机组相似的输出下垂特性和电气、机械特性，保证两者的并联稳定运行[8]，从而实现船舶 PMS 对岸电与传统柴油发电机组的相同调度管理。

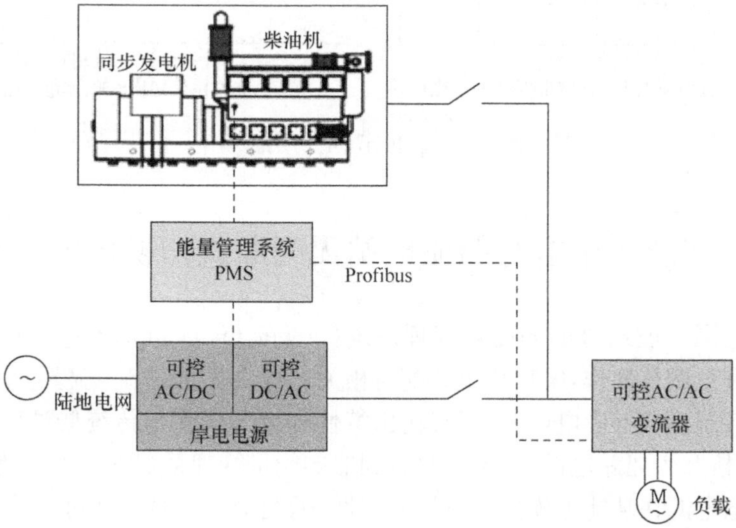

图 9.6　双 PWM 变换器岸电电源结构

岸电供电操作流程为：岸电电源启动→通过 PMS 调度控制并入船舶电网→负荷转移→船舶发电机脱离电网停机→岸电电源独立向船舶重要负荷提供不间断电源。岸电进入和退出不影响船舶电力系统的稳定，且大大简化了供电流程。

9.3.2　虚拟同步发电机建模

为了实现发电机有功功率-频率和无功功率-电压下垂特性，采用同步电机的二阶机电暂态模型[9]：

$$J\frac{\mathrm{d}\Omega}{\mathrm{d}t}=M_\mathrm{T}-M_\mathrm{e} \tag{9.8}$$

$$\dot{E}_0=\dot{U}+\dot{I}R_\mathrm{a}+\mathrm{j}\dot{I}X_\mathrm{s} \tag{9.9}$$

式中，J 为转动惯量；Ω 为机械角速度；M_T 为机械转矩；M_e 为电磁转矩；$\dot{E}_0$ 为励磁电动势；$\dot{U}$ 为电枢端电压；$\dot{I}$ 为电枢电流；R_a 为电枢电阻；X_s为同步电抗。此模型包含电机转子机械特性和定子电气特性，并能有效避免复杂的电磁暂态过程，减少影响岸电电源输出特性的因素，提高模型的实用性。

取同步电机极对数为 1，则电机电角速度 ω 等于机械角速度 Ω，式(9.8)可改写为

$$\begin{cases} J\dfrac{\mathrm{d}\omega}{\mathrm{d}t}=J\dfrac{\mathrm{d}(\omega-\omega_\mathrm{N})}{\mathrm{d}t}=M_\mathrm{T}-M_\mathrm{e}=\dfrac{1}{\omega}(P_\mathrm{T}-P_\mathrm{e}) \\ \omega=\dfrac{\mathrm{d}\theta}{\mathrm{d}t} \end{cases} \tag{9.10}$$

式中，ω 为电角速度；ω_N 为同步电角度；P_T 为机械功率；P_e 为电磁功率；θ 为电角度。根据式(9.9)和式(9.10)，便可建立虚拟同步发电机模型，模型的输入量为机械功率 P_T、电磁功率 P_e、电枢电流 $\dot{I}$、励磁电动势 E_0，输出量为电枢端电压 $\dot{U}$。

据此，引入虚拟同步发电机控制策略的岸电电源采用三相电压源型逆变器，其主电路如图 9.7 所示，B 点为岸电电源并网点，u_VSG为系统具有同步发电机特性的输出电压；L_k、C_k 分别为岸电电源逆变器低通 LC 型滤波器的滤波电感和滤波电容；R_k 为线路电阻($k=a,b,c$)；U_dc为直流电压；U_m、f、Q 分别为 B 点处的端电压幅值、系统频率和无功功率；P_e、P_T 和 E_0 分别为虚拟电机输出有功功率(输出电磁功率)、原动机提供的机械功率和励磁电动势幅值；i 为岸电输出电流；u^* 为 SVPWM 控制算法的指令电压。虚拟同步发电机控制系统由控制器和同步发电机模型两部分组成，其中控制器又分为功频控制器与励磁控制器，实现对整个并网发电系统输出特性的控制。

以图 9.7 中并网点 B 点电压为控制目标，通过测量逆变器并网点处的电压信号与无功功率，将其作为控制器的输入，经控制器计算从而获得同步发电机本体模型所需要的机械功率 P_T 和励磁电动势 E_0；同时测量逆变器输出有功功率 P_e 与电流 i，将这些信号送入同步发电机模型从而合成虚拟同步发电机的端电压，此电压反映了系统并网点特性。经过对该电压信号进行控制，得到具有同步发电机输出特性的电压信号，将该信号作为参考值与实际电压信号测量值送入 PI 控制器进行

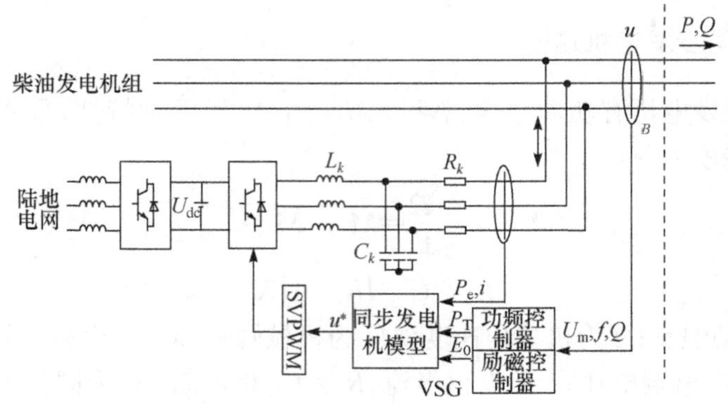

图 9.7 虚拟同步发电机控制原理图

比较,控制器输出通过 SVPWM 算法实现整个系统的闭环控制。

9.3.3 虚拟同步发电机功频控制器设计

在电力系统运行中,由同步发电机组的调速器调整系统中频繁变化的负荷所引起的频率偏移,表现为对应负荷增大,发电机输出功率增加,频率低于初始值;对于负荷减小的情况,机组输出功率减小,频率高于初始值。这种有差调节即电力系统中的频率一次调整。反映同步发电机的调速特性曲线称为发电机组功率-频率静态特性曲线,如图 9.8 所示。假设发电机初始运行于额定工作点 N,对应额定频率 f_N,额定有功功率 P_N。

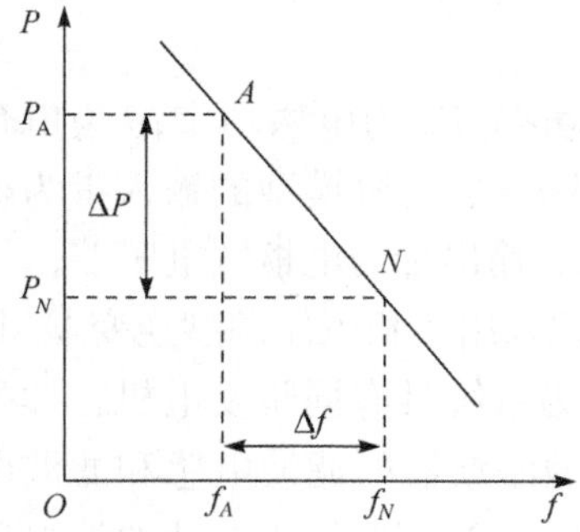

图 9.8 发电机组有功功率-频率静态特性

当系统负荷增加,使频率下降到 f_A,原动机调速系统的作用使发电机组输出功率增加到 P_A,发电机重新稳定运行于 A 点。可见,对下降的频率 Δf,发电机组输出有功功率增加 ΔP,即发电机具有有功功率-频率下垂特性。定义调差系数为 R,有

$$R=-\frac{f_N-f_A}{P_N-P_A}=-\frac{\Delta f}{\Delta P} \tag{9.11}$$

以两台并联运行的发电机组为例,当负荷波动时,两台发电机输出有功功率变化量分别为 ΔP_1、ΔP_2,并联运行时,频率变化量相等,即 $\Delta f_1=\Delta f_2$,因此

$$\frac{\Delta P_1}{\Delta P_2}=\frac{R_2}{R_1} \tag{9.12}$$

由式(9.12)可知，发电机组有功功率分配与机组调差系数 R 成反比，因此根据发电机组的容量大小调整各发电机的调差系数，便可实现有功功率的合理分配。参照同步发电机调速器工作原理，并结合船舶能量管理系统控制策略，设计基于虚拟同步发电机的功频控制器如图 9.9 所示。

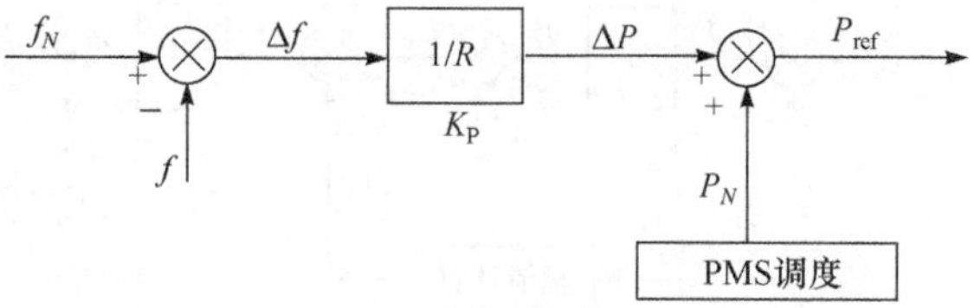

图 9.9　虚拟同步发电机的功频控制器

图中，f_N 为设定的系统额定频率；f 为系统实际频率；K_P 为比例环节系数，$K_P=1/R$；P_N 为设定的虚拟同步发电机输出功率参考值；P_{ref} 为岸电电源输出功率指令值。忽略发电机损耗，发电机发出的有功功率与原动机机械功率相等。

9.3.4　虚拟同步发电机励磁控制器设计

在电力系统中，无功电源所产生的无功功率总和在任意时刻都等于系统所消耗的无功功率总和，即在任意时刻系统无功功率都保持平衡。但是无功功率平衡并不一定在额定电压水平下实现，这一运行特性可由系统无功负荷静态电压特性进行分析，如图 9.10 所示。

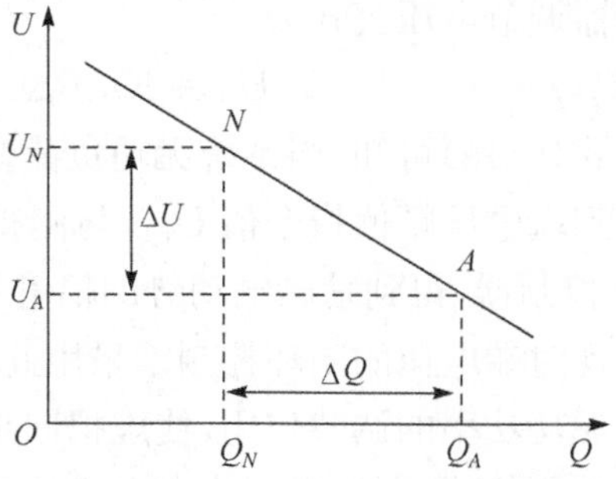

图 9.10　同步发电机电压调节特性

假设发电机初始运行于额定工作点 N，对应额定电压 U_N，额定无功功率 Q_N。当系统无功负荷增大到 Q_A，发电机发出无功功率不足时，系统降低电网电压到 U_A，以满足无功平衡，发电机重新稳定工作于 A 点。可见，发电机组升高无功功率 ΔQ，输出电压降低 ΔU，即具有无功功率-电压下垂特性。定义调差系数为 δ[10]，则有

$$\delta=-\frac{U_N-U_A}{Q_N-Q_A}=-\frac{\Delta U}{\Delta Q} \tag{9.13}$$

以两台并联运行的发电机组为例，当负荷波动时，两台发电机输出的无功功率变化量分别为 ΔQ_1、ΔQ_2。并联运行的发电机电压变化量相等，即 $\Delta U_1=\Delta U_2$，有

$$\frac{\Delta Q_1}{\Delta Q_2}=\frac{\delta_2}{\delta_1} \tag{9.14}$$

由式(9.14)可知，发电机组的无功分配与机组的调差系数 δ 成反比，因此根据发电机组的容量大小，来调整各发电机的调差系数，便可实现无功的合理分配。参考同步发电机的励磁控制系统，设计了虚拟同步发电机的励磁控制器，如图 9.11 所示。

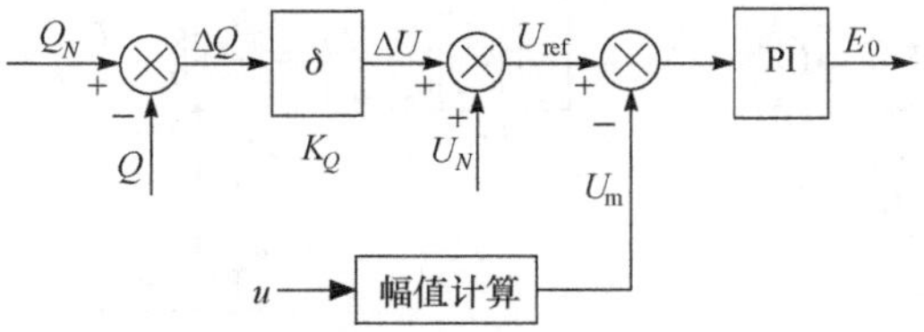

图 9.11　励磁控制器

图中，Q_N 为等效成虚拟同步发电机的岸电电源输出无功功率额定值；Q 为实际系统输出无功功率；K_Q 为比例环节系数；U_N 为设定的系统额定电压幅值；U_{ref} 为虚拟同步发电机输出电压幅值指令值，即并网电压幅值；u 为测得的实际并网电压信号；U_m 为经计算得到的实际并网电压幅值；E_0 为虚拟同步发电机算法中的励磁电动势幅值。

通过取比例系数 $K_Q=\delta$，将电压调差系数引入励磁控制器中，从而得到励磁控制器调节电压公式为

$$U_{ref}=K_Q\cdot\Delta Q+U_N=\delta\cdot(Q_N-Q)+U_N \tag{9.15}$$

由式(9.15)可知，当系统无功负荷变动时，Q 偏离额定无功功率 Q_N，通过调差系数得到端电压幅值指令值 U_{ref}，与测得的虚拟同步发电机端电压幅值 U 比较，经过 PI 控制器，得到励磁电动势的幅值 E_0 作用于虚拟同步发电机本体模型[11-13]，从而实现对端电压的闭环控制。采用此控制方法，可通过励磁控制器对同步发电机输出无功功率的调节作用，使虚拟同步发电机并网电压随其输出无功功率而呈现相反变化趋势，即获得同步发电机的下垂特性，有利于系统的并联运行，并可通过调整 K_Q 的取值使得并联运行的发电机组可以合理分配系统负荷的无功功率，维持系统电压稳定。

在该控制策略中，通过功频控制器模块和励磁控制器模块的引入，使逆变器具有与柴油发电机相似的输出下垂特性；虚拟同步发电机模型采用式(9.8)和式(9.9)所示的二阶机电暂态模型，其转动惯量 J 的选取，应与柴油发电机的转动惯量一致，使二者拥有相似的暂态响应特性。最后，将虚拟同步发电机模型的输出电枢端电压作为参考值，输入 SVPWM 模块中，生成相应的脉冲信号，完成逆变侧的控制。

9.3.5　虚拟同步发电机仿真

1）下垂特性的仿真

在 MATLAB Simulink 环境下搭建了岸电电源与柴油发电机并联运行的仿真模型，如图 9.12 所示。

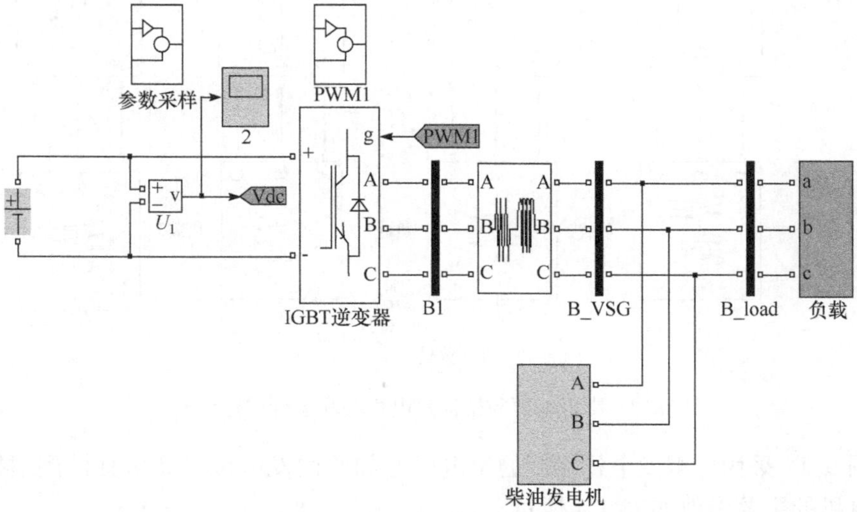

(a) 岸电电源和柴油发电机并联仿真模型整体框图

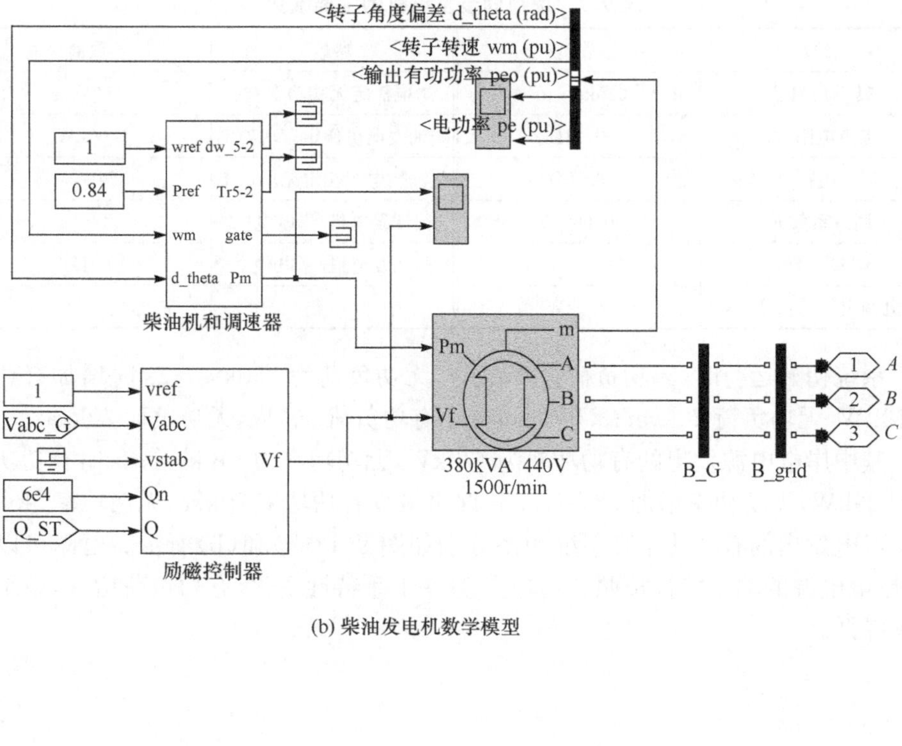

(b) 柴油发电机数学模型

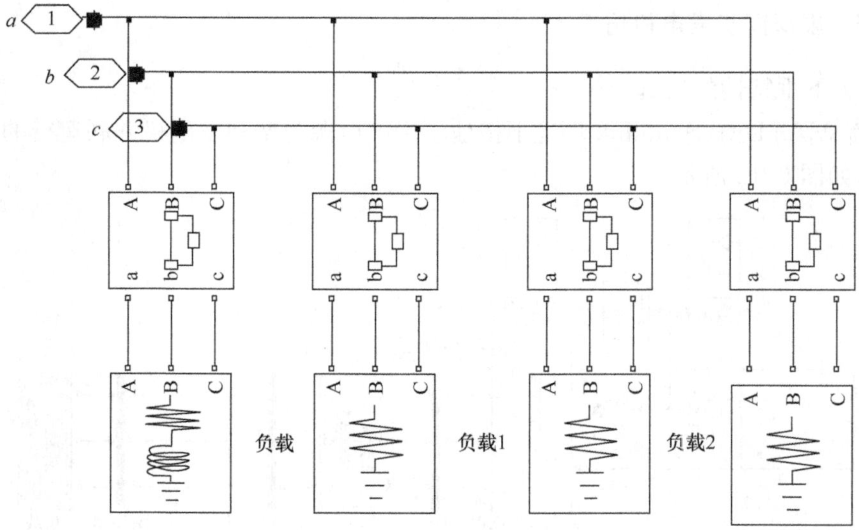

(c) 负载

图 9.12 岸电电源与柴油发电机关联运行仿真模型

图 9.12 采用虚拟发电机控制的岸电电源和柴油发电机并联仿真模型虚拟同步发电机的主要参数如表 9.1 所示。

表 9.1 虚拟同步发电机的主要参数

参数	数值	参数	数值
转动惯量 J	0.5kg · m^2	岸电额定无功功率 Q_N	150kvar
电枢电阻 R_a	0.01Ω	柴油发电机额定有功功率	300kW
同步电抗 X_s	0.25Ω	柴油发电机额定无功功率	230kvar
调差系数 R	0.00005	柴油发电机/岸电电压	440V
调差系数 δ	0.00064	柴油发电机/岸电频率	60Hz
岸电额定有功功率 P_N	200kW		

系统初始运行时，有功负荷为 450kW，无功负荷为 350kvar；2s 时增加有功负荷 50kW，无功负荷 20kvar；3.5s 时再减小有功负荷 50kW，无功负荷 20kvar。

其中岸电电源发出的有功功率为 175kW，无功功率为 140kvar；2s 时有功功率增加 20kW，无功功率增加 5kvar；3.5s 时再减少有功功率 20kW，无功功率 5kvar。

岸电发出的有功功率和系统频率分别如图 9.13(a)和(b)所示。由图可以看出，岸电电源的输出特性按照有功功率-频率下垂特性变化，有功负荷增大，系统的频率降低。

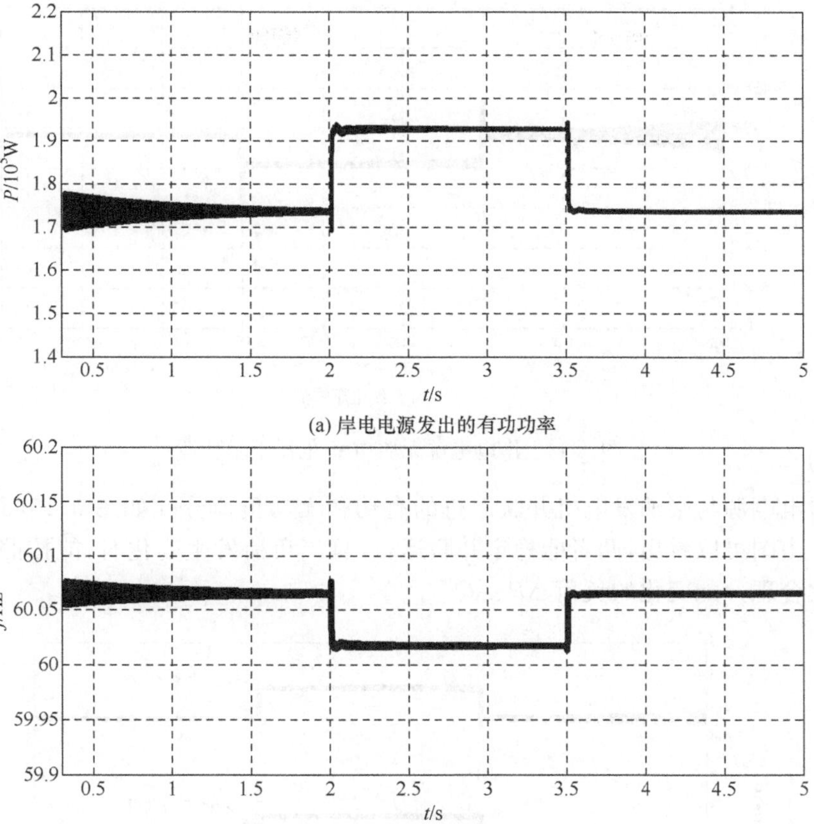

(a) 岸电电源发出的有功功率

(b) 系统频率

图 9.13　岸电电源有功功率-频率下垂特性

岸电电源发出的无功功率和系统电压幅值分别如图 9.14(a)和(b)所示。由图可以看出,岸电电源的输出特性按照无功功率-电压下垂特性变化,无功负荷增加,系统的电压降低。

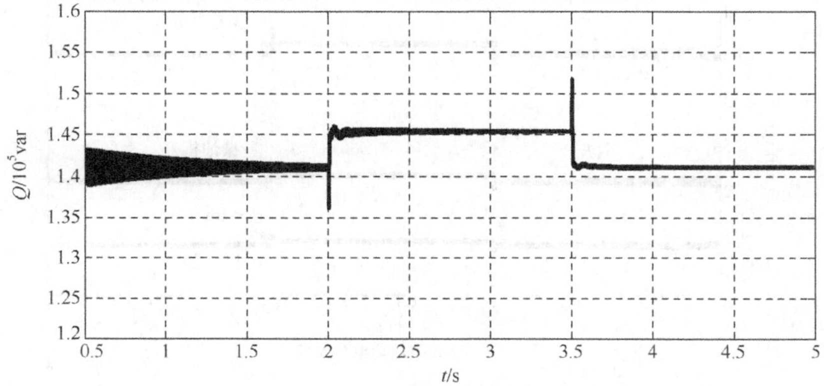

(a) 岸电电源发出的无功功率

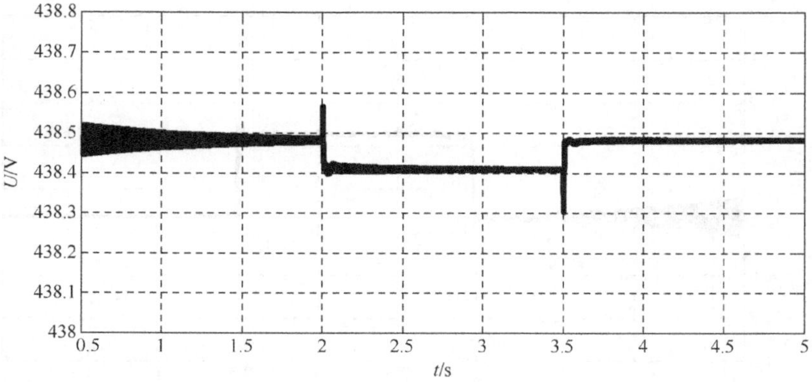

(b) 系统电压幅值

图 9.14　岸电电源无功功率-电压下垂特性

岸电电源与柴油发电机并联运行的有功和无功负荷分配如图 9.15(a)和(b)所示。由图可以看出，两者能稳定并联运行，且当负荷发生变化时，能按照各自的容量比合理分配变化的负荷 ΔP、ΔQ。

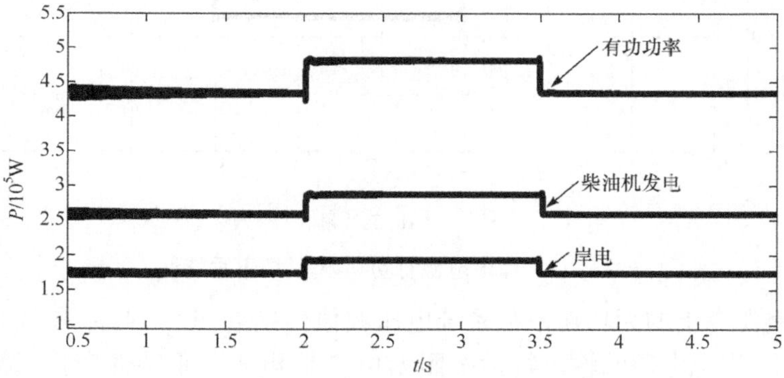

(a) 有功功率分配

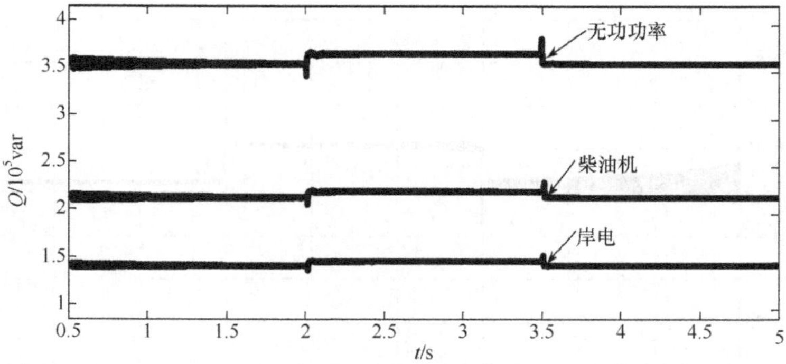

(b) 无功功率分配

图 9.15　并联运行时的负荷分配

2）转动惯量对频率波动的抑制

所采用的虚拟同步发电机控制策略，引入了转动惯量 J，系统的有功负荷在 1.5～1.6s 时减小 100kW，2.5～2.6s 时增大 100kW，系统的暂态响应速度变慢，有效抑制了因系统负荷的频繁波动而导致的频率频繁波动，如图 9.16 所示。

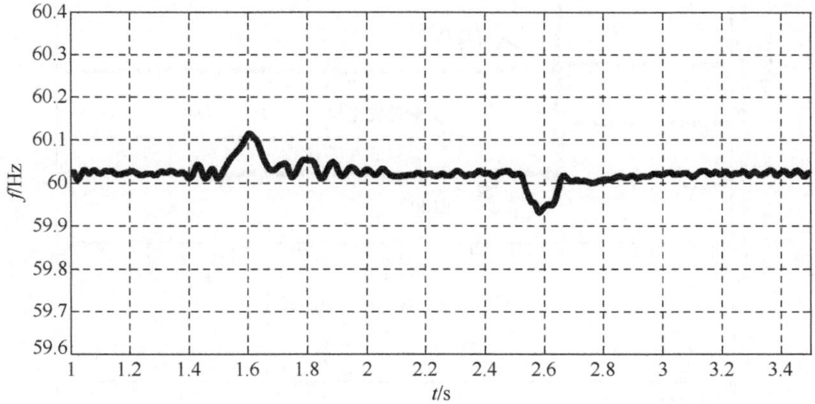

(a) J=0.1kg·m²

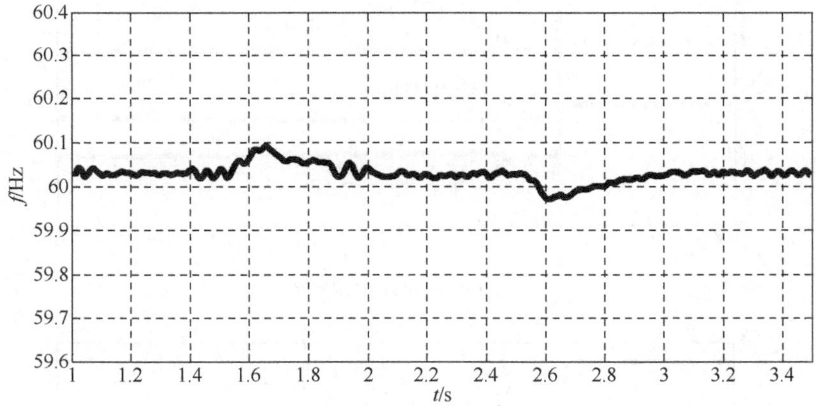

(b) J=1.5kg·m²

图 9.16　转动惯量对系统频率的影响

由图 9.16 可以看出，随着转动惯量的增大，系统的暂态响应速度变慢。当转动惯量很小（$J=0.1\text{kg}\cdot\text{m}^2$）时，较大的负荷波动使得频率的波动过大；而当转动惯量较大（$J=1.5\text{kg}\cdot\text{m}^2$）时，由于转动惯量的影响，系统的频率没有发生大的波动，系统始终运行在允许的频率范围内。

3）转动惯量对系统暂态特性的影响

虚拟同步发电机控制策略中，转动惯量的选取应根据与其并联运行的柴油发电机的转动惯量值来选取，使二者拥有相似的暂态响应特性，保证系统暂态过程中的稳定性。当二者的转动惯量相差较大时，会出现系统不稳定或暂态响应时间过长等问题，如图 9.17 所示。

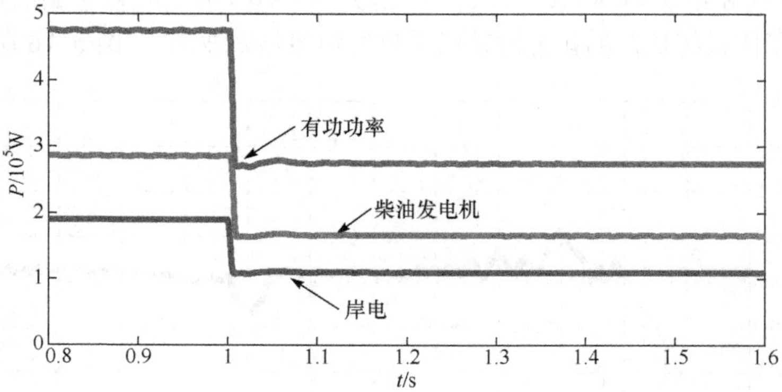

(a) J=0.3kg·m^2, J'=0.3kg·m^2

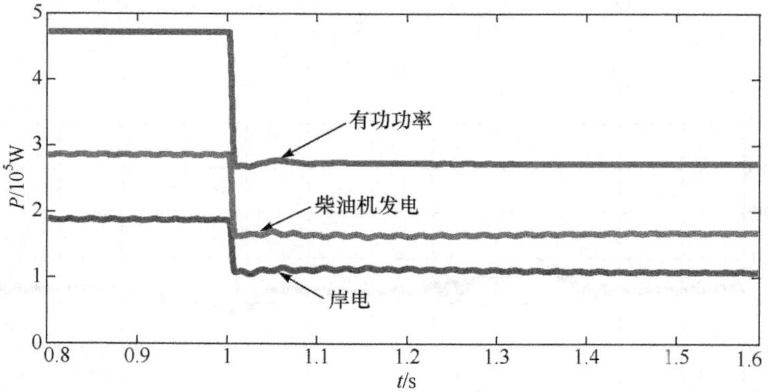

(b) J=0.05kg·m^2, J'=0.3kg·m^2

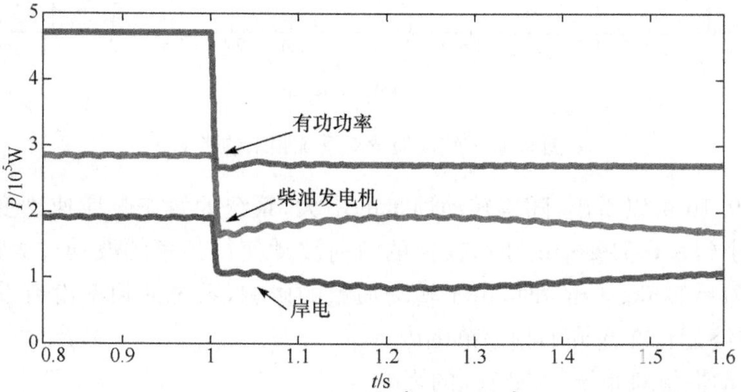

(c) J=1.5kg·m^2, J'=0.3kg·m^2

图 9.17　转动惯量对暂态特性的影响

图 9.17 中，J 为虚拟同步发电机的转动惯量，J' 为柴油发电机的转动惯量；系统的有功负荷在 1s 时切除 20%。由图可以看出，当虚拟同步发电机的转动惯量远小于柴油发电机时，在负荷突变时的暂态过程中，二者发出的有功功率会出现很大的波动，暂态响应时间也较长；当虚拟同步发电机的转动惯量远大于柴油发电机时，二者发出的有功功率也出现了较大的波动，且暂态响应时间很长；当二者的转动惯量一致时，系统的暂态响应时间明显变短，且发出的有功功率波动也较小，系统的暂态特性最好。因此，在实际的运行中，应根据柴油发电机的转动惯量来选取虚拟同步发电机的转动惯量，使二者拥有相似的暂态响应特性。

9.3.6　虚拟同步发电机实验

为了验证所设计的虚拟同步发电机控制策略的可行性，设计了三相逆变实验平台，主控制器采用 DSP 芯片 TMS320F28335，输入电压为 DC 530V，输出交流相电压 220V，输出频率为 50Hz，滤波电感 1mH，滤波电容 10μF，额定负载 10kW。

在该实验平台上，设置示波器电压量程为 100V/格，电流为 20A/格。逆变器输出三相电压以及单相电压电流实验波形如图 9.18 所示，由图 9.18(a)可见，逆变器输出三相电压峰值为 311V，证明电压闭环程序可以实现输出电压跟随参考值，完成对电压的闭环控制；而由图 9.18(b)可见，逆变器可以输出恒定电压，波形稳定且正弦度良好。

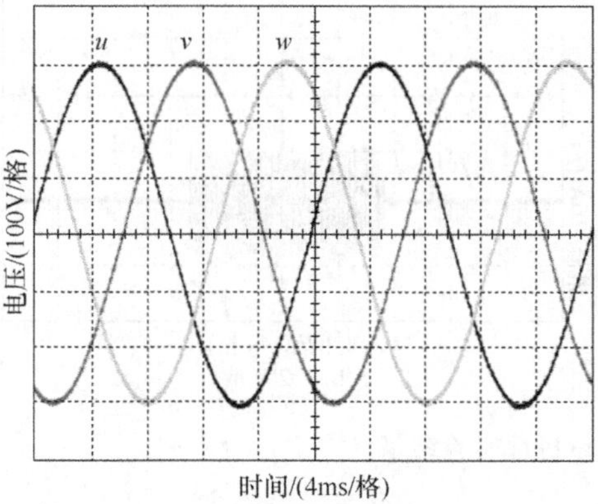

(a) 三相电压实验波形

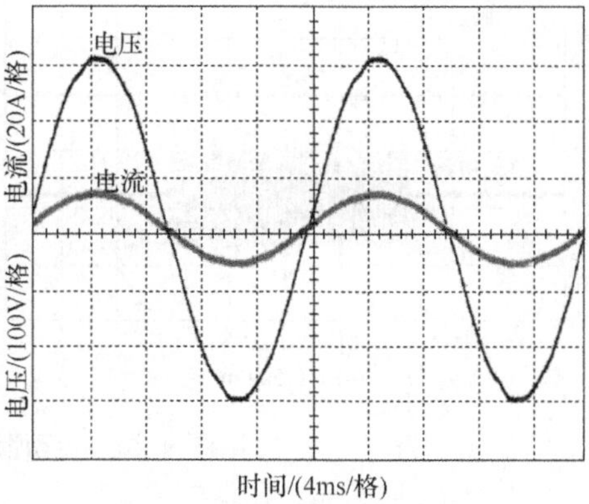

(b) 单相电压电流实验波形

图 9.18　VSG 输出电压电流实验波形

为了验证逆变器的同步发电机输出外特性，在逆变器平稳运行时突加、突卸额定负载，为便于用示波器观察功率和频率变化规律，采用 D/A 变换，得到图 9.19 所示的输出有功功率和系统频率实验结果。可见，对应负荷变化，系统频率呈现出相反变化趋势，并能够稳定于新的工作点。实验结果验证了采用虚拟同步发电机控制策略的逆变电源具有同步发电机组下垂调节特性，可以根据负荷变化调整自身输出以维持系统功率平衡，电压频率稳定。

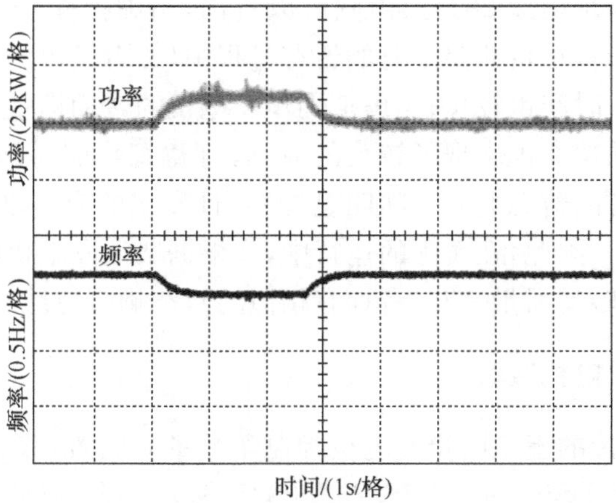

图 9.19　输出有功功率和系统频率实验波形

为验证转动惯量对系统输出响应的影响，分别取转动惯量 $J=0.5\mathrm{kg}\cdot\mathrm{m}^2$ 和 $2\mathrm{kg}\cdot\mathrm{m}^2$，实验结果如图 9.20(a)和(b)所示。

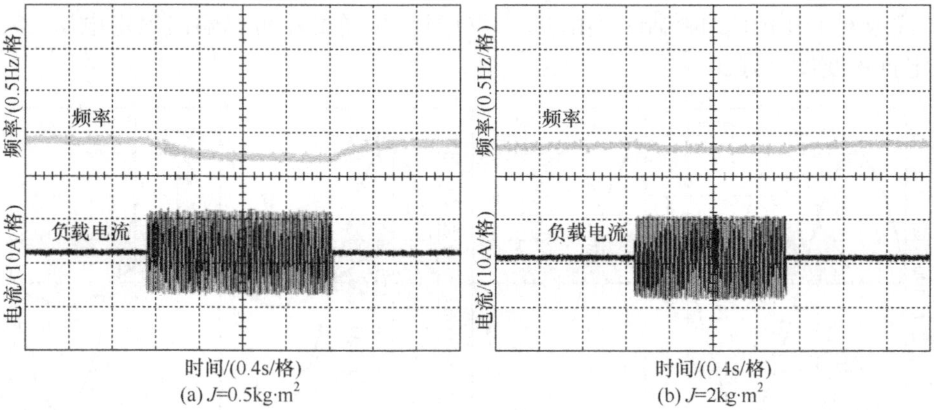

图 9.20　转动惯量特性实验结果

由图 9.20 可知，对应于同样的负荷变化，图 9.20(a)中的频率变化更大，与图 9.16 仿真结果吻合。系统在所带负荷情况相同条件下，对应较大的转动惯量，在快速变化的负荷下系统频率变化范围越小，并且更趋于稳定。

两台具有相同虚拟发电机特性的电源并联(J、J'均取 $0.5\mathrm{kg}\cdot\mathrm{m}^2$)，首先 1 号机带载 6kW 运行，2 号机完成预同步；然后并入母线，负载转移，1、2 号机均分负载，1 号机停机，2 号机带载继续运行。整个过程平稳无振荡，如图 9.21(a)所示。

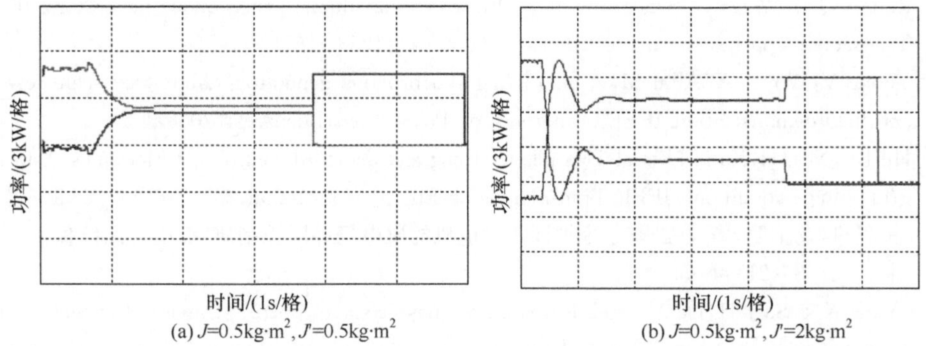

图 9.21　并联运行实验结果

当两台具有虚拟发电机特性的电源特性不同时(1 号机 J 取 0.5kg・m^2,2 号机 J'取 2kg・m^2),首先 1 号机带载运行,2 号机完成预同步;然后并入母线,负载转移,1、2 号机按比例承担负载,1 号机停机,2 号机带载继续运行。因特性不同,过程有较小的振荡,但转移过程中 1、2 号机均运行正常,如图 9.21(b)所示。

通过以上仿真和实验可知,在岸电逆变器的控制环路中引入发电机的机械运动方程,采用发电机的二阶机电暂态模型,通过模型中转动惯量 J 的引入,使得逆变器具有了与柴油发电机相似的电气和机械特性;通过功频控制器模块和励磁控制器模块的引入,使岸电电源的逆变器侧具有与柴油发电机相似的输出特性,进而可以并联进行负荷转移,实现岸电电源和柴油发电机之间的不间断切换。

参 考 文 献

[1] Khersonsky Y, Islam M, Peterson K L. Challenges of connecting shipboard marine systems to medium voltage shore-side electrical power. IEEE Transactions on Industry Applications, 2007, 43(3): 838-844

[2] Jiven K. Shore-side electricity for ships in ports. Case studies with estimates of internal and external costs. Gothenburg: MariTerm AB, 2004

[3] 汪洪亮,岳秀梅,裴雪军,等. 逆变器并联系统的新功率算法及实现. 电机与控制学报,2010,14(5):37-43

[4] Guan Y, Wu W, Guo X, et al. An improved droop controller for grid-connected voltage source inverter in microgrid. Proceedings of IEEE International Symposium on Power Electronics for Distributed Generation Systems, Hefei, 2010: 823-828

[5] Zhong Q C. Robust droop controller for accurate proportional load sharing among inverters operated in parallel. IEEE Transactions on Industrial Electronics, 2013, 60(4): 1280-1281

[6] Chen Y, Hesse R, Turschner D, et al. Comparison of methods for implementing virtual synchronous machine on inverters. Proceedings of the International Conference on Renewable Energies and Power Quality, Santiago de Compostela, 2012: 1-6

[7] Zhong Q C, Weiss G. Synchronverters: Inverters that mimic synchronous generators. IEEE Transactions on Industrial Electronics, 2011, 58(4): 1258-1267

[8] Thong V, Woyte A, Albu M, et al. Virtual synchronous generator: Laboratory scale results and field demonstration. IEEE Conference on PowerTech, Bucharest, 2008: 1-6

[9] Hu J B, Nian H, Xu H L, et al. Dynamic modeling and improved control of DFIG under distorted grid voltage conditions. IEEE Transactions on Energy Conversion, 2011, 26(1): 163-175

[10] 王思耕,葛宝明,毕大强. 基于虚拟同步发电机的风电场并网控制研究. 电力系统保护与控制,2011,39(21):49-55

[11] Yang X Z, Su J H, Du Y, et al. Research on master-slave control strategy of capacitor voltage for cascade statcom. The 3rd International Conference on Deregulation and Restructuring and Power Technologies, Nanjing, 2008, 33(2): 1277-1282

[12] 丁明,杨向真,苏建徽. 基于虚拟同步发电机思想的微电网逆变电源控制策略. 电力系统自动化,2009,33(8):89-93

[13] Serban I, Marinescu C. Frequency control issues in microgrids with renewable energy sources. The 7th International Symposium on Advanced Topics in Electrical Engineering, Bucharest, 2011: 1-6

第 10 章 船舶岸电系统构成及保护

岸电系统岸侧设备至少由以下几个部分构成：供电和岸电电源变电部分、岸电空调通风系统、岸电控制及信息管理系统、岸电接线箱。完整的岸电系统应具有岸基船用岸电电源成套设备及工程安装、调试等相关配套项目。由 50Hz 市电电源经岸电电源装置转换为 60Hz 的船舶可用电源，经由码头泊位的岸边插座箱，船上电缆卷盘及同步装置，给船舶供给优质可靠岸基电源。由岸基电源供电时，靠港船泊所有发电机组停机，使用岸基电源。船舶靠岸时由船方同步装置调整船方或岸基电源设备同步，实现负载供电转移。整套岸基供电装置可以确保靠港船泊电力负载供电的安全可靠性，并实现港口绿色减排，优化港口大气环境。

岸电系统的实施应包括从变电站开关柜出线间隔开始，直至全部用电点的电缆、电缆桥架、岸电电源设施（包括线缆敷设）及控制系统、信息管理系统的所有设备及岸电电源站的建造。

10.1 供电和岸电电源变电系统

10.1.1 高压岸电供电方案和系统组成

1. 高压岸电的应用方案

高压应用可有多种方案[1]，如图 10.1 所示。

方案一：高压岸电位于码头后方，高压接电箱置于码头前沿，高压上船直接使用。

方案二：高压岸电位于码头后方，高压接电箱置于码头前沿，高压上船经移动式箱变给低压船舶供电。

方案三：高压岸电位于码头后方，输出经箱变变换成低压，低压接电箱置于码头前沿，低压上船给低压船舶供电。

方案四：高压接电箱置于码头前沿，高压岸电位于船上，直接给船舶供电。

方案五：高压接电箱置于码头前沿，高压岸电位于船上，降压后给低压船舶供电。

2. 高压岸电组成

高压岸电所需电源一般来自专门为岸电实施所建变电站，供电电源系统包括高压电源进线柜、进线变压器和岸电电源进线开关柜（当进线电压为 10kV 以上电压等级时需要配备）、高压岸电电源、岸电电源出线开关柜、岸电出线变压器、高压

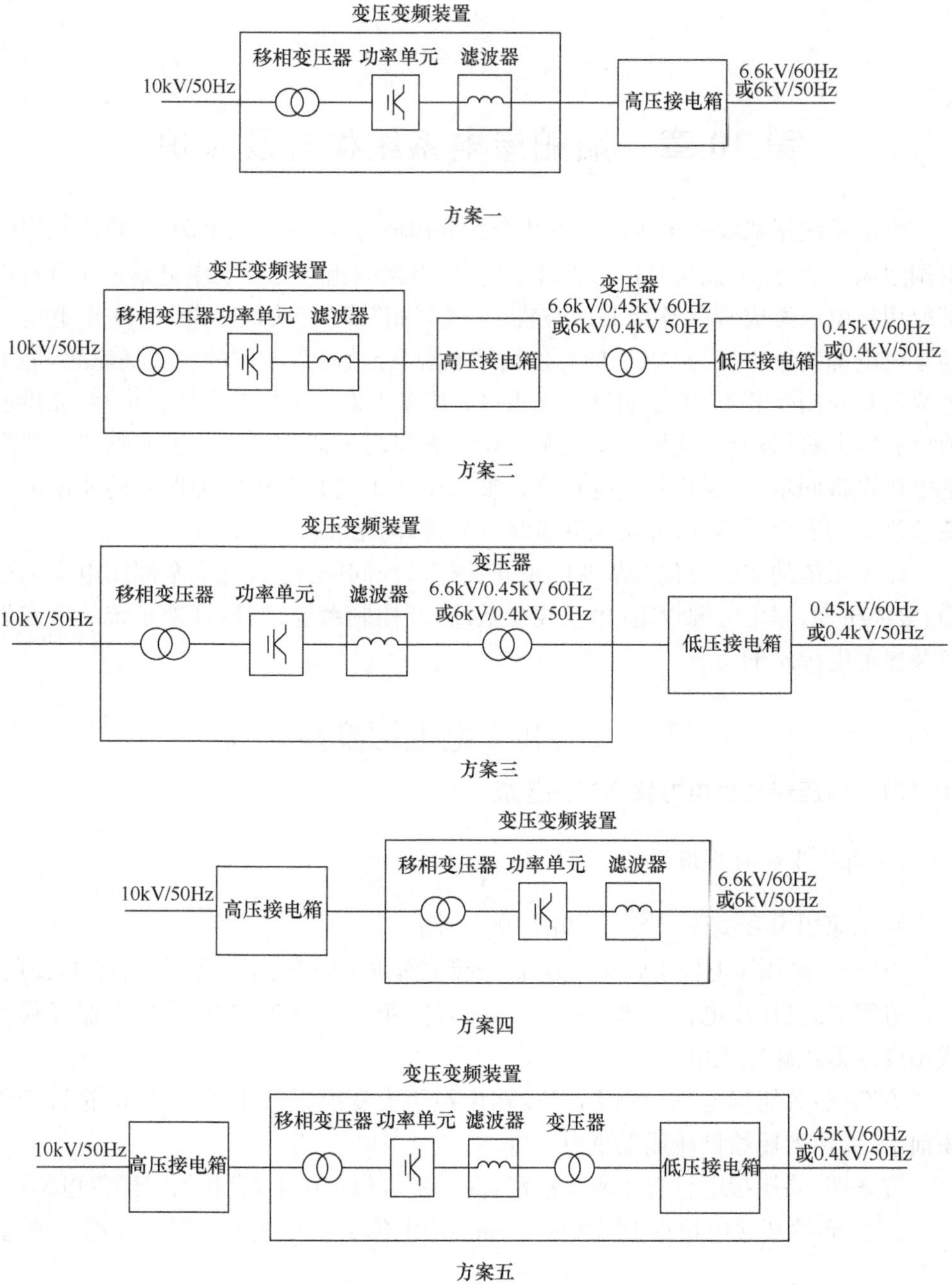

图 10.1　高压岸电的应用方案

计量柜、出线开关柜、所用变压器柜、直流操作电源系统等[2,3]。

1）高压电源进线柜

高压电源进线柜位于岸电电源前端，用于高压进线和岸电电源设备之间，起到岸电电源的供电、断电作用，便于故障时保护设备，检修时起到电隔离作用。开关柜容量应根据计算的短路评估容量进行选择。配置要求如表 10.1～表 10.3 所示。

表 10.1 高压电源进线柜配置表

项目内容	技术参数
型号	ZS1、8BK20 或等同
结构形式	户内全封闭金属铠装中置移开式
数量	按设计方案选择
额定电压	10kV
最高工作电压	12kV
额定电流	按负荷选取
额定热稳定电流	31.5kA，4s
母线额定电流	按断路容量选取
绝缘水平	额定工频耐压绝缘水平 42kV(均方根值) 额定冲击耐压绝缘水平 75kV(峰值)

表 10.2 高压电源进线柜柜面安装主要设备表

设备名称	数量
铭牌	1 个
交流电流表(三相)	3 块
智能式三相多功能电度表	1 块
真空断路器就地-遥控操作方式选择开关	1 个
真空断路器就地分合按钮(红绿色各一个)	1 套
真空断路器分合指示灯(红绿色各一个)	1 套
小车位置指示灯	1 个
功率因数表	1 个
有功功率表/无功功率表	各 1 块

表 10.3 高压电源进线柜柜内安装主要设备表

设备名称	数量
真空断路器	按设计方案选择
过电压吸收器	按设计方案选择
电流互感器(双抽头，三相)	1 套
继电保护装置	1 套
柜内照明器，交流 220V、15W(荧光灯、带开关)	1 套
其他相应附属设备	1 套

岸电电源站内的所有高压开关电柜应采用高压真空断路器，开关柜设备要采用金属外壳（采用敷铝锌钢板）、柜式、防尘、防盐雾、密封型的室内开关装置。高压断路器柜具有两种操作方式，即在柜门上就地操作和遥控操作，同时在柜门上设有一个转换开关。就地操作具备电动/手动两种操作方式，并设有应急分闸装置。铜主母线和内连母线支架应能承受与开关装置短路容量相同的能力。进线开关柜、出线开关柜、岸电接线箱、船电系统之间要有可靠的电气联锁、机械联锁，避免误操作使岸电接线箱带电。防护等级应为 IP4X。应具有在所有开关装置内的连续接地母线，所有配线应在端子排上终接。氧化锌型避雷器应在 6kV 母线上。在每台柜内应具有恒温空间加热器和照明，并在前面板上设置带电显示器。铜主母线、分支母线及连接部位应加绝缘护套。多功能电度表应配置计量专用接线盒。

2）高压岸电电源

岸电电源的主要作用是将 50Hz 电网电压变为 50Hz 或 60Hz 可调的电源，同时控制供电阈值，调整相序、电压、频率进行同步并网控制，且具有各种保护功能。岸电电源还应有通信接口和多种通信协议，方便适时上传、下载各种电量参数及控制指令；能够多机并联运行，并保证同步运行，为后续扩容提供方便，故障时可以减容供电；应具有消除高次谐波的措施。功率因数大于 0.95，对电网无污染。电容应采用金属箔电容，延长电容使用寿命。具体功能如下：

（1）岸电系统基本功能。

① 具备不同制式船舶接入岸电电源的功能，岸电电源容量范围内，各种性质的负载（电容性、电感性、混合型负载）变化不影响电源质量，且输出电压、频率在负载允许范围内连续可调。

② 输出电源制式为三相三线制（中性点绝缘）。

③ 额定输出频率为 60Hz（精度 0.01Hz）。

④ 输出频率稳定度：0～90％负载变化时，输出频率不变。

⑤ 岸电电源整体效率大于等于 95％（90％负荷）。

⑥ 岸电电源装置功率因数大于等于 0.95。

⑦ 应有相序检测功能，并具有自动调整相序功能。

⑧ 应具备较强的过载能力及瞬间保护等功能，负载适应能力强，过载能力和抗冲击能力强。

⑨ 绝缘级别和温升级别均为 H 级。

（2）岸电供电系统与船电并网，可以实现无缝对接。

通过岸侧人机界面可以选择岸电接入控制方式，系统具有两种选择方式[4]，即岸侧控制和船侧控制。负载转移的操控方式：接入岸电时，调整岸侧电源跟踪船上电网进行并网负载转移；离岸断开岸电时，调整船上 PMS 跟踪岸侧电网进行并网负载转移。上述操作过程同样也适合在岸基进行。因此，岸电船载设备应同时具有调岸侧电源并网和调船侧电源并网的功能。岸电船载设备应能够将船舶电制信息送至岸基设备，由岸电电源判断所在泊位船型、容量、电压制式，选择输出相应的电源电制、容量，满足船舶用电需求，避免船舶接入电网的电制与船用电气电制不一致。在岸电使用过程中，因船上用电故障造成的岸电断电，船载设备需提供相关输出信息至岸基设备。岸电信息管理系统应能够采集、记录船方相关的故障信息。控制系统能够判断不同船型的电压、频率、容量的需求，提供符合当前船舶要求的电源。

(3) 岸电供电系统工作方式及保护功能。

岸电供电系统设备在环境温度低于 50℃的情况下应能满负荷长时间不停机工作；应具有瞬时过电流、短路保护，过载、输出欠压、输入欠压、过压、过热、输入频率超范围、缺相保护，单元变流器异常保护，单元变流器功率不平衡保护，IGBT 元件过流保护，交流母线接地保护等保护功能。考虑对不同船舶用电负荷的控制，当输出负荷容量达到设定值时应发出预报警信号，以便控制用电负荷；当输出电压、频率连续超出 CCS 规范要求达 5s 时，可自动切断输出回路。此外，还应具有功率保护功能，保证岸电电源与船用电源安全并网。当船舶电气发生故障时，应可通过船上联锁控制信号，断开岸电装置主开关，切断供船舶的岸基供电电源。

3) 岸电出线变压器

出线变压器也称为出线隔离变压器，其功能是将岸电电源输出到船舶电网，同时对船侧起到电隔离作用，出线变压器具有谐波抑制功能，每台变压器容量应满足计算负荷需要的 120%，二次侧中性点绝缘，可手动调整分接头，在励磁条件下为额定电压的±2.5%，一般采用油浸变压器或干式变压器，主要配置见表 10.4和表 10.5。

表 10.4　岸电出线变压器技术参数表

项目内容	技术参数
标准	国家标准和 IEC 标准
数量	按设计方案选择
容量	必须根据短路容量的要求进行选择，同时考虑 50Hz/60Hz 输出时容量的变化；额定电压为 6kV/6.6kV
额定电压	6kV/6.6kV
额定频率	50Hz/60Hz
接线组别	按船电标准进行选择
绝缘种类	符合国家标准和 IEC 标准
绝缘水平	额定工频耐压绝缘水平 42kV(1min) 额定冲击耐压绝缘水平 75kV(峰值)
阻抗电压	5%以下

表 10.5　岸电出线变压器主要附件表

设备名称	数量
铭牌	1个
温度计	1套
接地端子	1套
吊环	1套
手孔	1套
无载分接头	1套
导轨型基础	1套
控制系统接线箱	1套

配电用电力变压器采用防盐雾、低损耗、全封闭、室外型,线圈为铜导体的干式变压器,且带有温度检测功能,并备有报警、跳闸端子。

4) 高压计量柜

高压计量柜主要用于高压电能计量,能够完整准确地计量有功电能和无功电能,各部分封锁严密,防窃电能力强,并且配合仪表电能计量有专用接线盒,为现场校验提供方便。主要配置见表 10.6。

表 10.6　高压计量柜柜内安装主要设备表

设备名称	数量
电压互感器 电压变比 6000V/100V,V/V 接法	1组
电流互感器 额定电压:10kV 额定热稳定电流:31.5kA,3s 绝缘水平:符合国家标准 精度:0.2s 级 容量:不低于 15VA 变比:双线圈双变比	1组
柜内照明器,交流 220V、15W(荧光灯、带开关)	1套
复合式三相多功能电度表(带标准 485 接口)	1套
其他相应附属设备:表前配置计量专用接线盒	1套

5) 所用变压器柜

所用变压器柜用于岸电电源站的照明、直流屏的电源、高压柜小母线电源、消防报警系统电源、控制电源等。

6）直流操作电源系统

（1）用途。作为岸电电源站的设备操作机构分合闸及控制、信号、保护等的直流电源；作为控制系统的电源、信号、保护等的直流电源。应具备双机热备。

（2）容量。满足岸电电源的操作控制、信号、保护用电源及控制系统的电源需求，并保证 4 台以上真空断路器同时跳闸和两台断路器合闸，原则上不小于65A。输入电源为交流 220V 单相，380V/220V 三相四线，分别从所用变压器、外部皮带机维修电源箱或照明配电箱供给电源。两路电源，一路工作、一路备用，应具有备自投功能，当工作电源失电时，备用电源应自动投入，同时应带有联锁装置，防止两路电源并列运行。输出电压为直流 220V。

（3）组成。主要包括以下部件：免维护密封型铅酸电池组、直流馈出开关、电池充电及浮充电装置（两用两备）、稳压装置、直流绝缘监测装置、电压监视装置、电池电压监视装置、闪光信号装置等。附件包括：触摸式操控屏、电流表、电压表、电源开关、切换开关、信号报警、继电器以及其他设备等。

（4）结构形式。自立柜式、钢板制成、防尘密封。

（5）技术要求。为适应岸电电源站无人值班的要求，其直流电源工作情况可在变电站电力监控室及时了解，所以直流电源应设有相应的通信接口。该直流电源应为智能型免维护直流电源。其基本单元应采用先进技术，以保证高效率和高精度，并应对其进行全面监控（如电源切换、联锁保护、参数测量、绝缘监测、故障判断、电池电压等）。每个蓄电池充电装置应具有 2%或更精确的直流输出电压表、直流输出电流表，能满足远距离输出的直流电池组充电要求。电源转换和充电装置的控制电路应采用固态元件，所有的电源二极管和可控硅整流管应采用硅管。每个蓄电池应牢固放置于电池架中，同时电池之间有一定的间距便于散热。电池架和托盘应由耐腐蚀材料制成，托盘应绝缘防止接地。

10.1.2　低压岸电供电方案和系统组成

低压岸电功率不大于 3MVA，所需电源一般来自港口混用变电站，供电电源系统包括总进线开关柜和进线变压器（当进线电压为 1kV 以上电压等级时需要配备）、岸电电源进线开关柜、岸电电源、岸电电源出线开关柜等。

1）额定配电电压

（1）高压动力回路：交流 10kV/50Hz，三相三线。

（2）低压动力回路：交流 400V/50Hz，三相四线。

2）输出供电电源

低压电源：交流 450V/60Hz，三相。

3）低压上船实现方案

根据 JT/T 814—2012《港口船舶岸基供电系统技术条件》，低压岸电上船有四种典型方案，如图 10.2 所示，其中方案一实质上是高压岸电的应用延伸，方案四仅适用于内陆码头小功率岸电。

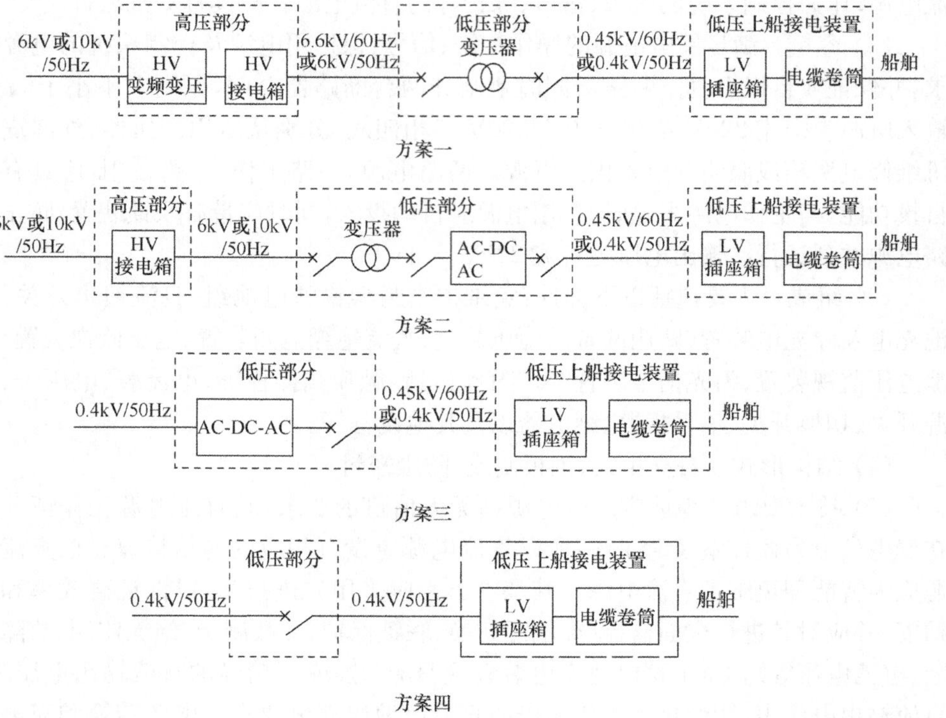

图 10.2 低压上船的典型方案

4) 低压电气开关柜一般要求

低压电气开关柜选型要求应根据国家标准和 IEC 标准的有关规定及规格书的有关要求。岸电电源站应预留出不少于两个带断路器的备用回路(包括配电箱)。主要配置见表 10.7 和表 10.8。

表 10.7 低压电气开关柜配置表

项目内容	技术参数
用途	用于低压动力
标准	IEC 439-1973 或同等
型号	塑壳式断路器，所有断路器均带电动操作机构，断路器为施耐德、ABB 产品或等同
结构形式	自立、户内、防尘密封、防盐雾、插拔式
额定电压	动力回路：交流 440V，三相四线 控制回路：交流 220V，单相

表 10.8　低压电气开关柜柜面安装主要设备表

设备名称	数量
铭牌	1 个
交流电压表	1 块
交流电压表切换开关	1 个
交流电流表	1 个
三相交流电度表	3 个
功率因数表	1 块
开关分合指示灯(红绿色各一个)	1 套
开关分合操作按钮(红绿色各一个)	1 套
门锁	1 个

10.2　岸电电源空调通风系统

岸电电源站空调通风系统采用微机调节，空调的起停随电源系统应自动调节，制冷量、通风温度应随所内温度变化进行调节。冬季空气调节室内计算温度为 20℃；夏季空气调节室内计算温度为 26℃。

为了改善工作人员的作业条件，保证岸基电源设备的正常运行，在岸电电源站内设机械通风系统及空调系统。通风系统和空调系统的设备应技术先进、高效节能且经济耐用，各系统的设计和有关设备的选用应符合有关规范和规定。

1. 通风系统

1) 主变压器室通风

为防止岸电电源站室内电气设备过热，保证设备正常运行，在岸电电源站内变压器室内应设机械排风、自然进风通风系统，通风量按换气次数计算应不少于每小时 10 次且保证夏季室内温度不高于 40℃。机械排风系统应由轴流风机、出风弯管或自垂百叶排风口等组成。轴流风机应选用效率高、噪声低、运转平稳、检修方便的先进产品；同时应能进行强排风，当需要时应可手动操作。当发生火灾时，轴流风机电源应自动切断。

2) 配电室通风

由于周围环境条件较差，为阻止室外灰尘进入，设计应采用正压通风系统。室外空气由风机箱(带初效过滤器)送入室内，排风则由墙上安装的轴流风机(带自垂百叶及出风弯管)排出，且进风量应比排风量大 10%，以维持室内微正压。通风量应按室内换气次数不少于每小时 10 次计算；同时应能进行强排风，当需要时可手动操作。当发生火灾时,风机箱及轴流风机电源应自动切断。

岸电系统散热所需通风量计算如下:

$$L=Q/(\Delta TCr)$$

式中,ΔT 为室内外温差;Q 为岸电总散热量;C 为空气比热容,取 1kJ/(kg·℃);r 为空气容重,一般取 1.29kg/m³。

2. 空调系统

在配电室、主控制室等房间应采用带独立新风的空调系统,该系统夏季空调,冬季供热。新风机应采用热回收式新风换气机,包括直流变频压缩机、电动机、蒸发器、冷凝器、电子膨胀阀、电动机起动器以及有关机组操作及温度控制器/集中控制器等。空调机组冷媒应采用新型环保制冷剂(49A)。该机组应为高效节能机组,能效比应满足夏季标准制冷工况下 COP 值不低于 3.0,冬季－10℃时 COP 值不低于 3.0,室外温度低于－15℃时 COP 值不低于 2.8。空调系统包括下列设备。

1) 室外空调机组

室外空调机组应采用风冷直膨式分体设备。机组应具有高湿热比、长时间运行、高可靠性和安全性等条件。室外机组热交换翅片应耐腐蚀、抗酸雨。室外机组风机电机、压力控制器应为密封型,具有良好的抗水性,满足沿海地区气候使用条件。该制冷机组应为热泵冷暖型,空调冷热能力应满足在冬天热泵供暖室外温度极限－15℃、夏季制冷温度－5～46℃情况下机组正常运转。所有设备应为低噪声型,其噪声应满足国家有关标准规范。

2) 室内空调设备

室内空调设备与室外机组为系列产品。根据各房间使用功能不同结合建筑布局可采用天花板嵌入式、天花板内藏风管式等,且可满足不同工况和负荷下应用。室外机组与室内设备应采用冷媒连接,主冷媒管应为两根。在设计室内、外机组位置时,应保证空调机组能高效率运行。管长及高差在设计范围内的条件下,空调冷量损失应小于 5%。

3) 空调设备控制

空调机组应设有电子自动感温包,可根据室内外情况及机组设定自动进行调节,显示工作状态,控制机组运行,并具有故障检测及保护,如遇停电和恢复时机组应有自动保护功能,电源自动恢复后机组数据应不丢失。温度控制范围 16～32℃,温度波动超限时应可发出报警信号。控制方式应为 LCD 有线遥控和后台控制,并应具有随室内温度变化自调节室内温度的功能。

4) 空调设备容量计算

岸电室安装空调制冷时，要求岸电室空间尽可能小，且做好密封结构，如图 10.3所示。利用空调将环境温度降下来，优点是施工方便，维护量低，使岸电的运行环境良好；缺点是前期费用投入较高，长期运行耗能高。

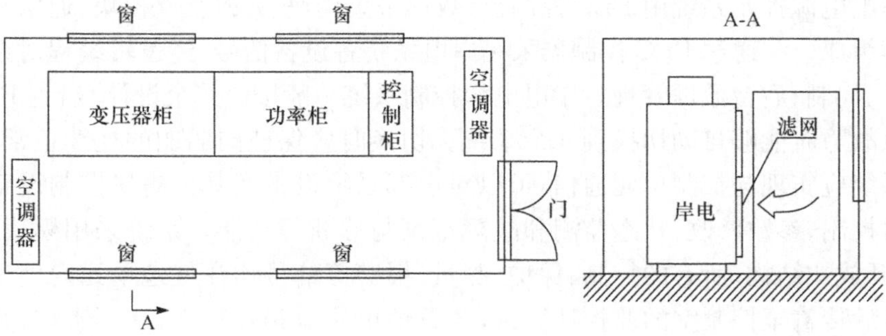

图 10.3　采用密闭式空调散热方案的示意图

空调容量的确定原则：一般按照岸电运行自身最大发热量和岸电室环境实用占地面积来选择空调的容量。岸电运行自身最大发热量为岸电额定功率的 4%；岸电室空间制冷所需空调制冷量一般按照每平方米 0.15kW 计算。因此，岸电室整体所需空调制冷总量为

空调制冷总量＝岸电自身发热量＋岸电室空间所需制冷量

空调的选择按照 1 匹空调制冷量为 2.3kW 计算。

(1) 新风系统。

新风系统由新风机、送回风管、送回口组成。新风机采用全热交换型新风机组，由机箱、风机、热交换元件、气过滤网等部分组成，此类机组不需冷、热源，排风与进风在全热交换器内部，经过热交换元件时进行完全热量交换，在向室内提供新风的同时，回收部分室内排风带走的热能，具有高效、节能、低噪声特性。运行方式为全年运行，具有制热、制冷、过渡季节运行模式。控制方式为与空调系统连接，把空调和全热交换新风机组运转集成在空调遥控器上，实现空调通风一体控制系统。

(2) 管道系统。

送风管、弯头、三通等应用镀锌钢板制作，风管与附件间应用法兰连接，送、回风管道应采用阻燃保温材料保温。冷媒管应采用铜管管材，铜管的接口处应采用插入式直接接头焊接，转弯处应采用插入弯头焊接。冷凝水管应采用 PVC 供水管材。冷凝水管接口外应采用插入式直接接头黏接，转弯处应采用接入弯头黏接，胶黏剂应采用 PVC 专用胶。冷媒、冷凝水管应采用阻燃保温材料保温。

10.3　岸电电源控制系统及信息管理系统

10.3.1　岸电电源控制系统

岸电电源控制系统由 PLC 控制器、数据采集模块、人机交互模块、通信和监控模块等组成[5]。通过 PLC 控制器采集岸电系统各设备信号，经逻辑编程对系统进行保护、控制、后台数据管理。岸电电源控制系统一般按照冗余设计，当主 PLC 系统发生故障时能够自动切换到冗余系统。切换时应保证向船舶的连续正常供电。控制系统应实现与控制单元通信，可以对全部系统设备及其他附属控制设备等进行实时控制、参数修改、状态监测和故障记录与诊断等功能。系统采用模块化、分布式、开放式结构，所有的控制、保护、测量、报警等信号均在就地单元内处理成数据信号后传输至控制室的监控计算机，各就地单元应相互独立，互不影响，其功能上不依赖于监控计算机，以增加系统的可靠性。岸电电源控制系统原理如图 10.4 所示。

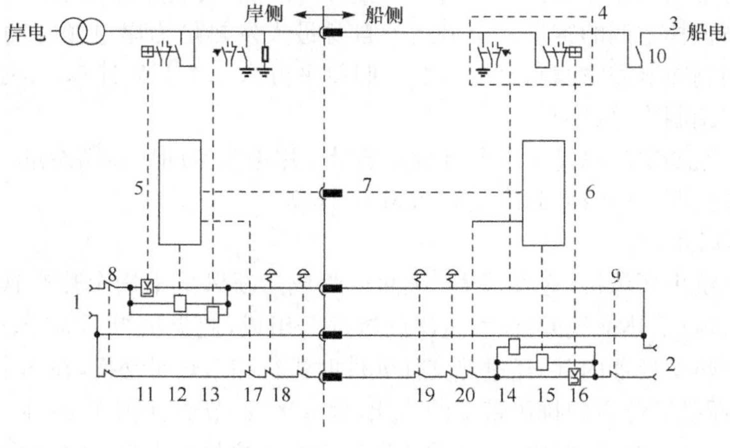

图 10.4　岸电电源控制系统原理图

1-岸侧控制电源；2-船侧控制电源；3-船舶电网；4-船电岸电切换柜；5-岸电 PLC 控制器；6-船侧 PLC 控制器；7-光纤通信；8-岸电保护；9-船电保护；10-同步切换开关；11-岸电切断开关；12-岸电安全保护；13-岸侧接地允许；14-船侧接地允许；15-船侧安全保护；16-船侧切断开关；17-船侧接地控制开关；18-船侧手动接地开关；19-岸侧控制接地开关；20-岸侧手动接地开关

图 10.4 中，控制系统可以在远程控制室发出指令到各个部件，执行相应的操作。设备操作具备手动/自动操作功能，具体应具备的保护功能有：50Hz/60Hz 运行线路互锁保护；系统运行条件保护；供电程序控制保护；断电程序控制保护；系统故障停机保护；人员误操作保护；船、岸供电、断电程序保护；硬线联锁保护。就地

和远程都应实现对岸电电源、空调通风系统、高压进出线柜、变压器及风机的起停，岸电箱等系统的集中控制与监视；在远程控制室、现场控制柜及船方都应设立急停装置，以便于在任何时候能够处理系统紧急情况；急停按钮应为硬线连接。

系统采集包括空调通风系统、报警系统、输入/输出开关柜、输入/输出变压器、岸电电源、拖缆设施、船舶并网等设备的运行状态、电气参数、起停控制、故障报警等信号，信号类型如下。

(1) 硬线接口：具备启动、停止、复位、紧急停止命令。

(2) 工作状态信号：具备岸电电源就绪、运行、停止、报警、故障(停机)信号。

(3) 模拟量接口：具备同步指令给定信号、输出电流、电压、频率等参数的接口。同时，必须考虑预留一定数量的输入/输出点位。

通信网络控制系统还需采用本地控制和远程控制两种方式，其中本地控制采用现场 LCD 控制盘来实现，远程控制采用以太网、Modbus 或 Profibus 等通信协议来实现。

现场 LCD 控制盘可同时显示多个实际值与给定值，可存储多条控制器数据，每个数值应带有时间标签；可作为 Web Server 以便计算机远程存取、控制触摸屏人机界面上传与下载文件。主要界面有岸电电源并网同步过程监视、岸电电源运行情况、参数显示与设定、岸电电源故障诊断。主要参数记录和查询包括输出电流、输出电压、输出频率、网侧输入电流、网侧输入电压、警报事件、故障事件。显示功能应可对输出电源的频率、三相电压平均值、三相电流平均值、三相线(相)电压、三相线电流、三相不平衡度、有功功率、无功功率、功率因数等参数显示并对有功功率电度、无功功率电度进行统计计量。所有数据应可以在装置屏上显示，且能够支持一定时间内连续供电参数(包括频率、电压、电流等参数)等记录和回放功能，所有这些数据应随时可在控制系统中查询。

远程操作系统功能，应具备完成整个系统的操作、监控、控制等功能；同时，操作系统还应配置数据管理功能，包括事件、故障记录与保存，能够将运行过程中的事件、故障记录并保存到数据库，为维护、维修提供数据支持。

10.3.2　岸电信息管理系统

根据港口岸电信息管理的功能需求，系统总体架构可以分为三部分(层)：港口监控层、信息处理层与业务应用层。其中，港口监控层主要是完成岸电系统各电气设备的集成和使用管理。各电气设备通过工业标准数据总线连接，相互配合共同完成岸电信息管理任务。信息处理层是根据港口各部分的业务流程对岸电设备所采集到的数据进行整合，并分别提供给相应的部门。业务应用层实现船舶信息管理、监控和控制[6,7]。岸电信息管理系统总体框架如图 10.5 所示。

(1) 港口监控层：通过采用各种标准监控设备，完成对岸电系统信息管理。该

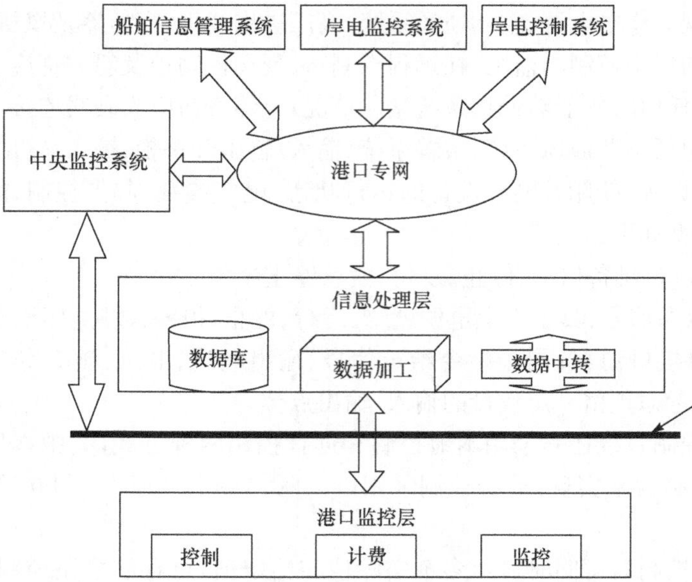

图 10.5　岸电信息管理系统总体框架图

层系统设计的核心是如何选择可以满足用户当前和未来需求的标准化设备,并集成起来。该系统开发的界面具有以下功能:

① 各设备对应电表总管理平台、设备运行中能耗曲线分析图、设备运行报表;

② 设备运行月报,还应具备三遥系统相应的界面;

③ 供电系统单线图、电流曲线、电压棒图;

④ 电量报表(含月报、日报),并可分类查询。

(2) 信息处理层:港口监控层设备输出的各种信号经监控总线传输到指定的数据处理中心(分布式),在这里各种信号依据各业务应用的特殊要求,转化为标准格式,以指定的传输协议加载到有关数据库或中转站,在上层业务应用系统提出需求后,分发传送到指定的应用系统服务器。数据库管理功能包括历史数据查询与分类、事故追忆功能,并有可查看事故曲线、电量负荷曲线的功能。同时,能够将岸电电源系统使用情况进行计算、记录,提供历史查询,并可形成报表,为岸电电源系统管理提供参考。

(3) 业务应用层:岸电系统监控的最终目的是完成各种业务应用。各业务应用的内容以模块化的方式独立开发,共同使用共享的数据接口,从而简化系统开发工作量,提高系统可靠度,并增加系统的可维护性和管理的便捷性。船舶信息管理系统应可查询不同船型的能耗情况及同一艘船 5 年内的耗能信息,对同一级别船舶耗电进行比较分析;具备通过控制系统对船型的判断、对继电保护装置进行修改的功能,以满足不同容量船舶对岸电电源的安全、可靠性的要求;还可以查询控制系统中所有设备的运行状态信息、事件等,包括从岸电接入一开始的操作,直到断电以后整个操作及运行过程中各种设备的运行状态信息，都应在信息管理系统中能够查询到。信息应至少保存 5 年以上。岸电信息管理系统应具有网络发布功能，港口内网可以查询岸电电源运行情况。

(4) 中央监控系统：岸电信息管理系统在目前港口管理设施的基础上建立中央监控系统。中央监控系统是港口监控管理系统的枢纽，各业务系统可将有关业务信息上报中央监控系统，由港区最高管理层统一指挥调度。中央监控系统也是唯一可直接控制各监控设备的地方。根据需要可建立多个备份冗余监控系统，增强系统的可靠性。

10.4　岸电接电箱

为了给每条船舶单独供电，需要在码头岸边设置岸电接电箱。岸电接电箱位于码头前沿，安装在码头地平面以下；岸电接线箱为多套，分别对应不同的泊位给每条船舶单独供电。作为唯一的岸基与船舶的供电连接点，岸电接电箱可选用带有机械联锁和电气联锁控制的岸电箱，岸电应有相应的保护。插拔岸电箱应保证在不带电的情况进行，安装码头接电箱时还应考虑海水涨潮时码头接电箱不能进水。岸电接电箱防护等级不低于 IP66。岸电接电箱配置有光纤接线盒、信号电缆，在与船电系统连接时应与船电系统形成一个整体系统进行保护，具有船-岸电接电箱-岸电电源站一个整体系统的安全联锁功能。选择岸电接电箱时，应考虑船上电缆卷筒插头的选型与地面接电箱插头的一致性。在岸电接入时，应考虑船舶左、右舷靠岸时不同位置距离上的差别，但必须保证不同舷靠岸时岸电能够正常接入，且不应承受较大的拉力。凯伏特岸电接电箱外观如图 10.6 所示，箱内高压电源连接器及其原理图如图 10.7 所示。

(a)　　(b)

图 10.6　凯伏特岸电接电箱

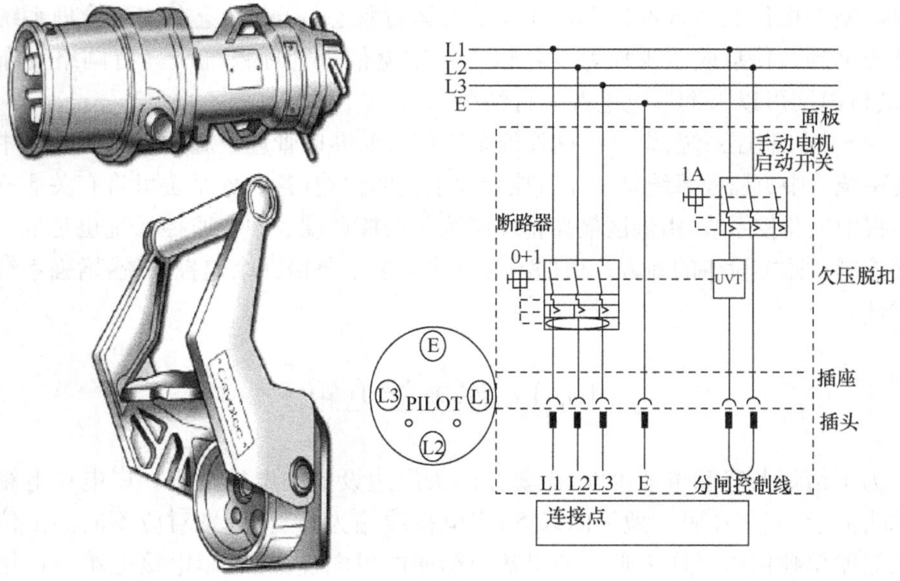

(a) 连接器　　(b) 电气原理

图 10.7　凯伏特岸电接电箱内高压电源连接器及其原理图

图 10.7(a)为连接器外观图;图 10.7(b)中左侧图形为插头截面示意图,其中 L1、L2、L3 是三相供电线,E 是接地线,PILOT 是高压岸电分闸控制线。上部虚框内是岸电插座;下部虚框内是电缆插头(L1、L2、L3、E 和 PILOT 共六个黑点对应左边圆形内各标号);插座内包含岸电高压断路器,用于接通、断开 6600V 电源,具有漏电保护功能;右侧(欠压脱扣)是岸方提供的交流 110V 电源,分闸控制线通过 UVT 欠压脱扣器控制高压断路器的分闸。

岸电和船电通过接电箱连接示意如图 10.8 所示。

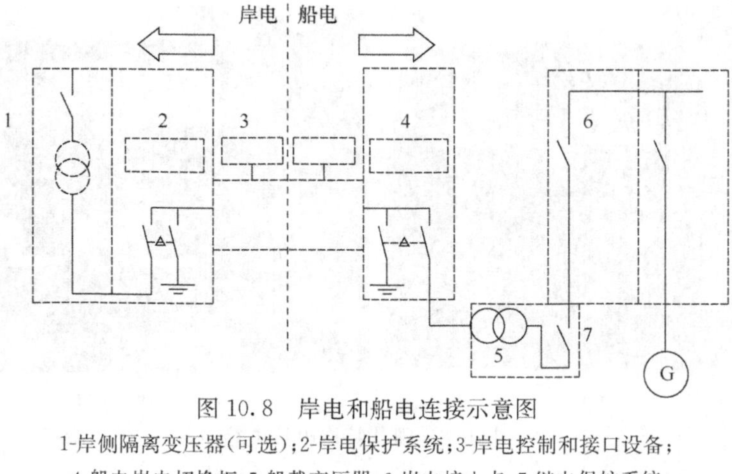

图 10.8　岸电和船电连接示意图

1-岸侧隔离变压器(可选);2-岸电保护系统;3-岸电控制和接口设备;
4-船电岸电切换柜;5-船载变压器;6-岸电接入点;7-继电保护系统

10.5　岸电配电系统接地和继电保护

10.5.1　配电系统接地形式

配电系统接地形式分为 TN、TT、IT 三大类。系统特性以符号表示，字母含义为：第一个字母表示电源与地的关系，T 表示在某一点上牢固接地，I 表示所有带电零件与地绝缘或某一点经阻抗接地。第二个字母表示电气设备外壳与地的关系，T 表示外壳牢固接地，且与电源接地无关，N 表示外壳牢固地接到系统接地点。其后的字母表示电网的中性线与保护线的组合方式，C 表示中性线与保护线是合一的(PEN 线)，S 表示中性线与保护线是分开的。

1）TN 系统

TN 系统的电源端有一个直接接地点，并引出 N 线，属三相四线制系统。系统中用电设备外壳通过保护线与该点直接连接，称为保护接零。按照系统中性线与保护线的不同组合方式，又分为如下三种形式。

(1) 整个系统的中性线与保护线合一时，称为 TN-C 系统。由于投资较少，又节约导电材料，在我国应用比较普遍。当三相负荷不平衡或只有单相用电设备时，PEN 线上有正常负荷电流流过，有时还要通过高次谐波电流，其在 PEN 线上产生的压降呈现在用电设备外壳上，使其带电位，对地呈现电压。正常工作时，这种电压视情况为几伏到几十伏，低于安全电压，但当发生 PEN 线断线或相对地短路故障时，PEN 线电位升高，其对地电压大于安全电压，使触电危险加大。同时，同一系统内 PEN 线是相通的，故障电压会沿 PEN 线传至其他未发生故障处，可能会引起新的电气故障；另外，由于该系统全部用 PEN 线作设备接地，无法实现电气隔离，不能保证电气检修人身安全。

(2) 整个系统的中性线与保护线分开时，称为 TN-S 系统。这种系统的优点在于 PE 线在正常情况下不通过负荷电流，只在发生接地故障时才带电位，因此不会对接地 PE 线上其他设备产生电磁干扰，所以这种系统适用于数据处理、精密检测装置等使用。在 N 线断线时也不影响共用 PE 线的其他设备，防止间接触电，这种系统多作于环境条件较差、对安全可靠性要求较高及设备对电磁干扰要求较严的场所。但是这种系统不能解决对地故障电压蔓延和相对地短路引起中性点电位升高等问题。

(3) 整个系统的中性线与保护线先是合一的，然后又分开，称为 TN-C-S 系统。PEN 分为 PE 线和 N 线后，不能再与 PE 线合并或互换，否则即为 TN-C 系统。这种系统兼有 TN-C 系统和 TN-S 系统的特点，电源线路结构简单，又保证一定安全水平，常用于配电系统末端环境条件较差或有数据处理等设备的场所。因 PE 线带有前端 PEN 线上某种程度的电压，这样使设备外壳带有电压，所以人体接触后有电击的可能。

2) TT 系统

TT 系统的电源端有一个直接接地点，也引出 N 线，属三相四线制系统。系统中用电设备外壳与地作直接的电气连接，称为保护接地。这个接地点与电源端接地点是没有关联的，该系统由于所有设备的外壳是经各自的 PE 线分别直接接地的，各自的 PE 线间无电磁联系，所以适用于对数据处理、精密检测装置等供电，这样就避免了危险故障电压沿 PE 线传到其他未发生故障处。而由于 TN 系统 PE (PEN)线相通，查找接地故障的原因、地点比较难，所以 TT 系统被供电部门规定用于城市公用低电网的接地系统。但是这种接地保护系统在某些情况下也并不能保证绝对安全。例如，当系统中设备的绝缘损坏或发生相对地短路故障时，将使设备的外壳带电。如果人体触及带电外壳，因人体接触电阻(平均为 2000Ω)远大于保护接地电阻，所以这部分单相短路电流通过接地装置引入大地，通过人体的电流比较小，因此只能减小而不能彻底消除人体触电的危险性。

3) IT 系统

IT 系统的电源中性点不接地或经阻抗(约 1000Ω)接地且通常不引出 N 线，为三相三线制系统，习惯称为不接地系统。系统中的用电设备外壳与地作直接的电气连接。用电设备外壳经各自的 PE 线直接接地，PE 线间无电磁联系，适用于数据处理、精密检测装置等供电。当发生单相接地故障时，所有三相用电设备仍可暂时继续运行，另两相对地电压将由相电压升高到线电压。当接地电流大于发生电弧的最小燃弧电流时，会对用电设备造成火灾等危险，人触及会造成人身事故。

10.5.2 岸电配电系统接地形式与接地原则

船舶停靠泊位后，由码头岸电配电系统供电，整个船舶对于码头低压配电系统来讲，就是一个电气装置或是一座陆地上的建筑[8]。该装置或建筑从岸电配电箱引接的三相电源采用三相三线电缆，码头变电所中变压器中性点的接地方式、船体与码头上设置的接地柱之间的连接方式，决定了船舶由岸电供电时低压配电系统接地方式[9]。船舶岸电系统 IT 接地方式见图 10.9，船舶岸电系统 TN-S 接地方式见图 10.10。

为保证人身和设备的安全，岸电系统应设置完整的接地系统[10,11]。所有的电气设备和机座、开关装置、接电箱外壳、变压器中性点、配电盘、电缆桥架、配线装置、照明配电箱、金属管道等均接地。对于高、低压设备(如变压器、变频器、开关装置等)接地线尺寸，应根据设备的电压等级及其最大单相接地故障短路电流来确定。所有电气设备正常不带电的金属外壳、金属管线、电缆金属外皮、变压器中性点均需可靠接地。当电气设备直接固定在金属结构上并有可靠接触时，可不必另设电气接地。单个低压电气设备的接地支线应采用铜导线，最小截面为：明敷裸铜

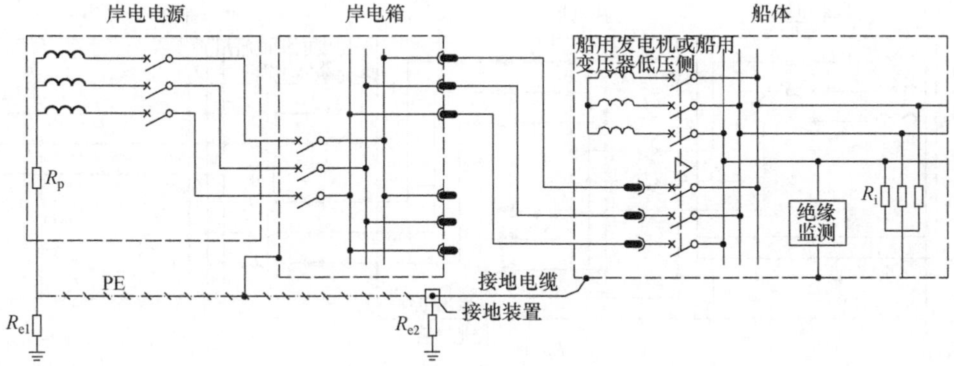

(a) 阻抗接地IT系统示意图

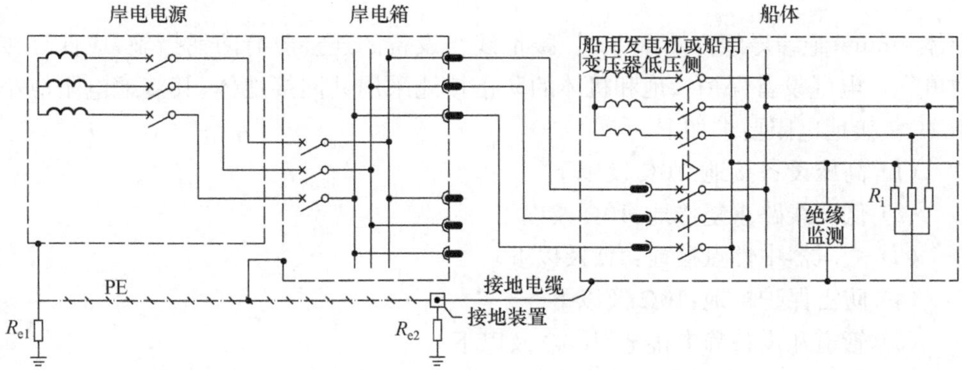

(b) 集中式IT系统示意图

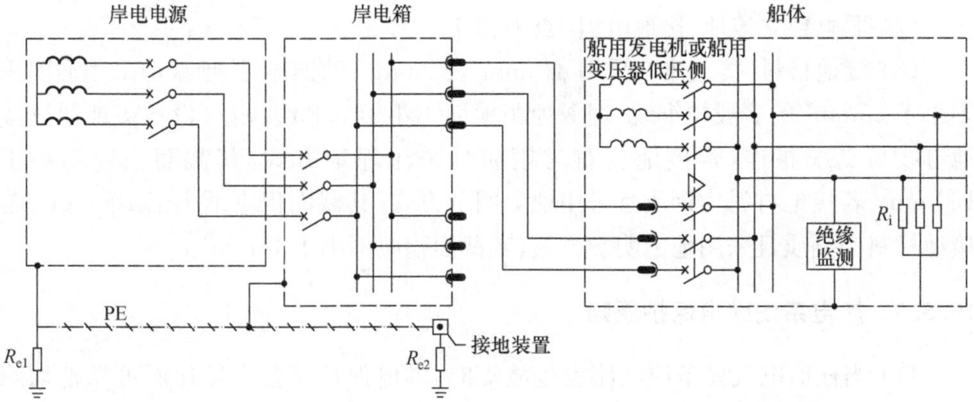

(c) 分散式IT系统示意图

图 10.9　船舶岸电系统 IT 接地方式示意图

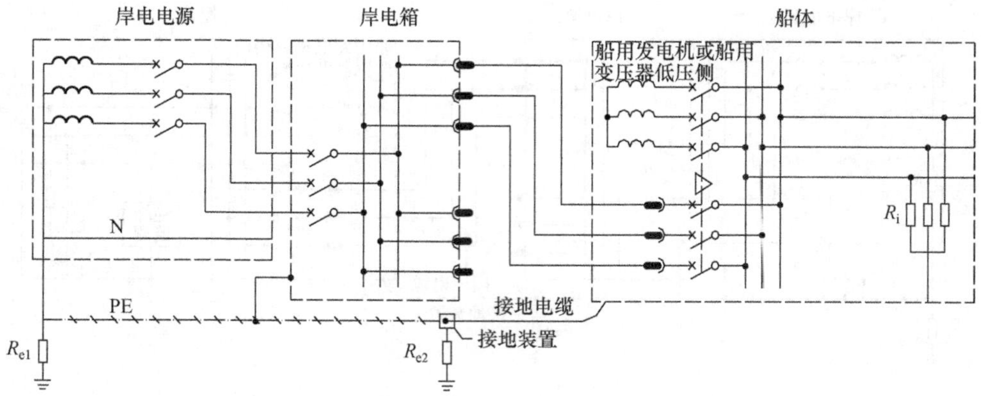

图 10.10　船舶岸电系统 TN-S 接地方式示意图

导体 $4mm^2$；绝缘导线为 $1.5mm^2$。接地线与设备的连接应有防锈措施，应保证接地可靠。电气设备保护接地和机体的防雷接地采用共同接地体，其接地电阻应小于 1Ω。接地电阻要求如下。

(1) 高压设备接地：10Ω 及以下。

(2) 低压线路重复接地：10Ω 及以下。

(3) 变压器中性点接地：4Ω 及以下。

(4) 防雷保护接地：10Ω 及以下。

(5) 管道和设备静电接地：100Ω 及以下。

(6) 变压器中性点接地、设备保护接地与防雷接地共用接地装置时，接地电阻在 1Ω 及以下。

(7) 弱电独立接地，接地电阻 1Ω 及以下。

(8) 接地材料：接地体应采用 ϕ16mm×2500mm 的铜棒，接地线应采用截面积不小于 $25mm^2$ 的多股裸铜线，埋深为距地面不小于 0.8m。电气设备接地通过接地母线与支线相连，若接地材料为钢质且采用埋地方式，其截面积应不小于 $160mm^2$；若接地材料为钢质且采用地上明敷方式，其截面积应不小于 $100mm^2$；若接地材料为铜质且采用地上明敷方式，其截面积应不小于 $16mm^2$。

10.5.3　岸电系统继电保护原则

(1) 当任何电气设备或回路发生故障时，继电保护装置应迅速而可靠地切除发生故障的设备，以保证电力系统的安全运行，缩小事故范围、限制故障设备及线路的损坏程度、减轻停电损失。

(2) 继电保护装置应能区别故障回路和非故障回路，当电气设备或线路发生故障时，继电保护装置仅作用于发生故障的设备或线路，并保证无故障的设备和回路的正常运行。

(3) 保护装置采用就地方式，安装于各开关柜面板上。

(4) 继电保护装置能够提供全面灵活的保护功能，能满足从简单到复杂的线路、馈线、变压器、母线、电容器组的保护、控制和监控的需要，以实现保护功能的灵活调整。

(5) 智能保护单元应具备控制(遥控合闸、分闸等操作)、测量(各种电能的测量、记录、显示)、电能计量、遥控信号采集和各种保护功能，应具有很高的精度和可靠性，既可以单独完成电力测量、控制和保护任务，又可以与计算机及通信线路组成完善的电力监控系统。智能保护单元应具有极强的抗电磁干扰能力。智能保护单元应具备过流、速断、电压保护、接地等电量越限保护功能。保护电路动作后，能迅速作用于出口(出口触点容量不小于 AC/DC 220V，5A)，并反映于监控系统，同时触发启动报警信号、报警事件记录、自动控制、故障录波等功能。报警事件记录应包含记录事件类型、对应事件的越限值、日期、时间等参数。

参考文献

[1] 中华人民共和国交通运输部. JTS 155—2012. 码头船舶岸电设施建设技术规范. 北京：人民交通出版社，2012

[2] 徐筱云，刘维里. 船舶高压岸电系统及其应用. 航海技术，2012，(2)：59-62

[3] 苗凤娟. 防治到港船舶污染的岸电技术研究. 上海：上海海事大学硕士学位论文，2006

[4] 周振南. 船舶连接岸电系统简介. 船舶设计通讯，2007，(2)：64-66

[5] 郑华耀. 船舶电气设备及系统. 大连：大连海事大学出版社，2004

[6] 吴志良. 港口供电及自动化系统. 大连：大连海事大学出版社，2003

[7] 李学文，孙可平. 船舶接用岸电技术研究. 上海海事大学学报，2006，27(3)：10-14

[8] 戴天祥. 船舶电力系统设计电制的选择. 船舶设计技术交流，2004，(1)：33-34

[9] 李建新，宋永东，金印彬. 三相电源相序的检测与自动矫正. 电工技术，2005，(9)：97-98

[10] 杨金成，徐正喜. 舰船交流岸电电源剖析. 中国造船，2005，46(1)：50-54

[11] 刘俊清. 船舶电气系统可靠性设计研究. 湖南交通科技，2005，31(1)：104-106

第 11 章　岸电系统装备研制与工程应用

岸电系统装备属于大型的机电一体化设备，集成了机械、电气、电子、自动控制和计算机等多学科技术[1,2]。采用设计的兆瓦级变流系统的数字化控制、模块化并联、功率损耗计算及散热等多方面核心技术，本章主要针对研发的 2MVA 移动式岸电电站，给出硬、软件总体方案，设计网侧、负载侧滤波器以及系统抗干扰方法，给出岸电电站的实际测试运行结果和主要技术指标，并将该设备成功应用于某港口。

11.1　移动式 2MVA 岸电系统装备设计

为了不占用港口空间，将岸电电站置于 40ft 集装箱内，需要使用时将集装箱吊装放置在甲板上，通过电缆连接陆地电网，其示意图见图 11.1。

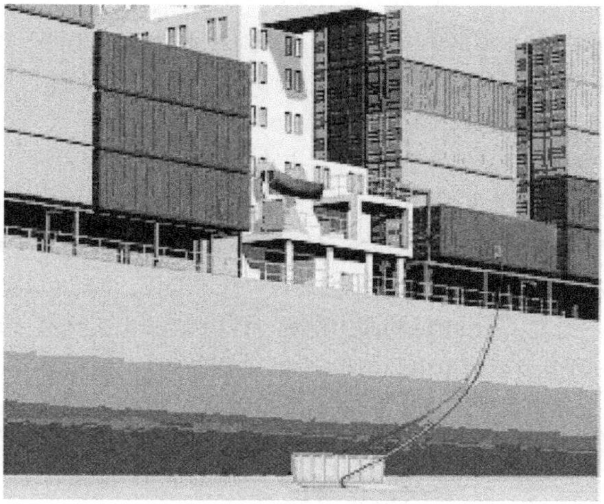

图 11.1　置于船舶甲板的岸电电站图

10kV/50Hz 网电上船后，首先通过变压器降为 380V/50Hz，再经 PWM 整流器整流为 650V 直流电，经 PWM 逆变器进行频率变换并经滤波器和变压器隔离后输出 440V/60Hz。该电能经并车板和船舶电站并联，同步并车后，船舶电站停机，岸电给负载供电，系统电气连接如图 11.2 所示。

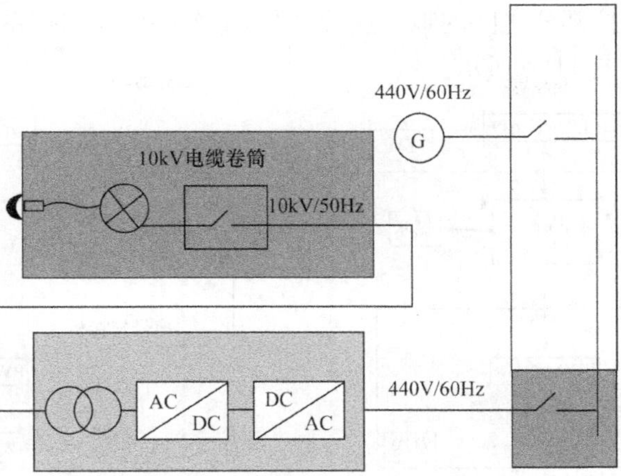

图 11.2　岸电电站电气连接示意图

11.1.1　主电路设计

作为岸电电站的核心，兆瓦级变流系统的结构见图 11.3。输入/输出开关均采用框架式断路器，网侧采用 8 套并联的升压型 PWM 整流器，$L_1 \sim L_8$ 为 PWM 整流器的网侧均流电感，L_9 为网侧滤波升压电感，整流器输出稳定的直流，为逆变提供条件；逆变侧也采用 8 套并联的无源逆变器，$FU_1 \sim FU_8$ 为熔断器，$L_{10} \sim L_{17}$ 为并联均流电抗器，L_{18} 为输出滤波电感，滤波电感后接滤波电容和隔离变压器，变压器漏感也作为输出滤波电感的一部分。

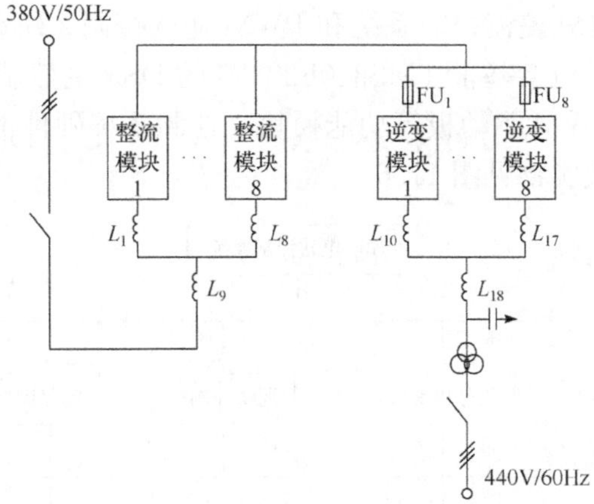

图 11.3　兆瓦级变流系统的结构示意图

整流器和无源逆变器均采用模块化、标准化和系列化的设计思想，完全可以互换，变流器模块采用导轨式安装，方便拆卸。整流部分和逆变部分都采用一个主控板控制 8 个功率模块的方式。两块主控板之间通过 CAN 通信进行信息交互。每个单元包含自己的控制板用来与主控系统通过光纤进行 CAN 通信，该通信是单元与控制柜内主控部分之间的唯一连接,因而每个单元与主控系统完全电气隔离。控制系统原理如图 11.4 所示。

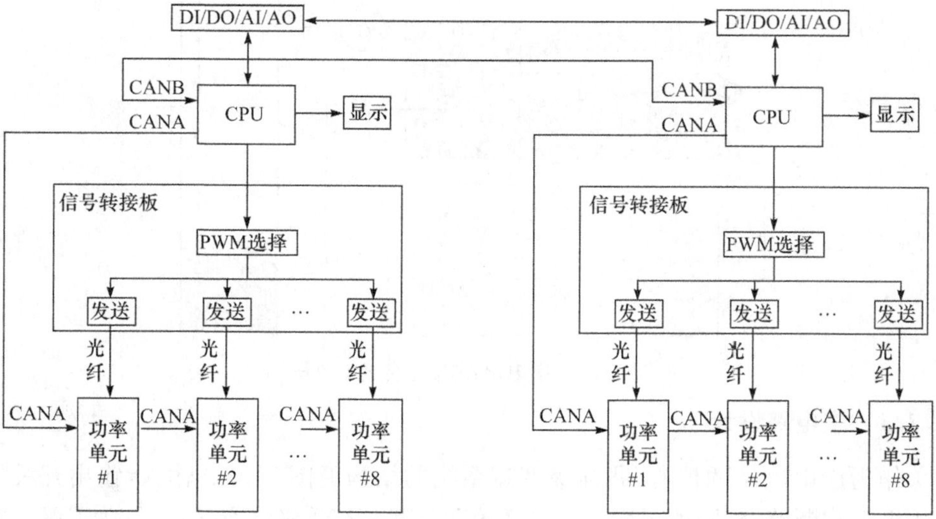

图 11.4　岸电电站控制系统原理图

11.1.2　控制系统设计

1. 控制系统硬件设计

岸电电站中 PWM 整流控制系统和 PWM 逆变控制系统硬件电路相同,可以互换。控制系统主要包括基于 TMS320F28335 的 DSP 主控制板、信号检测板、逻辑控制板、电源板、PWM 驱动板等功能模块。控制系统硬件框图见图 11.5,变流器硬件关键技术模块实物见图 11.6。

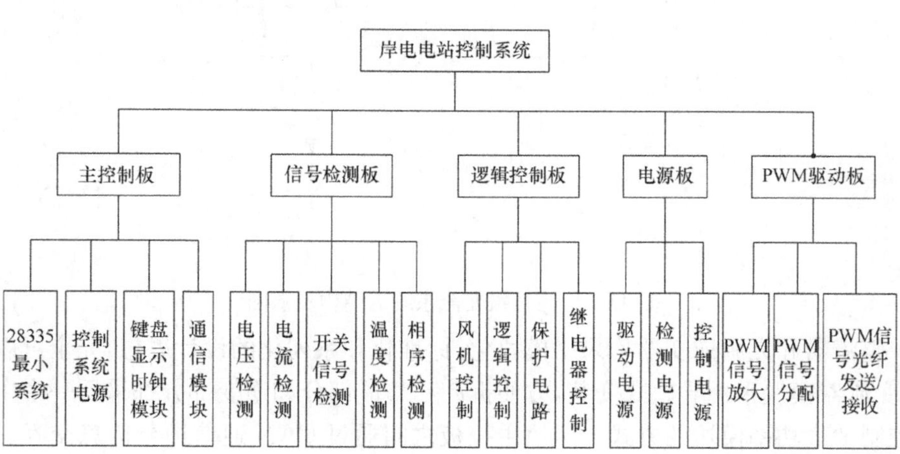

图 11.5　控制系统硬件框图

(a) 主控制器

(b) 从控制器

(c) 系统配电

(d) 变流器模块

(e) 隔离变压器

图 11.6　系统关键技术模块实物图

2. 基于 DSP/BIOS 操作系统的软件架构

兆瓦级变流器所采用的数字化控制算法对于软件实时性要求较高，而且需要处理的信息量比较大，除了前述的 PWM 整流和 PWM 逆变算法模块，系统还包括电压电流检测模块、保护控制模块、数据存储模块、功率单元通信模块、人机交互模块等。若采用传统的软件调度方式，以顺序结构形式组织这些功能模块，依靠各模块自身的代码来完成各模块之间的调用和切换，会使得系统响应特性慢，升级、维护起来相当麻烦。

DSP/BIOS 的出现提供了另外一种组织应用程序各功能模块的机制。它是一个简易的嵌入式操作系统，主要是为需要实时调度、同步以及主机-目标系统通信和实时监测的应用而设计的。DSP/BIOS 集成在 CCS 中，是 TI 公司所倡导的 eXpressDSP 技术的重要组成部分。DSP/BIOS 将各功能模块作为任务线程，通过配置，利用系统调度器调度各任务，根据优先级高低分时复用 CPU 资源，采用同步、通信、数据交换等方式协调各个任务。采用 DSP/BIOS 的应用程序接口，可实时分析系统运行情况、管理多个线程、调用软件中断和各种函数，并有效管理外部中断和外设。利用 CCS 提供的各种分析与评估工具来编写软件，调试方便，标准化程度高，从而加快软件开发进程。据此特点，本系统采用 DSP/BIOS 作为实时内核，并以此为基础来规划和设计系统软件。

在 DSP/BIOS 中根据优先级由高到低顺序，一般将线程分为硬件中断(HWI)、软件中断(SWI)、任务(TSK)和后台(IDL)四种线程。按照兆瓦级岸电系统的功能需求，将系统各子功能模块分为图 11.7 所示的功能模块。

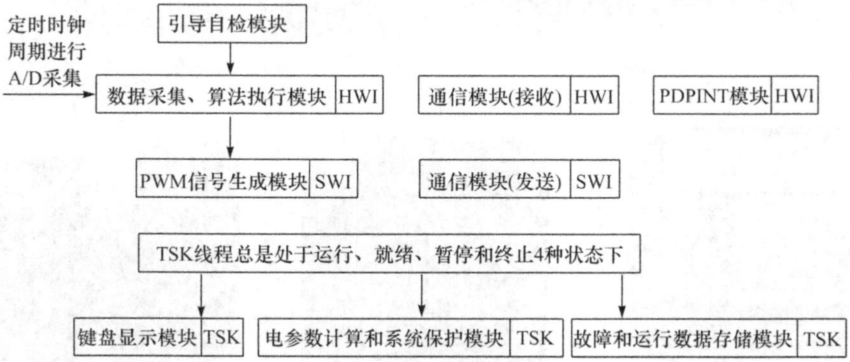

图 11.7 DSP/BIOS 下功能模块分类

硬件中断线程优先级最高，往往放置和外设密切相关、实时性要求很高的功能模块代码。本系统安排了三个硬件中断线程：①PDPINT 硬件中断线程，该中断优先级最高，当任一 IGBT 模块发生故障时，通过驱动保护电路送至 PDPINT，在最短时间内停止变流，保护系统安全；②A/D 采样和算法执行任务模块，按照 2.5kHz 速率实时采集算法所需数据，执行变流算法，这是系统最核心的线程，优先级仅次于 PDPINT；③通信模块(接收)，因为系统采用 RS485 与远程监控计算机通信，其与系统的底层硬件密切相关，而 DSP 本身的 FIFO 有限，必须及时接收数据，否则会造成数据丢失，而接收后数据的处理，可放在软件中断任务中。

软件中断线程优先级次之，一般将相对于普通任务比较重要的、发生频率比较频繁的子功能模块安排在软件中断线程中。通过 DSP/BIOS 内核的 API 调用来启动软件中断线程，利用每个软件中断线程自身的邮箱有条件地启动对应的软件中断。本系统设置的软件中断包括 PWM 信号生成模块和通信模块(发送)。

任务线程优先级一般。因系统堆栈有限，大部分线程都安排成任务线程。任务线程也具有优先级，优先级高的任务优先执行，相同优先等级的任务按照任务请求顺序执行。每个任务创建后都处于 4 种执行状态，即运行、就绪、暂停和终止中的一种。本系统将电量数据计算和系统保护、故障和运行数据存储模块、人机交互

(键盘显示)模块放置在任务线程中。电量数据计算主要是计算输入/输出电压、电流、功率有效值、输出频率等电量参数;系统保护主要是根据测得的电量数据进行系统过载、过热等故障判断,当出现这些故障时经过一定延时后通知主控制板。故障和运行数据存储模块是将系统设定的额定负载量、故障历史记录、通信地址等需要长期保存的数据存储到时钟芯片存储器中。键盘显示模块包括键盘检测任务和液晶显示任务两部分。键盘显示任务线程每 500ms 运行 1 次,检测是否有按键需要处理。当有按键需要处理时,液晶显示任务根据按键显示相应数据;没有按键需要处理时,显示任务根据目前所出界面更新显示数据。

在 4 种线程中,后台线程级别最低。可将实时分析模块放在其中运行,用来在应用程序执行期间对 DSP 应用程序进行实时交互与诊断,了解 DSP 运行情况。据此设计的系统软件参数设定和逻辑故障显示界面见图 11.8。

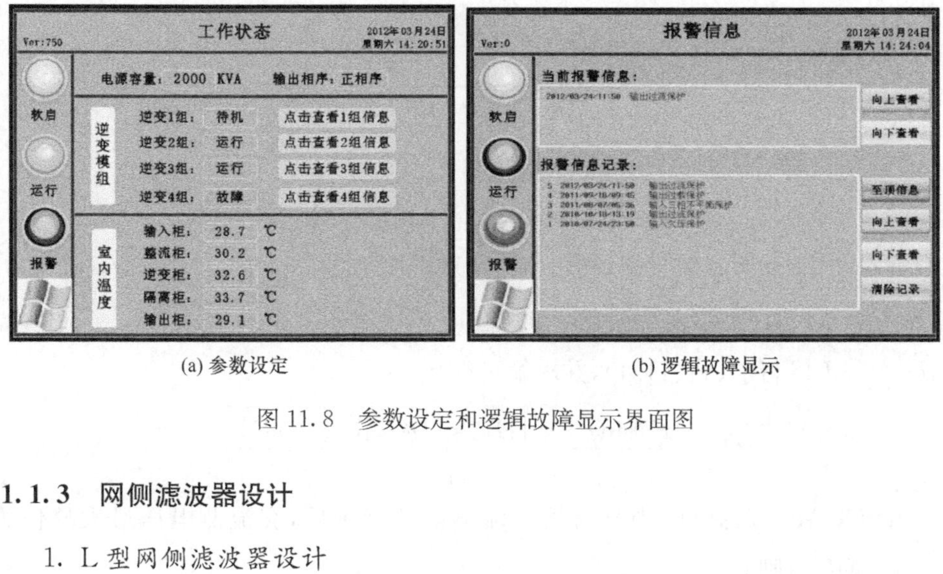

(a) 参数设定　　(b) 逻辑故障显示

图 11.8　参数设定和逻辑故障显示界面图

11.1.3　网侧滤波器设计

1. L 型网侧滤波器设计

在网侧整流器系统中,网侧滤波器设计主要是网侧电感值的设计。网侧电感取值不仅影响系统动静态响应,而且还决定了整流器输出功率、功率因数和输出直流电压。具体地说,整流器滤波电感的主要作用包括:①滤除和抑制网侧电流中的高次谐波,使得网侧电流保持畸变率很小的正弦波形;②使整流器具有 Boost 变换性能及直流侧受控电流源特性;③输出滤波电感相当于连接电网和整流桥的杠杆,通过它可以实现对网侧电流的控制,从而实现高功率因数整流;④使网侧整流器获得一定的阻尼特性,从而有利于控制系统的设计[3-5]。

根据整流器稳定工作时的基本矢量关系得到,整流器稳定运行时,可忽略交流侧等效电阻,只讨论基波正弦电量。定义 $\dot{E}$、$\dot{U}$、$\dot{U}_L$、$\dot{I}$ 分别表示交流电网电动势矢

量、交流侧相电压矢量、交流侧电感电压矢量和交流侧相电流矢量，则整流器交流侧矢量关系见图 11.9，在$|\dot{E}|$不变且$|\dot{I}|$一定的条件下，通过控制整流器交流侧电压$\dot{U}$的幅值和相角，即可实现高功率因数整流。矢量$\dot{U}$的轨迹是一个圆，且$|\dot{U}_L|=\omega L|\dot{I}|$，所以该矢量关系说明了整流器单位功率因数运行时对其交流侧电感值的约束。

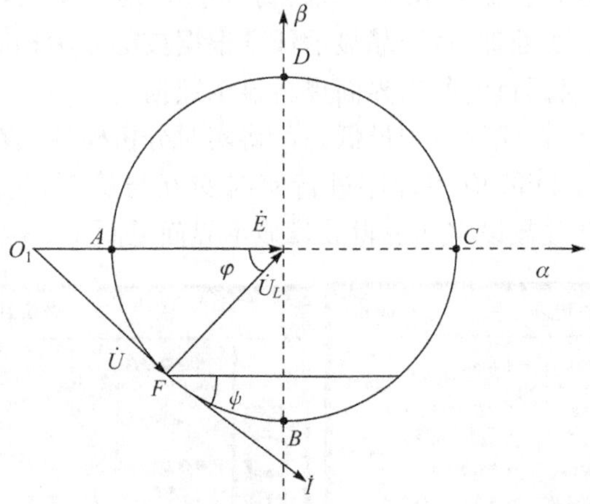

图 11.9　整流器交流侧矢量关系图

针对图 11.9 所示矢量图，利用余弦定理得

$$|\dot{U}|^2=|\dot{E}|^2+|\dot{U}_L|^2-2|\dot{E}|\,|\dot{U}_L|\sin\varphi \tag{11.1}$$

将$|\dot{U}_L|=\omega L|\dot{I}|$代入式(11.1)，并求解可得

$$L=\frac{|\dot{E}|\sin\varphi+\sqrt{|\dot{E}|^2\sin^2\varphi+|\dot{U}|^2-|\dot{E}|^2}}{\omega|\dot{I}|} \tag{11.2}$$

若定义M为调制度，当整流器直流侧电压确定后，交流侧电压最大峰值为$|\dot{U}|_{\max}=MU_{dc}$，则有

$$L\leqslant\frac{|\dot{E}|\sin\varphi+\sqrt{|\dot{E}|^2\sin^2\varphi+M^2U_{dc}^2-|\dot{E}|^2}}{\omega|\dot{I}|} \tag{11.3}$$

令E_m、I_m分别表示电网相电动势峰值、交流侧基波相电流峰值，则可得到电感上限值为

$$L\leqslant\frac{E_m\sin\varphi+\sqrt{E_m^2\sin^2\varphi+M^2U_{dc}^2-E_m^2}}{\omega I_m} \tag{11.4}$$

电流微分方程(3.2)可写为

$$L\frac{di_u}{dt}=E_m\cos(\omega t)-\left(S_u-\frac{S_u+S_v+S_w}{3}\right)U_{dc} \tag{11.5}$$

根据电感电流在不同开关时刻的变化率和谐波抑制要求，整流器工作时，流过滤波电感的电流在其过零时变化速度最快，在达到最大值时，高次谐波电流最大，据此推导得

$$\frac{(2U_{\mathrm{dc}}-3E_{\mathrm{m}})E_{\mathrm{m}}T_{\mathrm{s}}}{2U_{\mathrm{dc}}\Delta I_{\max}}\leqslant L\leqslant\frac{2U_{\mathrm{dc}}}{3I_{\max}\omega} \tag{11.6}$$

式(11.6)的前提是开关函数 S_u、S_v、S_w 处于同一状态，而在实际应用中，以上开关函数不存在这样的限制条件，因此整流器在电流最大值处也是高次谐波电流最大之时，即

$$\Delta i_u=\frac{T_{\mathrm{s}}}{L}\left(E_{\mathrm{m}}+\frac{2}{3}U_{\mathrm{dc}}\right) \tag{11.7}$$

电流过零时，电流变化最小，即

$$\Delta i_u=\frac{T_{\mathrm{s}}}{3L}U_{\mathrm{dc}} \tag{11.8}$$

因此，电感的限制条件可改写为

$$\frac{\left(\frac{2}{3}U_{\mathrm{dc}}+E_{\mathrm{m}}\right)T_{\mathrm{s}}}{\Delta I_{\max}}\leqslant L\leqslant\frac{2U_{\mathrm{dc}}}{3I_{\max}\omega} \tag{11.9}$$

根据式(11.9)就可以计算滤波电感值。当式(11.4)、式(11.6)和式(11.9)之间相互矛盾时，说明限制条件过于严格，应放宽条件重新计算。

2. LCL 型网侧滤波器设计

前述 L 型滤波器相对其他滤波器设计简单，在电网环境较好的情况下，效果较好，但考虑到某些应用场合电网质量很差，必须设计 LCL 型滤波器作为备选方案。LCL 型滤波器设计相对比较复杂，但和 L 型滤波器相比，在相同电感值的情况下，LCL 型滤波器在滤除高次谐波方面效果要明显好于 L 型滤波器，从而能适应更差的电网环境。考虑到本系统功率高达 2MVA，为了有效控制滤波电感上的压降，电感量的选择必须进行严格的限制。

为了合理地进行 LCL 型滤波器参数的选取，先来分析 LCL 型滤波器的工作原理。定义 u_{o} 为 PWM 整流器桥臂输出电压，u_{s} 为电网侧线电压，L_1 是和桥臂输出直接相连的滤波电感，L_2 为电网侧滤波电感，R_1、R_2 为两个电感的等效电阻，C 为滤波电容，R_3 为电容支路串联阻尼电阻，LCL 型器滤波器原理见图 11.10。为了简化模型，因 R_1、R_2 相对电感感抗很小，讨论时忽略电阻值 R_1 和 R_2 的影响。

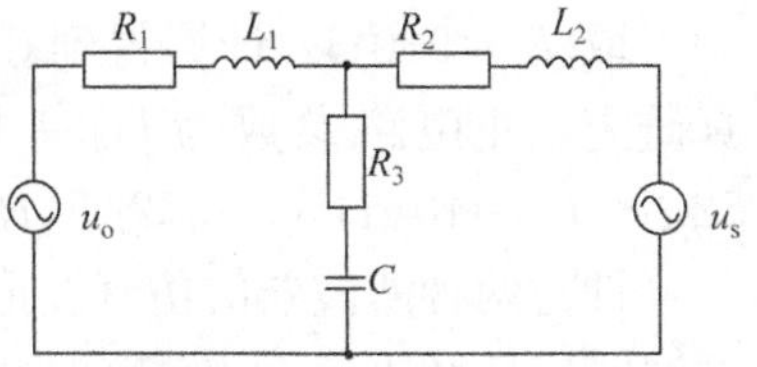

图 11.10　LCL 型滤波器原理图

LCL 型滤波器的传递函数即整流器输出 u_o 到进网电流 i_2 的传递函数为

$$H(s)=\frac{1}{L_1L_2Cs^3+(L_1+L_2)s} \tag{11.10}$$

由图 11.10 可知，电感 L_1 上的电流 i_s 是由 L_1 的感抗 X_{L1} 以及电容 C 和 L_2 的并联阻抗决定的。电容 C 和 L_2 并联电路的引入增大了串联阻抗，减小了 i_s。电容支路的引入是为了给高频分量提供低阻通路，减小注入电网的高频分量。L_2 和 C 构成并联电路对开关纹波分量进行分流，必须保证 X_C 远远小于 X_{L2}。这样，并联阻抗主要由电容阻抗 X_C 决定，而电容阻抗是比较小的，所以电网侧滤波电感不会太大。这样，i_s 主要由 L_1 自身的感抗 X_{L1} 决定，可以认为整流器侧电感功能是对整流器桥臂输出电流纹波起主要衰减作用，而电网侧电感 L_2 与电容组成一个二阶滤波器做进一步衰减。

若令总电感量为 $L=L_1+L_2$，$a=L_1/L$，则式(11.10)可转化为

$$H(s)=\frac{1}{a(1-a)Cs^3+(L_1+L_2)s} \tag{11.11}$$

式中，易求得 $a=0.5$ 时，$a(1-a)$ 最大，即滤波效果最好，也就是说，在总电感量一定的条件下，L_1 和 L_2 的电感量均分时滤波效果最好，但此时 LCL 型滤波器的谐振频率也最小，谐振频率会随着谐振峰向中低频移动，从而增大中低频谐波幅值，综合起来，L_1 和 L_2 的电感量比值取 4～6 比较合适。

无论何种滤波器，为了使整流器运行在单位功率因数状态，必须满足式(11.9)计算出的总滤波电感值，计算出滤波电感后，根据 L_1 和 L_2 的电感量比值可算出 L_1 和 L_2 的各自取值。

并联电容 C 和 L_1 与 L_2 的并联构成了并联振荡电路，其谐振频率点为

$$f_0=\frac{1}{2\pi}\sqrt{\frac{L_1+L_2}{L_1L_2C}} \tag{11.12}$$

在 LCL 型滤波器设计过程中，要避免其谐振频率点和电路的谐波源重合，以防止发生 LC 振荡，所以其谐振频率应大于输出基波频率 f_r 的 10 倍，且小于载波开关频率 f_c 的 1/2，即

$$10f_r<f_0<\frac{f_c}{2} \tag{11.13}$$

取 $f_0=900\text{Hz}$，计算得到 C 为 372μF。为对比两种滤波器的性能，对其进行仿真研究。主电路参数为 $U_{dc}=650\text{V}$，开关频率 $f_c=2.5\text{kHz}$，滤波器参数：$L_1=52\mu\text{H}$，$L_2=10\mu\text{H}$，$C=372\mu\text{F}$，$R_3=0.1\Omega$，电网线电压 $U_s=380\text{V}$，电网电流 300A。

针对两种滤波器的仿真波形见图 11.11，采用设计的 L 型滤波器时网侧电流的纹波电流已经比较小，畸变率为 3.53%，进一步引入 LCL 型滤波器后，谐波分量进一步减小，畸变率为 1.82%。但因大功率 LCL 型滤波器相比于 L 型滤波器结构复杂，可根据实际电网条件进行选择，从成本角度考虑，本系统采用的是 L 型滤波器。

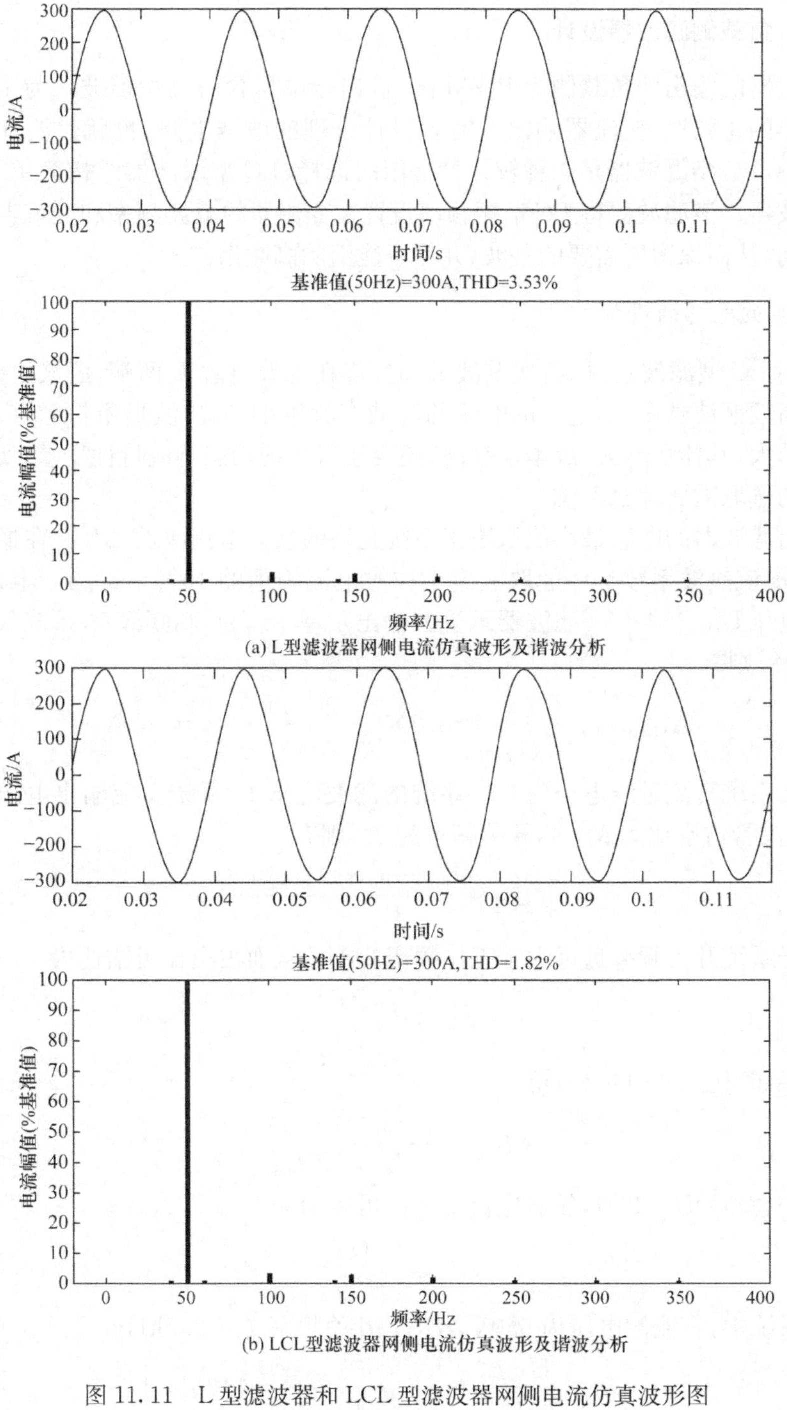

(a) L型滤波器网侧电流仿真波形及谐波分析

(b) LCL型滤波器网侧电流仿真波形及谐波分析

图 11.11　L 型滤波器和 LCL 型滤波器网侧电流仿真波形图

11.1.4 负载侧滤波器设计

逆变器的输出即负载侧为 PWM 波，输出端电压含有高次谐波。为了得到畸变率较小的正弦波，变流器输出端需要设计合理的滤波电路，也就是要加装滤波器。其中，LC 型滤波器是一种较好且常用的选择，LC 型滤波器结构简单，是一种低通滤波器。该滤波器将 LC 谐振频率设置在变流器的载波频率和变流器的调制频率之间，从而保留所需要的基波，并尽可能消除高频谐波。

1. 滤波电感的设计

采用 LC 型滤波器时，高次谐波大部分都在滤波电感 L 两端，滤波电感越大，吸收的高频谐波越多，通过它的电流的波动度就越小，输出波形质量越好。然而，电感值越大，其体积越大，成本也越高，还会使得系统动态响应特性变差，所以滤波电感值的选取需要综合考虑。

输出滤波器的电感最小值取决于系统允许的最大电流纹波 ΔI_L。在逆变系统设计中，电流纹波系数 γ 一般取额定工作时电流峰值的 15%～20%。本系统中，输出线电压 U_{out} 为 440V，滤波器承受的输出功率 P_{out} 为 2000kVA，系统效率 η 设计为 95%，则有

$$\Delta I_{L\max}=\gamma\frac{P_{\text{out-max}}}{\sqrt{3}U_{\text{out}}\eta}=0.2\times\frac{2000000}{\sqrt{3}\times440\times0.95}=552\text{A} \tag{11.14}$$

定义系统直流母线电压为 U_{dc}，系统的滤波电感 L，系统交流输出电压瞬时值为 u_{o}，开关管占空比为 $M(t)$，开关频率为 f_{s}，则有

$$\Delta I_L=\frac{U_{\text{dc}}-u_{\text{o}}(t)}{L}\frac{M(t)}{f_{\text{s}}} \tag{11.15}$$

由于系统开关频率远远大于工作频率 60Hz，从而占空比可描述为

$$M(t)=\frac{u_{\text{o}}(t)}{U_{\text{dc}}} \tag{11.16}$$

将式(11.16)代入式(11.15)得

$$\Delta I_L=\frac{U_{\text{dc}}-u_{\text{o}}(t)}{L}\frac{u_{\text{o}}(t)}{f_{\text{s}}U_{\text{dc}}} \tag{11.17}$$

所以，当 $u_{\text{o}}(t)=U_{\text{dc}}/2$ 时，纹波电流最大值可表示为

$$\Delta I_{L\max}=\frac{U_{\text{dc}}}{4Lf_{\text{s}}} \tag{11.18}$$

本系统中，直流侧电压为 650V，IGBT 开关频率 $f_{\text{s}}=2.5\text{kHz}$，可得

$$L\geqslant\frac{U_{\text{dc}}}{4f_{\text{s}}\Delta I_{L\max}}=\frac{650}{4\times2500\times552}=117\mu\text{H} \tag{11.19}$$

实际应用中，为利于散热，可采用两个电感串联的方式。

2. 滤波电容的设计

在系统所采用的低通滤波器中，电容并联在输出侧，起到短路高次谐波的作用。滤波电容越大，滤除的谐波越多，输出电压波形越平滑。但是电容过大，会造成空载时逆变器输出无功功率增大。所以，在保证输出纹波满足要求的情况下，滤波电容越小越好。

LC 型滤波器的性能主要由电抗 L 和电容 C 之间的谐振频率 f_o 决定，其表达式为

$$f_\text{o}=\frac{1}{2\pi\sqrt{LC}} \tag{11.20}$$

只有保证谐振频率远小于 PWM 电压中所含有的最低次谐波频率且远大于基波频率，才能使得逆变器输出负载侧电压谐波含量尽可能小且不引起谐振。L 的选择也须符合式(11.9)的要求。

本系统中，基波频率为 60Hz，PWM 的载波频率为 2.5kHz，可选择 LC 型滤波器的谐振频率 $f_\text{o}=900\text{Hz}$，则可推出滤波电容为

$$C=\frac{1}{(2\pi f_\text{o})^2L}\approx 266\mu\text{F} \tag{11.21}$$

在实际应用中，考虑发热和可靠性问题，每相采用 12 只 20μF 电容并联的方式，见图 11.12。为了防止因电容损坏造成输出短路，电容器配电盘加装了快速熔断器，在实际应用中，起到很好的保护作用，避免了因电容器损坏而造成断电事故。

图 11.12　滤波电容实物图

11.2 系统抗干扰设计

11.2.1 分布式光纤通信系统设计

为实现兆瓦级变流器的数字化控制算法，采用高速的数字信号处理器，随着功率密度的增加，电气结构也很复杂，而且使用环境中电磁环境相当恶劣，因此如何保障变流器中各并联系统之间、强弱电之间以及变流器与用户之间通信的准确快速，成为兆瓦级变流器的设计难点。

相对传统电信号通信，光纤通信因采用光波传输信号且传输介质是光纤，所以具有以下优点：①光纤通信发射器和接收器之间无直接电气连接，减轻了地环路噪声，邻近电缆之间无相互干扰，而且其他电磁信号不会进入纤芯，对 EMI 不敏感，所以用光纤能够精确传送 PWM 控制信号，克服了驱动信号远距离准确传送的难点；②光纤传送可以实现信号高速传送，基本不存在传输时延，对解决并联模块环流问题很有利；③光纤通信几乎不受温度影响，抗化学腐蚀和抗氧化性能强，能适应恶劣工作环境。因此，为了提高系统整体的抗干扰能力，光纤隔离通信技术是最佳选择。

本系统中，变流器光纤通信系统的主要功能是完成各种信号传输并对传输过程进行管理。根据并联单元之间以及强弱电控制之间不同的通信要求，将光纤通信系统传输信号的通信信号分为三类，即主控制板到各并联功率模块的 PWM 驱动信号快速通信、并联功率单元和主控制板之间的数据总线通信和岸电系统与远程监控计算机之间的串行通信。对这三种不同性质类型信号采用相同的通信接口，但采用不同的传输方式和管理方式。光纤通信结构示意图见图 11.13。

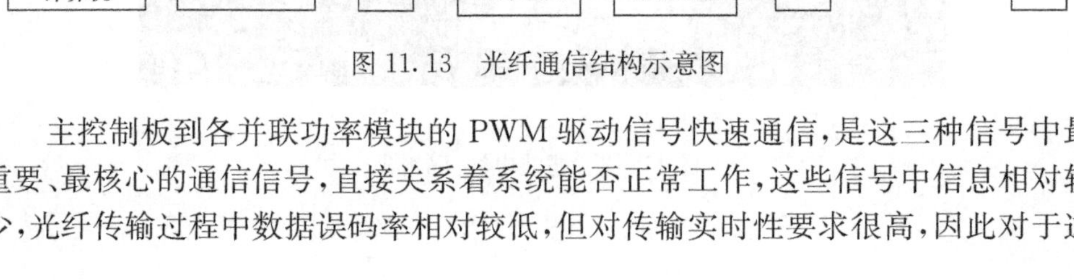

图 11.13 光纤通信结构示意图

主控制板到各并联功率模块的 PWM 驱动信号快速通信，是这三种信号中最重要、最核心的通信信号，直接关系着系统能否正常工作，这些信号中信息相对较少，光纤传输过程中数据误码率相对较低，但对传输实时性要求很高，因此对于这部分通信，管理系统采取不完全监控和无校验方式，以保证通信的实时性。

并联功率单元和主控制板之间的数据总线通信，主要功能是各并联功率单元将其检测到的电流和保护信号上传给主控制板，参与系统控制，对这部分数据通信采用 CAN 总线方式进行传输和管理。利用 DSP28335 的 CAN 通信接口，采用光纤通信代替电信号进行传输，同时采用 CAN 总线的校验方式，从而提高 CAN 通信的可靠性，满足并联功率单元和主控板之间的数据交换要求。

岸电系统与远程监控计算机之间的串行通信，主要功能是将岸电系统工作状态和系统参数远传给监控计算机，不参与系统控制，对这部分数据通信采用 RS485 串口通信方式进行传输和管理。利用 DSP28335 的 SCI 串行通信接口，采用芯片 MAX3085 转换为差分的 RS485 信号，然后采用光纤通信代替电信号进行传输，同时采用标准的 Modbus-RTU 通信协议和奇偶校验方式，在主控制板和远程监控计算机中都采用监控和校验措施，提高通信的可靠性。

本系统光纤通信的接口电路采用标准模块，其原理示意图如图 11.14 所示。输入信号和输出信号均为 TTL 信号，光发射接收器分别采用 Avago 公司的 HFBR-1522 光发射器和 HFBR-2522 光接收器，连接器采用 HFBR-4503/4513，中间通过塑料光纤连接。其中，HFBR-1522/2522 是标准模块，可实现 10MHz 以下频率的高性能数据传送。实物见图 11.15。

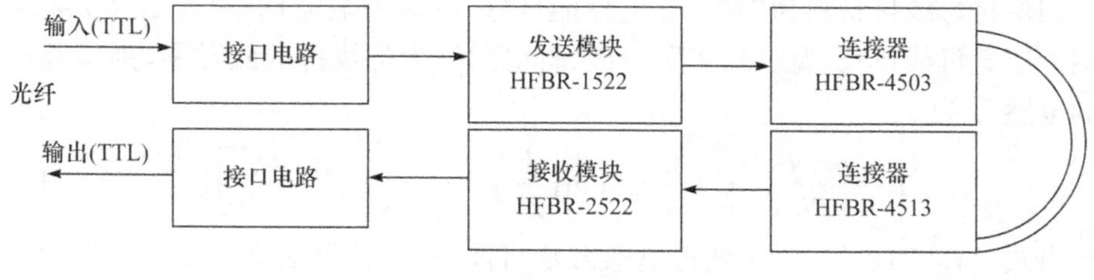

图 11.14　光纤传送原理

(a) 光纤通信发送卡实物图　　(b) 光纤通信接收卡实物图

图 11.15　光纤通信卡实物图

为了验证光纤通信的实时性，采用示波器分别记录发射端和接收端的 PWM 信号，基本看不出时间延迟。为了验证光纤通信的可靠性，通过主控制板发送窄脉冲，对比接收到的窄脉冲，即使对于 2.5μs 的脉宽也能几乎不失真地传递到驱动电路。

11.2.2 层叠母线排设计

大功率变流器的 IGBT 功率器件在开关过程中，因电流快速变化，直流母线寄生电感和 IGBT 模块自身电感产生的感应电压会叠加在直流母线上，从而产生很高的尖峰电压，造成严重的电磁干扰，而且会使器件过热，甚至使 IGBT 模块失控损坏，因此必须将开关过程中产生的尖峰电压限制在允许范围内。减小直流回路功率母线的分布电感是降低尖峰电压的有效方法[6,7]。

为了连接直流滤波电容和 IGBT 功率器件，一是采用圆铜导线或窄铜条，但这种办法对于大功率变流系统来说，连接困难而且寄生电感大；二是采用层叠母线排。层叠母线排是把宽薄的铜排通过绝缘材料叠放在一起，正负母线排之间的距离相同，正负母线排流过相反的电流，其磁场相互抵消，相当于减小了寄生电感。由于层叠母线排与功率器件之间直接通过螺丝连接，两者接触电阻非常小，也使得寄生电感呈数量级减小。

因层叠母线排材料为铜质，导电性能良好，可认为电流均布，若定义 l、b、w、a 分别为层叠母线排长、宽、厚、正负母线排间距，μ_r 为母线排的磁导率，则层叠母线排的电感 L 为

$$L=\frac{\mu_r wl}{12b}+\frac{\mu_r l}{\pi}\left\{\frac{2a}{b}\arctan\left(\frac{b}{2a}\right)+\frac{1}{2}\ln\left[1+\left(\frac{2a}{b}\right)^2\right]\right\} \tag{11.22}$$

由式(11.22)可知，为了使得电感 L 尽可能小，层叠母线排必须采取长远大于宽、宽远大于厚的布局，且两块正负极板之间的距离越小越好。

根据电磁场理论，当母线排中有电流流过时，空间任何一点都产生了磁场。若空间某点的磁场用磁感的磁导率 B 来衡量，定义 I 为流过直流母线排的电流，l_1、l_2 分别为正、负母线排中心点到空间某点的距离，θ 为该点到正负母线排中心点连线的夹角，则空间任意一点的合成磁场 B 的幅值为

$$B=\frac{u_0 I}{2\pi l_1 l_2}\sqrt{l_1^2+l_2^2+2l_1 l_2\cos\theta} \tag{11.23}$$

由式(11.23)可知，当层叠母线排电流一定时，若使正负极板之间的中心距尽可能小，则可使得空间任意一点的合成磁场 B 尽可能小，所以使用叠层母线排除了使寄生电感减小，还能使空间电磁干扰降低。根据这一原理，设计的直流层叠母线排见图 11.16。

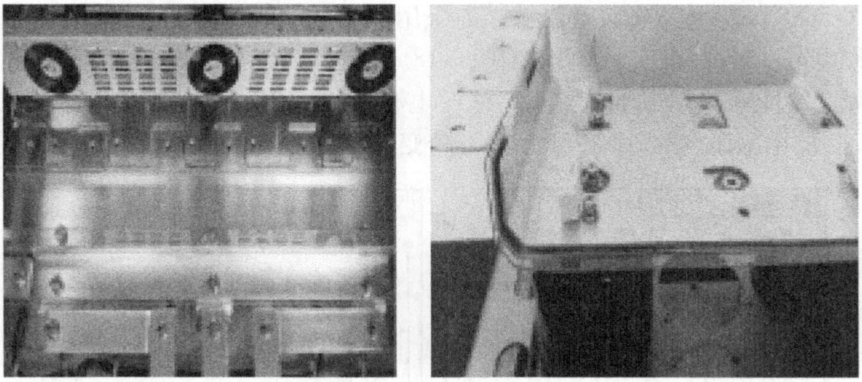

(a)　(b)

图 11.16　直流层叠母线排实物图

11.3　岸电电站运行与效果分析

利用前述技术，设计的兆瓦级移动式岸电电站实物见图 11.17，低压部分主要包括输入开关柜、两个整流柜、两个逆变柜、两个输出变压器柜和一个输出开关柜；采用两台输出变压器并联方式，当需要的功率不超过 1000kVA 时，可只把一台变压器投入运行，提高系统效率。

(a)

(b)　(c)

图 11.17　2MVA 移动式岸电电站实物

某 5688TEU 大型集装箱船舶靠港采用该岸电电站供电，完成负荷从船舶电站向岸电电站转移后，实测波形见图 11.18。在连续 10h 的供电过程中，最大瞬时负荷量 1761kVA，船舶带载 10h，总耗电量 14612kW · h。综合性能指标见表 11.1，输出电压、频率稳定度好，波形畸变率小，能够很好地满足船舶用电需求。

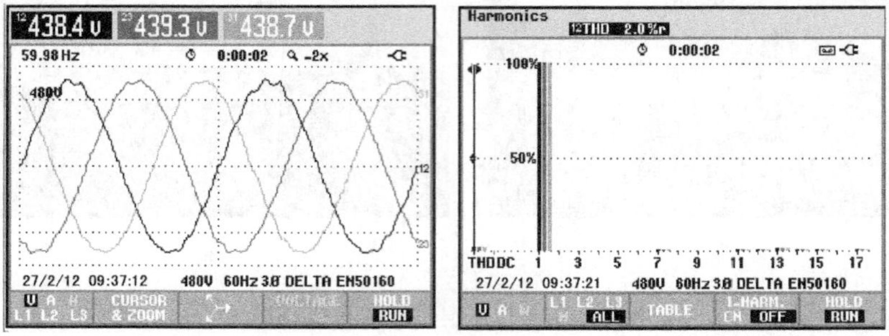

(a)　　(b)

图 11.18　某集装箱船舶采用岸电供电波形图

表 11.1　2000kVA 岸电电站技术指标

型号	SPS2000-450/60
额定容量	2000kVA
输入电压	10kV(±10%)
输入频率	50Hz(±5%)
网侧功率因数	>0.99
额定输出电压	440V
输出电压稳定度	额定电压(±3%)
输出电压畸变率	<3.5%
额定输出频率	60Hz(±0.5%)
效率	>95%
防护等级	IP54
冷却方式	强迫风冷
过载保护	110%额定负载，1h
运行噪声	<65dB(A)
质量	17500kg

11.4　岸电电站节能效果分析

根据船舶废气排放国际规范，船舶废气的排放包括多种有害物质，按船用柴油发电机组典型排放量为 7.68kg/(kW·h)计算[8]，所设计的 2000kVA 岸电电站每年满载使用可减排废气 13.46 万吨，减排 CO_2 1.08 万吨，折合标准煤 0.43 万吨。目前，国内已拥有主要港口码头泊位 3 万个以上，其中包括千余个万吨级以上港口码头泊位，若全面推广应用，节能效果将相当明显。

岸电电站不仅可应用于港口码头，而且可延伸推广至其他行业，满足大型工厂、修造船厂、浮船坞、海洋钻井平台 50Hz 或 60Hz 高稳定性用电需求，适用于高温、高湿、高腐蚀性、大负荷冲击恶劣环境，消除柴油机发电造成的空气污染和噪声，资源节约、环境友好，是一场真正的节能减排技术革命。

参 考 文 献

[1] 包启帆，黄细霞，葛中雄，等. 上海港口外高桥六期码头岸电试点项目方案论证. 港口科技，2009，(12)：6-11，14

[2] 彭传圣. 靠港集装箱船岸电技术的应用. 集装箱化，2011，(8)：21-24

[3] Wang J, Yin H G, Zhang J L, et al. Study on power decoupling control of three phase voltage source PWM rectifiers. Power Electronics and Motion Control Conference, Shanghai, 2006：1-5

[4] Zhao D, Ayyanar R. Space vector PWM with DC link voltage control and using sequences with active state division. IEEE International Symposium on Industrial Electronics, New York：IEEE，2006，2：1223-1228

[5] 张兴，张崇巍. PWM 整流器及其控制. 北京：机械工业出版社，2011

[6] 张舟云，徐国卿，沈祥林. 新型叠层功率母线在 EV 电机驱动器中的应用. 电力电子技术，2005，39(1)：53-54

[7] 王晓辉，张晓，孙新贺. 大功率变流器系统 H 桥低感叠层母线排设计. 变频器世界，2011，(1)：82-84

[8] 包起帆. 上海港岸基船用供电系统研究与实践. 中国工程科学，2011，13(9)：63-68